BIBLIOTHÈQUE DU VOYAGEUR

LE GRAND GUIDE DE TAIWAN

Traduit de l'anglais et adapté
par Chantal Zheng

GALLIMARD

Aucun guide de voyage n'est parfait. Des
erreurs, des coquilles se sont certainement
glissées dans celui-ci, malgré toutes nos
vérifications. Les informations pratiques,
adresses, numéros de téléphone, heures
d'ouverture, peuvent avoir été modifiés ;
certains établissements cités peuvent avoir
disparu. Nous serions très reconnaissants à
nos lecteurs de nous faire part de leurs
commentaires, de nous suggérer des
corrections ou des compléments qui pourront
être intégrés dans la prochaine édition.

VILLE DE MONTRÉAL

3 2777 0181 1918 5

Insight Guides, Taiwan
© Apa Publications (HK) Ltd, 1993
© Editions Gallimard, 1995, pour la traduction française.

Dépôt légal : septembre 1995
N° d'édition : 65539
ISBN 2-07-058218-3

Imprimé à Singapour

CEUX QUI ONT FAIT CE GUIDE

Taiwan a longtemps posé problème aux voyageurs comme aux diplomates. Pour les chefs du gouvernement de Taipei qui ont fait de l'ancienne Formose l'un des «dragons» économiques d'Asie, Taiwan est la République de Chine. Aux yeux des maîtres de Pékin, elle est une province séparée de la République populaire de Chine. Au-delà de cette question de nom, Taiwan a acquis sa personnalité propre, celle d'une puissance exportatrice située sur une île d'une beauté méconnue. On y découvre un musée vivant de la culture chinoise, dont les trésors apportés de Chine continentale au moment du départ en exil de Tchang Kaï-chek ne sont pas la partie la moins intéressante.

Le corpus du *Grand Guide de Taiwan* est constitué à partir d'un texte de Daniel Reid, spécialiste de la culture chinoise né aux États-Unis. D'autres contributions sont venues enrichir ce texte de départ. Né à San Francisco en 1948, **Daniel P. Reid** a adopté Taiwan et le mode de vie chinois depuis 1973. Titulaire d'un diplôme de langue et de civilisation chinoises de l'institut Monterey d'études internationales et d'un diplôme d'études extrême-orientales de l'université californienne de Berkeley, D. Reid parle couramment le mandarin, lit et écrit parfaitement le chinois et continue de découvrir la littérature chinoise classique dans son gîte de la montagne du Phénix, non loin de Taipei. Sa femme est née à Taiwan de parents originaires de Chine du Nord. Il a écrit pour des magazines de compagnies aériennes et

d'hôtels et a publié un livre sur la cuisine chinoise et un autre sur les plantes médicinales. Ses nombreux voyages en Chine continentale lui ont aussi permis d'être l'auteur de deux guide sur la Chine.

C'est **John Gottberg Anderson** qui s'est chargé de la coordination du *Grand Guide de Taiwan*. Ancien journaliste de presse écrite à Honolulu et à Seattle, J. Anderson dirige un programme d'études asiatiques à l'université de Hawaï. Il a apporté sa contribution à plusieurs autres titres de la Bibliothèque du Voyageur, en particulier le *Grand Guide du Népal* et celui de *Ceylan*.

C'est **Paul Zach** qui a eu la charge d'établir le plan de l'ouvrage. Né à Cleveland et diplômé de l'université de l'Ohio, P. Zach a abondamment écrit sur l'Asie pour le *Washington Post*, l'*International Herald Tribune*, le *Los Angeles Times*, le *Business Week* et l'*Asian Wall Street Journal*.

Keith Stevens, auteur du chapitre sur la religion, s'intéresse depuis longtemps à la religion populaire chinoise. Né en Angleterre en 1926, il a étudié le chinois aux universités de Londres et de Hong Kong. Il a ensuite passé près d'un quart de siècle en Extrême-Orient, d'abord dans les rangs de l'armée britannique, puis au service du Foreign Office et du Commonwealth Office. C'est pour se documenter sur sa collection personnelle que K. Stevens a visité les temples et les statues de tous les pays d'Extrême-Orient dans lesquels la religion populaire chinoise est implantée.

Reid

Anderson

Zach

Stevens

Unger

Andy Unger a écrit l'introduction aux Itinéraires de ce livre ainsi que le chapitre sur l'art. Il a étudié la psychologie du langage à Harvard et la peinture à Florence et à Londres avant de se rendre à Taiwan où l'attirait un vif intérêt pour la calligraphie chinoise. Il édite aujourd'hui un journal professionnel à Taipei tout en étant correspondant à Taiwan d'un journal d'architecture de Hong Kong.

Jon-Claire Lee, diplômé en art dramatique de l'université de New York, a rédigé le chapitre sur les spectacles à Taiwan. Il est retourné dans son île natale pour occuper un poste de professeur à l'Université culturelle chinoise. Sa femme Jeamin Lee, pianiste de concert et sa collaboratrice pour l'aspect musical de ses projets, a apporté sa contribution aux aspects historiques de ce guide. J.-C. Lee écrit pour deux journaux de langue anglaise et est critique de cinéma de l'*Economic News*.

Le principal photographe de ce livre est **Bill Wassman**, fixé à New York, qui s'est fait connaître grâce au *Grand Guide du Népal*. Il a passé deux mois à Taiwan. B. Wassman est diplômé de l'université de l'Indiana en littérature comparée et en anthropologie.

Frank Salmoiraghi a séjourné plusieurs semaines à Taiwan entre des missions à Singapour, en Malaisie, et en Indonésie. Ses photographies illustrent aussi le *Grand Guide de Hawaï*, où il habite la Grande Ile. Il donne des cours de photographie au Community College de Honolulu.

Dan Rocovits est un relatif néophyte dans le domaine de la photographie, mais il habite Taiwan depuis longtemps. Il a débarqué dans le port de Keelung en 1968 et s'est installé dans l'île comme écrivain indépendant, avant de découvrir l'intérêt qu'il y avait à illustrer ses articles de photos. D. Rocovits, qui parle le mandarin couramment, habite non loin de D. Reid dans les collines de Peitou.

La photographe **Chyou Su-liang** vit elle aussi à Taiwan. Parmi les autres photographes du *Grand Guide de Taiwan* : **Heidrun Guethers**, de Taiwan, **Allan Seiden**, d'Hawaï, **Paul van Riel**, des Pays-Bas, le Français **Pierre-Antoine Donnet**, l'Anglais **Nick Wheeler**, **Eric M. Oey**, qui a arpenté toute l'Asie du Sud-Est, et **Kal Müller**, Américain qui réside à Mexico.

Yu Wei, **Chou Chung-Ying** et **Watt Ju**, du bureau du tourisme de la République de Chine, ont aussi apporté leur aide précieuse à ce livre, ainsi que **Michael T. C. Cheng**, du Bureau d'information du gouvernement, **Richard C. T. Wang** et son équipe du musée du Palais national, **C. Sheng**, de la municipalité de Tainan, l'équipe du musée historique de Tainan au mausolée de Koxinga et la Central New Agency (C.N.A.) de Taiwan.

Ce guide est aussi redevable à **Joseph Lue** et **May M. Y. Hwang**, de l'hôtel Hilton de Taipei, à **Johnny Wu** de l'auberge des Pins Murmurants (In-Song-Ger) de Peitou, à **David Low** de l'hôtel Lai Lai Sheraton de Taipei, à **Yang Kuang**, **Lee Pei-Ling**, **Jenny Lin**, **Milo Chang**, **Mac S. F. Wang**, **Tony Lim**, **Tow Long**, **Eric Oey**, **Kathy McLure** et aux propriétaires des restaurant Sunshine City et Queen's.

Lee

Wassman

Salmoiraghi

Rocovits

Chyou

TABLE

TABLE

TABLE

CARTES

INFORMATIONS PRATIQUES 295

TABLE

LE PARADIS SUR TERRE

«Il n'est pas une île de l'océan, a dit le géographe Élisée Reclus, *qui mérite mieux ce nom de Formosa (la Belle). Les vallées y sont remplies de verdure des forêts et les cascades brillent au fond des ravins noirs. On devine les villages entre les massifs de bambous et de palmiers. Les arbres se pressent jusqu'au bord de l'eau salée et les falaises elles-mêmes, découpées par le flot en mille formes fantastiques, se drapent de végétation. Des liserons aux grandes feuilles violettes rayées de rouge retombent en nappes au-dessus des flots et des touffes de lis croissent en bouquets à la pointe des écueils.»*

Pour les premiers émigrants chinois, Bao-Dao, «l'île aux Trésors», est un véritable jardin d'Éden. De fait, nombre de légendes concernant les immenses richesses de cette île à l'est des côtes de la Chine ont déclenché, il y a plusieurs siècles, un exode sans fin au cours duquel pirates, exilés politiques, commerçants, aventuriers, fermiers et pêcheurs ont laissé les provinces côtières surpeuplées de Chine continentale pour rejoindre ce paradis sur terre.

La beauté rude de cette île couronnée de montagnes et creusée de vallées était faite pour convenir à la sensibilité chinoise aux paysages et au rythme de la nature. Ses forêts touffues de camphriers, de cèdres, de rotangs, de chênes, de sapins, de pins et d'autres essences furent jadis somptueuses et de grande valeur.

Les Chinois du continent avaient appris que la nourriture y était abondante et les terres fertiles, ce qui constituait un attrait sans pareil pour un peuple coutumier des famines et des disettes chroniques sur des terres épuisées et surpeuplées. En outre, l'île abondait en ressources minières (charbon, soufre et fer) indispensables à l'essor de l'industrie, et en pierres précieuses (jadéite, opale et corail).

Enfin, Taiwan était un havre de paix pour des émigrés jetés sur l'île par les orages politiques du continent. Mandarins et marchands mécontents, qui ne supportaient plus les caprices des factions politiques et les tracasseries du pouvoir, prirent le départ pour l'île aux Trésors, tandis que les communautés hakkas de la province du Kwangtung (Guangdong) s'y réfugiaient pour échapper aux persécutions, et les loyalistes Ming pour défier la loi mandchoue. Enfin, tout récemment, les nationalistes se sont réfugiés à Taiwan pour fuir le régime communiste du continent.

De nos jours, Taiwan demeure un bastion de la culture, des valeurs et du mode de vie chinois, tant il est vrai que les grands traits de la plus vieille civilisation du monde, et qui se considère comme la plus accomplie, sont parfaitement préservés dans ce microcosme. Les communautés qui y vivent représentent toutes les grandes provinces. Les restaurants y servent le meilleur de chaque cuisine régionale et les musées nationaux y exposent les pièces marquantes de l'art chinois depuis cinq mille ans.

Au-delà de son importance culturelle, Taiwan est une société qui dispose d'une économie prospère et constitue un modèle d'énergie, d'esprit d'entreprise et de dynamisme caractéristiques de la nature chinoise.

Bastion de la culture chinoise

Les origines de la culture chinoise remontent à l'empereur Jaune, qui régna sur une vaste confédération de tribus et de clans dans l'empire du Milieu aux environs de 2700 av. J.-C., ce qui confère une durée de quelque cinq mille ans à l'histoire de la Chine. Si d'autres nations et d'autres civilisations ont marqué cette terre de leur passage, la Chine s'est maintenue contre vents et marées, et une grande part de son héritage millénaire s'est préservé à Taiwan jusqu'à nos jours.

La culture sert de ciment à des structures sociales et à des traditions qui ont supporté les convulsions de l'histoire, donnant naissance à une langue écrite qui a été en usage, sans grandes modifications, depuis des temps immémoriaux et qui a empêché la population de la Chine de se fragmenter. De fait, le terme «chinois» est plus une désignation culturelle qu'une référence raciale ou politique. Il y a en effet des différences ethniques entre un Mandchou et un Cantonais, mais tous deux sont considérés comme chinois parce qu'ils se réfèrent à une culture commune et font usage des mêmes idéogrammes pour transcrire leurs dialectes.

Pages précédentes : cueillette du thé près de Sungpoling, au cap corallien de Maopitou ; tournage d'un film près de Taipei. Ci-contre, l'actrice de télévision Jenny Jin.

La diversité ethnique des peuples de Chine a exclu d'office tout sentiment national fondé sur la notion de race. A cet égard, les Chinois ont mis au point une méthode d'évaluation des hommes fondée sur le comportement social et l'éthique confucéenne.

Et si la religion a également joué un certain rôle dans la culture, les Chinois ont toutefois empêché nombre de sectes d'imposer leur loi à leur société étatique séculaire. Bouddhisme, taoïsme, christianisme, islam et autres croyances ont coexisté dans une certaine paix en Chine pendant des siècles parce qu'on a exigé de leurs propagateurs qu'ils s'abstiennent de se mêler des affaires du monde.

La scission politique

Ce n'est que dans l'histoire récente que l'idéologie a creusé un abîme entre les Chinois. La République de Chine de Taipei et la République populaire de Chine, sur le continent, revendiquaient toutes deux jusqu'ici le droit de représenter le seul gouvernement légitime de Chine. Toutefois, aucune n'a jamais remis en question le fait que Taiwan soit partie intégrante de la Chine. Si les nationalistes gouvernent selon les préceptes du capitalisme et de la libre entreprise tandis que les communistes ont opté pour la politique autoritaire centralisée du marxisme-léninisme, les deux gouvernements ont toutefois pour ambition affichée de réunir Taiwan et le continent dans le cadre de leurs systèmes respectifs.

En dépit de cette impasse politique, aucun de ces deux systèmes politiques n'a sonné le glas des coutumes qui ont nourri la Chine éternelle. La culture chinoise classique est au contraire devenue le signe de ralliement des nationalistes de Taiwan, pour lesquels les enseignements de Confucius demeurent une référence, tandis que les dirigeants locaux espèrent de leurs homologues du continent la reconnaissance de l'île en tant qu'entité politique à part entière. Ayant désormais atteint des conditions de vie confortables et une stabilité politique, la majorité chinoise qui a élu domicile à Taiwan a engendré une renaissance culturelle tout en surprenant le monde par son dynamisme économique.

Paysan riziculteur taiwanais aux environs de Tainan.

La diversité des paysages

L'île de Taiwan est traversée par le tropique du Cancer. Elle est située au large de la province chinoise continentale du Fujian, à 355 km au nord de l'île Luzon, des Philippines, et à 595 km au sud-ouest d'Okinawa. Ancrée dans la mer de Chine orientale par 21° 45' et 25° 57' de latitude nord, et 119° 18' et 124° 35' de longitude est, Taiwan évoque la forme d'une feuille de tabac dont l'extrémité supérieure pointe vers le Japon. Elle s'étend sur 402 km de longueur et 129 km en son point le plus large. Ses 35 571 km² font de l'île un territoire de la taille des Pays-Bas. L'archipel des Penghu (ou des Pescadores) et les îles de Kinmen (Quemoy) et de Matsu, qui sont également sous la juridiction de la République de Chine, y ajoutent quelque 596 km².

Bien que Taiwan soit la plus petite de toutes les provinces de Chine, elle a de nombreux traits communs avec le continent. Son arête centrale est constituée d'une chaîne montagneuse bordée de forêts : formation de roches dures forgées par des siècles d'activité volcanique. Plus de 62 pics de l'île atteignent ou dépassent 3 000 m ; tandis que rares sont les cols de la chaîne centrale qui descendent à moins de 2 400 m. Le plus haut de ces pics est le mont Morrison, avec 3 950 m. Les Chinois l'appellent Yu-Shan, la montagne de Jade.

Une étroite et riche vallée alluviale de 160 km de long sépare la chaîne centrale d'une crête plus petite qui donne sur la côte est et dont les falaises plongent brutalement dans la mer, offrant l'un des plus beaux panoramas de l'île, tandis que la voie de communication transversale est-ouest déroule ses boucles à travers la chaîne centrale jusqu'aux escarpements de la côte est.

Ce sont des volcans qui ont fait jaillir l'île du fond des mers, ce qu'attestent les récifs coralliens logés dans des formations de roches éruptives qu'on retrouve jusqu'à une hauteur de 610 m dans les contreforts. Bien que cette activité volcanique ait pris fin depuis longtemps, des sources bouillonnantes d'eau sulfureuse chaude et des gouffres de vapeur chuintante demeurent, ponctuant le paysage de Peitou (à l'extérieur de Taipei) jusqu'à Szechungchi (dans le sud).

Vieille dame de Taitung : le respect des vieillards est un principe important en Chine.

Enfin, les larges plaines basses qui s'étendent sur la portion occidentale de Taiwan donnent à l'île un mouvement penché par rapport aux falaises de pierre grise qui ceignent le littoral oriental. De petites rivières sinueuses drainent l'eau de pluie et les alluvions des montagnes vers l'ouest, fertilisant les plaines. C'est pourquoi Taiwan se targue de posséder plus de terres agricoles que la myriade d'îles des Philippines et du Japon. Quant à la population de l'île, qui s'élève à plus de 20 millions d'habitants, elle occupe, pour la plus grande partie, les plaines occidentales.

Un climat changeant

Un proverbe local compare le *«climat de l'île à l'humeur d'une femme»*. De fait, le climat est aussi inégal que la topographie de l'île : semi-tropical dans le nord et en altitude, franchement tropical dans les terres basses du sud.

Taiwan compte deux saisons : la saison chaude (de mai à octobre) et la saison froide (de novembre à mars). De plus, le temps peut changer tout à coup : c'est ainsi qu'on peut connaître la canicule en janvier et rencontrer des typhons en juillet. Dans une même journée, pluie et soleil peuvent alterner, tandis que les températures peuvent enregistrer un décalage de 5 °C d'un jour à l'autre.

Il est vrai que l'humidité excessive de l'île amplifie ces variations saisonnières. En effet, si la température dépasse rarement 32 °C l'été, le taux d'hygrométrie ne descend pas au-dessous de 80 %, ce qui transforme l'île en étuve. Et si les températures ne descendent jamais au-dessous de 5 °C, l'humidité ambiante contribue toutefois à vous glacer les os !

La moyenne annuelle des précipitations dépasse 1 000 ml et, en altitude, elle peut atteindre cinq fois ce chiffre. En 1983, par exemple, l'île a subi 45 jours consécutifs de pluies abondantes. Ce sont la mousson d'hiver nord-est et la mousson d'été sud-ouest qui sont responsables de cette humidité. La mousson nord-est, à l'œuvre de la fin d'octobre à la fin de mars, apporte la pluie dans les régions nord-orientales de Taiwan. La mousson sud-ouest prend le relais du début de mai à la fin de septembre et apporte la sécheresse dans le sud, alors que le nord connaît simultanément un répit. Les régions les plus sensibles à la sécheresse sont Huwei, dans le comté de Yunlin, et l'île de Yuweng Tao, dans l'archipel des Pescadores.

Une autre singularité du climat local est la demi-douzaine de typhons, les «vents suprêmes», qui, du milieu d'août au début d'octobre, traversent ou frôlent l'île. Ils prennent naissance dans l'archipel indonésien, balaient les Philippines avant de fondre sur le Japon, sans épargner Taiwan. Leur violence, avec des vents qui peuvent dépasser 160 km/h, est bien connue : bateaux chavirés, maisons ravagées, arbres déracinés, glissements de terrain et quartiers bas des villes inondés.

En 1968, l'un de ces redoutables typhons a noyé Taipei sous 4 m d'eau, obligeant les habitants à se déplacer en bateau. Mais les visiteurs qui se trouvent à Taiwan lors d'un typhon ne doivent pas s'affoler, compte tenu du fait que les structures en béton armé des hôtels et des immeubles modernes constituent une protection largement suffisante contre les éléments déchaînés. Il s'agit simplement de ne pas se trouver dans la rue à ces moments-là. En fait, il y a toute une tradition qui régit la vie communautaire lors d'un typhon : les activités s'arrêtent et les individus se calfeutrent avec parents et amis dans les logis, après avoir amassé des victuailles.

On peut dire qu'à Taiwan, les moments les plus agréables de l'année sont les courtes périodes du printemps et de l'automne, lorsque les cieux sont clairs, les nuits fraîches et les jours cléments. Tandis que les fanatiques de la plongée sous-marine apprécieront les fonds sous-marins de l'île, où abondent poissons rares et coraux uniques, les pics élancés des massifs montagneux et les falaises abruptes lanceront un défi aux randonneurs et aux alpinistes passionnés, qui trouveront là matière à exercer leur art. Enfin, les jours de pluie permettront au voyageur d'explorer les musées, de fréquenter les restaurants et de dévaliser les nombreuses boutiques.

Ses cités affairées et la rude beauté de ses paysages confèrent toujours à l'île cette séduction qui attira jadis nombre d'étrangers et de Chinois du continent.

Garde du mémorial des Martyrs de la Révolution, à Taipei. Pages suivantes : couple d'aborigènes de la tribu des Lukai.

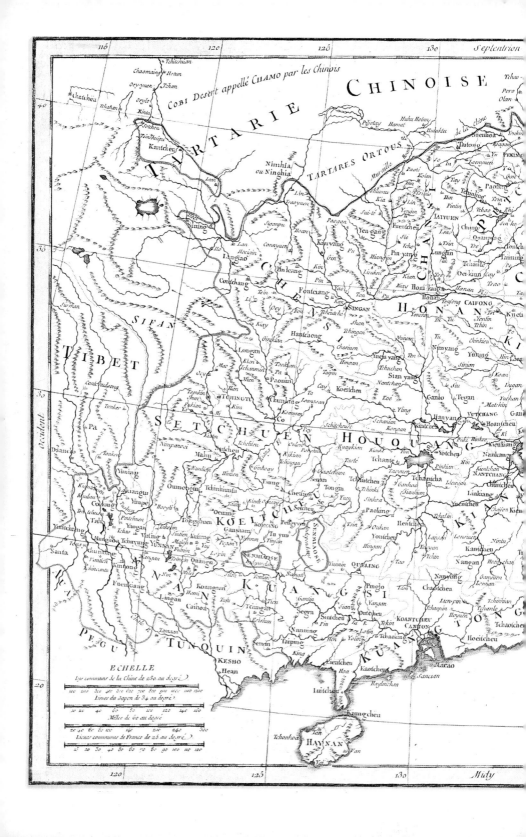

CHINOISE

Tchao
Poro
Olan

TARTARIE

COBI Desert appellé CHAMO par les Chinois

de la chine

Chatcha

Tchitchian

chaomaing & Hoban
oeyyuen   Tchan
orylo

Tsin-Haipu
Kantchen

Petchely

Nimhia
ou Ninghia

TARTARES ORTOUS

Muraille

PEKING

Paoté
Kolan

Shenhoa
Youko
Pagnan

Tutong

In

Leonnueri

SI
Lin
Yongan

Yu
Teu

Tchinlting

TAIYUEN

Chine

CHANSI

Su lo

Paogan

Yen gan

Kiuyang
Gin

Pu
Hiangin

Tche
Kia
Sie
Fuentchen

Pin yang
Kin
Licubeu

Lungan
Leas

Tchanté
Oei-kiun
Honan

Oni

Leanquen
Lin-i
Yaoyuen

Hochin
Langiao

Conayuen

Comtchang

Tein

Fontsang

Ocy

Tchentche

Koei tchen
Shan

Tchingan
Chesuen

SINGAN

HONAN

Tenfong

CAIFONG

Yonrien
Pu

Kieu

Sifan

Han tchaong

Yu

SETCHUEN

SIFAN

TIBET

Cambeu

Condenudsong

Tonker

Pa

Dsango

Tonkeste

Yinin

Kiun

Longan
Kien
Tchanun
Shen

Mao

TCHINGTU

Han
Pa

Co

Tsey
Tchelieu
Kiltiun

Ginheau

Maln

Hmoan

Paonin

Tchuchon

Komsan
Leeanssan

Koeitchen

Foe

Ganio

Tegan

Yling

Yutchan

Matchin

Oulan

Schitchende

Hanyang

VUTCHANG

Koegan

Hoantcheu

HOUQUANG

Quaykian

Tacté

Tachang

Pen

Yotchen

Pinkien

KIANGSI

NANTCHANG

Chutcheu

SETCHUEN

Ninpaneci

Kunlieu

Ponehin

Gaotchun

Sevan

Tsung

Chetien

Ghinheau

Tonqun

KOEITCHEU

Kikun

Tchingan

Se

Yuen

Sinhea

Tchatcheu

Tacynen

Thinks

Istuhlun

Liensan

Liakiang

Yuenchen

Tchaboucha

ANNAN

Ktangtu
Yinpe

Yangan
Valmo

Mungetu

Tehefu

Pintchuen
Tchao

Touglehun

Topnghuen
Gansham

KOPYANG

Oeunun

Pettyoyth

Paokino

Oulan

Hentch

Yontcheu

Loyn

KUANGSI

Tu yun

Tonquin

Nangan

QUELING

KUANGTON

Santa

Guimmhu
Kunhon

Tan

Kintchen
Fintien
Yangan

Pegon
Kaisang

Yunnan

Fumin

Yunin

Mali

Ninlu

Kantchen

Tchen

Nangan

Hoeitchan

Hennan

Nanyong

Nagan

Ganquen

Chaotchea

Anan

KUANGSI

Koanqnan

Hani

Yangan

Fuentaang

Tasfu

Lugan

Tcamoan

Tien

Pinojo

Lien-pm

Tchinnian

Tchangin

Houguen

Tchaotcheu

Pegu

TUNQUIN

Caihoa
Kuhon

Seoyn

Sintchea
Fin

Ganlin

Quang

Outcheu

Nanning

Tekin

Yolin

KOANTCHEU

CANTON

Hoeitcheu

Kesho
Hean

Semin
Taipm

Kina

Hientchen

Hoa

Lotin

Kaotcheu

Tchaong

Sancian

Macao

Luitchen

Waylinchan

Kiungcheu

ECHELLE
Lye commune de la Chine de 250 au degré
Lieuee du Japon de 34 au degré
Milles de 60 au degré
Licues communes de France de 25 au degré

HAYNAN

Tchonhoa
Yai
Van

HISTOIRE D'UNE ILE ENCHANTÉE

«*Ilha formosa ! Ilha formosa !*» s'extasièrent les premiers marins portugais qui croisèrent au large de l'île alors qu'ils faisaient voile vers le Japon. C'est ainsi que cette terre se fit connaître en Occident sous le nom de Formose («la Belle»). Et, comme la vie des belles femmes, l'histoire de Taiwan a été tour à tour paisible ou agitée, scandaleuse ou sérieuse. Il est vrai que ce site enchanteur de loppement préhistorique qui correspondent à ceux du continent, et deux autres stades qui attestent l'extension d'une culture préhistorique du sud-est asiatique vers les côtes méridionale et orientale de l'île. Ainsi, les aborigènes, dont les descendants ont gardé une culture originale, ont sans doute un rapport avec les peuples malais mais aussi avec d'autres groupes ethniques de la Chine du Sud.

Premières relations avec la Chine

Des sources anciennes se réfèrent à un lieu nommé Yangzhou, qui pourrait avoir un rap-

la mer de Chine orientale a séduit des vagues successives d'immigrants chinois, des explorateurs et des marchands occidentaux, et excité l'appétit de puissances comme le Japon. Tous ont désiré la posséder et son histoire révèle que tous y sont tour à tour parvenus.

On sait peu de chose de l'histoire ancienne de l'île. La datation au carbone 14 des ustensiles primitifs qu'on a découverts dans les grottes locales indique que le premier homme y est apparu il y a au moins dix mille ans. Les archéologues pensent d'ailleurs que les liens entre Taiwan et le continent pourraient remonter à peu près à cette date. Ils ont en effet identifié quatre stades de déve-

port avec l'île, et ce, bien avant les débuts de notre ère. Et le *Shih Chi (Shiji)*, les *Mémoires historiques*, compilé par Sima Qian (145-86 av. J.-C.), évoque une tentative d'exploration d'une île nommée Yizhou, qui pourrait elle aussi être Taiwan. D'après le *San Kuo Chi (Sanguozhi)*, l'*Histoire des trois royaumes* (233-297), les premiers essais chinois d'établissement dans l'île datent de 239 de notre ère, lorsque le royaume de Wu envoya un corps expéditionnaire de 10 000 hommes. Puis ce furent les expéditions des Sui (589-618), qui appelèrent ce territoire du nom de Liuqiu. En 1405, l'eunuque navigateur des Ming, Zheng-he, aurait fait part de sa découverte de l'île à l'empereur de Chine.

Dès lors, le nom de Taiwan («Baie en terrasses») fut consigné dans les annales.

Les aborigènes et les Hakkas

Deux communautés aborigènes distinctes occupaient Taiwan à l'arrivée des premiers Chinois. L'une d'elles, sédentaire, menait une vie paysanne dans les riches plaines alluviales de l'ouest. L'autre, composée de communautés primitives qui vivaient de chasse et de cueillette, menait dans les montagnes une vie errante que troublaient de fréquentes guerres tribales. Elle devait conserver ses pratiques millénaires, telles que le tatouage

plus tôt et contraintes de s'exiler peu à peu vers le sud, jusqu'aux côtes du Fujian et du Guangdong. C'est là qu'elles s'engagèrent avec succès dans des activités de pêche et de commerce qui les conduisirent jusqu'aux îles Pescadores, connues localement sous le nom de Penghu, et, plus tard, vers Taiwan. En l'an 1000 de notre ère, les Hakkas s'étaient établis dans la partie méridionale de l'île, d'où ils avaient chassé les tribus aborigènes, forcées d'abandonner les plaines fertiles pour se réfugier dans les montagnes. Les Hakkas cultivèrent canne à sucre, riz et thé, et se lancèrent dans un commerce actif avec le continent. De nos jours, les Hakkas comptent

rituel et la chasse aux têtes, jusqu'aux premières décennies du XXᵉ siècle.

Bien qu'on ne sache pas exactement à quelle époque les premiers Chinois se sont installés dans l'île, les premiers immigrants furent les Hakkas, sous-groupe de la famille linguistique chinoise dont le nom signifie «invités». Les communautés hakkas, impitoyablement persécutées en Chine depuis des temps reculés, avaient été chassées de leurs terres septentrionales mille cinq cents ans

A gauche, Taiwan à l'âge préhistorique (vue d'artiste) ; ci-dessus, aiguière en bronze de l'époque des Printemps et Automnes (770-481 av. J.-C.).

parmi les populations les plus dynamiques de Taiwan.

Mais d'autres communautés chinoises avaient également jeté leur dévolu sur l'île. Sous la dynastie des Ming (1358-1644), en effet, des immigrants de la province du Fujian commencèrent à traverser le détroit de Formose en nombre croissant. Ils refoulèrent les Hakkas vers l'intérieur et empiétèrent sur les riches plaines de l'ouest. Les colons chinois adoptèrent le nom de *Ben-diren*, qui signifie littéralement «homme de cette terre», pour se distinguer à la fois des Hakkas et des aborigènes, qu'ils considéraient comme des étrangers. De nos jours, les descendants de ces premiers immigrants du

Fujian se considèrent encore comme des *Ben-di-ren* par rapport au flux de réfugiés arrivés en 1949 du continent, qu'ils appellent *Wai-sheng-ren* («hommes des provinces extérieures»). En fait, les seuls véritables autochtones sont les tribus aborigènes. Comme les Indiens d'Amérique et les aborigènes d'Australie, elles ont été repoussées vers des territoires protégés, sorte de réserves installées dans les montagnes centrales et méridionales de l'île. Le reste de la population de Taiwan est constitué de divers groupes d'immigrants chinois du continent, tandis que le dialecte taiwanais en usage sur l'île est une branche de celui du Fujian.

et villageois, sans interférence de Pékin ni d'ailleurs.

Comme elle était à proximité des centres de négoce et des routes maritimes de la Chine, du Japon et de Hong Kong, tout en échappant à leur contrôle politique, Taiwan devint un paradis pour pirates, qui se livraient au négoce si la conjoncture était favorable ou vivaient de rapines dans le cas contraire. De nos jours, Taiwan passe pour le paradis des pirates modernes, qui font fortune en fabriquant en série des imitations à bon marché de montres Rolex, de produits Cartier et des éditions non autorisées de succès de librairie occidentaux.

Pirates, commerçants et envahisseurs

Au cours des XVe et XVIe siècles, Taiwan devint un refuge pour les pirates en maraude et pour les commerçants indépendants de Chine et du Japon, qui la considéraient comme une base de départ pour la côte orientale du continent. Il est difficile de distinguer les pirates des commerçants, dans la mesure où les uns et les autres opéraient tout aussi illégalement à Taiwan. L'île satisfaisait en effet pleinement leurs besoins : sa population industrieuse produisait denrées alimentaires et autres biens en quantités importantes, et, surtout, elle s'administrait elle-même par le biais de lignages claniques

Les Japonais furent les premiers à tenter d'annexer Taiwan, en 1593, après que le *shogun* Toyotomi Hideyoshi eut échoué dans sa conquête de la Chine via la Corée. Mais les visées de Hideyoshi sur Taiwan n'eurent guère plus de succès, l'île se révélant rebelle à tout contrôle d'une lointaine métropole.

Les Européens tentèrent à leur tour de s'emparer de l'île au XVIIe siècle. Les Hollandais se tournèrent vers Taiwan après avoir vainement disputé Macao aux Portugais. En 1624, ils s'établirent sur la côte méridionale de l'île, où ils construisirent trois forts. L'un d'eux, le fort Zeelandia, près de Tainan, existe toujours. Conformément aux habitudes coloniales, les Hollandais imposèrent de lourdes taxes et corvées aux résidents chinois de Taiwan et ils firent venir des missionnaires afin de les évangéliser. La Compagnie hollandaise des Indes orientales obtint les droits exclusifs du commerce dans l'île et importa de l'opium de Java, autre colonie de la Hollande. C'est ainsi que les Chinois de Taiwan apprirent à fumer un mélange d'opium et de tabac, habitude qui devait également s'étendre à Amoy et au continent. Deux siècles plus tard, l'opium allait jouer un rôle important dans la chute de la dynastie des Qing et devenir le catalyseur de la guerre entre la Chine et la Grande-Bretagne.

continent, événement qui devait avoir des répercussions décisives sur Taiwan.

Seize empereurs s'étaient succédé au cours des 276 années de la longue dynastie des Ming, qui valut aux arts, aux lettres et aux sciences un épanouissement spectaculaire. Mais la corruption croissante de l'administration avait peu à peu terni cette gloire.

Appelés à l'aide en 1644 par un général chinois afin de mater une révolte, les Mandchous avaient levé une puissante armée. Ils occupèrent Pékin et installèrent sur le trône impérial le successeur de leur propre roi, Shunzhi, qui venait de mourir. C'est ainsi que fut fondée la dynastie des Qing.

Une harmonie toute relative présidait aux relations entre les Hollandais et les insulaires, car le zèle des missionnaires déclencha en 1640 une révolte, rapidement matée. Pendant ce temps, les Espagnols avaient établi deux garnisons à l'extrémité septentrionale de Taiwan. Les Hollandais, soucieux de conserver leur monopole sur le commerce extérieur de l'île, chassèrent les Espagnols de Taiwan en 1642. Cette même année marqua le début de la conquête mandchoue sur le

A gauche, l'empereur Shih-tsung, de la dynastie des Ming, visite les tombes de ses ancêtres, sur le continent ; ci-dessus, le fort Zeelandia vers 1635.

Avant que les Mandchous n'atteignent Pékin, le dernier empereur Ming nomma Cheng Chi-lung, pirate basé à Peikang, dans le sud-ouest de Taiwan, à la tête de ce qui restait des forces nationales. Puis ce dernier rejeton d'une lignée glorieuse se pendit au moment où les Mandchous firent leur entrée à Pékin.

Cheng Chi-lung, réfugié à Taiwan, était parvenu à maintenir la cohésion de l'armée Ming. Il avait pris une femme japonaise qui lui avait donné un fils, Cheng Cheng-kung, auquel il passa par la suite le flambeau Ming. Cet prit le nom de Kuo Hsing-yeh, «le seigneur au nom impérial», qu'on traduit en Occident par Koxinga.

L'ILE DE KOXINGA

A Taiwan, Koxinga fut confronté aux Hollandais, qui le considéraient cependant comme un vulgaire pirate incapable de représenter pour eux une menace sérieuse. Mais les espions de Koxinga, à l'aide des déserteurs hollandais, avaient constitué un réseau de renseignement efficace. C'est ainsi qu'en 1661, Koxinga, à la tête de ses jonques de guerre chargées de 30 000 hommes armés, descendit les côtes et força 600 colons et 2 200 soldats hollandais à prendre les armes et à se réfugier dans les trois forts côtiers. Le siège dura près de deux ans. Koxinga s'empara finalement du fort Zeelandia et, magnanime, permit au gouverneur hollandais et à sa suite de quitter l'île avec leurs biens. Le règne hollandais s'achevait après trente-huit ans, ce qui, somme toute, n'était qu'une bagatelle dans les annales chinoises !

Lorsque les Japonais, les Espagnols et les Hollandais se furent retirés, Taiwan devint le domaine personnel de Koxinga. Il donna à l'île son premier gouvernement chinois et en fit une enclave Ming qui défia Pékin longtemps après que les Mandchous eurent mis la main sur le continent. Le règne de Koxinga fut bref mais marquant. Il établit sa cour et son gouvernement à Anping (près de Tainan) et s'employa à améliorer les voies de communication et l'instruction. L'agriculture, aidée par un nouveau système d'irrigation, connut également un grand essor, et Tainan devint la capitale commerciale et politique en même temps qu'un port prospère.

Sans doute pourrait-on dire que la contribution la plus grande et la plus durable de Koxinga au destin de Taiwan fut sa passion pour la culture chinoise : il restaura de nombreuses lois, institutions et traditions chinoises. Son entourage se composait de nombreux lettrés, artistes, moines et de maîtres appartenant à toutes les branches de la culture chinoise. Koxinga mourut à l'âge de trente-huit ans, un an après avoir conquis Taiwan. Il fut par la suite consacré héros national et, à Taiwan, on le vénère comme un *chun-tzu (junzi)*, c'est-à-dire un homme de bien.

A gauche, portrait de Koxinga, premier maître chinois de Taiwan ; à droite, spécimen de l'écriture de Koxinga, vers 1660.

Victoire des Mandchous

Le fils et le petit-fils de Koxinga régnèrent sur Taiwan jusqu'en 1683, lorsque les Mandchous parvinrent à imposer leur souveraineté sur l'île, balayant la dernière poche de résistance des loyalistes Ming. Taiwan devint alors officiellement partie intégrante de l'empire chinois, et les Qing réduisirent l'île au rang de *fu* (préfecture). Mais le pouvoir des Qing n'avait qu'une réalité théorique, car les magistrats qu'on envoyait dans l'île ne prenaient malheureusement pas à cœur leur charge, qu'ils considéraient comme un exil.

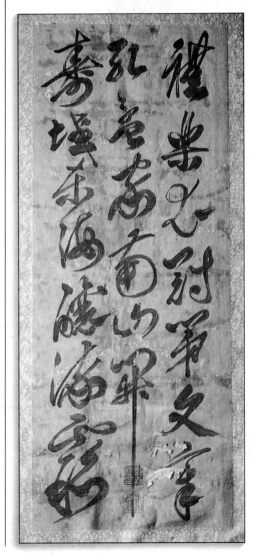

Entre 1683 et 1895, des flots réguliers d'immigrants arrivèrent sur l'île, en provenance des provinces du Fujian et du Guangdong. Après cent cinquante années de règne des Qing, la population locale avait atteint 2,5 millions d'habitants. Karl Gutzlaff, missionnaire prussien qui visita l'île en 1831, observait alors : *«L'île a grandement prospéré depuis qu'elle est possession chinoise»*, et il ajoutait : *«Les colons sont riches et indisciplinés…»*

Dès le XIXe siècle, l'île redevint un objet d'intérêt pour l'Occident. L'un des premiers étrangers à reconnaître le potentiel économique de Taiwan fut le Dr William Jardine, cofondateur de la puissante firme britannique de Hong Kong Jardine, Matheson & Cie. William Jardine était inquiet depuis que la Chine avait pris les armes en 1839 pour mettre fin au trafic de l'opium à Canton. Il en avait informé le ministre britannique des Affaires étrangères, lord Palmerston : *«Nous devons envisager de prendre possession de trois ou quatre îles, à savoir Formose, Quemoy et Amoy, de façon à nous assurer de nouveaux marchés et avoir ainsi un pied en Chine.»*

Quand la première «guerre de l'opium» éclata, le sort des marins naufragés jetés sur les plages de Taiwan exacerba les relations déjà tendues entre la Chine et l'Angleterre. Ces malheureux visiteurs involontaires étaient régulièrement battus, emprisonnés et souvent décapités, soit par les autorités chinoises, soit par les tribus aborigènes. Chaque fois que les puissances étrangères portaient plainte auprès de la cour de Pékin pour qu'elle intervienne, elles découvraient que cette dernière avait, en fait, peu d'autorité réelle sur l'île et encore moins d'intérêt pour elle, considérant cette excroissance comme une terre *«en dehors des limites de la culture chinoise»*. C'est ainsi que les nations recoururent à la «diplomatie de la canonnière» pour tenter de sauver leurs ressortissants et décidèrent de traiter avec les insulaires plutôt qu'avec les Mandchous de Pékin.

Au XIXe siècle, les Britanniques n'étaient cependant pas les seuls à s'intéresser à Taiwan. Plusieurs marchands et diplomates américains avaient suggéré à leur gouvernement l'annexion de l'île. Parmi ceux-ci, le

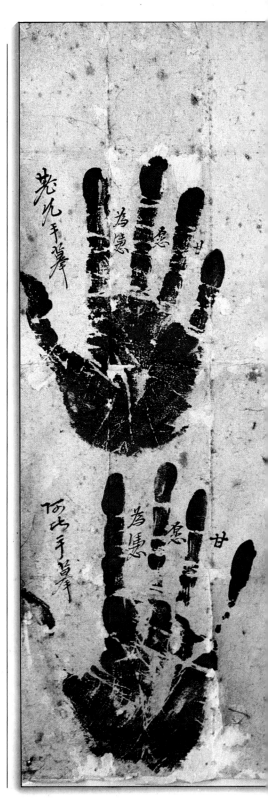

Un aborigène a signé de l'empreinte de sa main l'acte de vente de sa propriété à des colons chinois, en 1866, à Tung Shih, dans le comté d'Ilan.

仝立鬮分約字東勢武罕社番婦 茎允 阿比 老吻 姊妹等緣我番自歸化以來既沐 皇上之休風 孜不敢張家九世同居 以慕先代之遺風武氏手

費長大從夫爰邀房親到場公議將先父遺下水田財物家器等件定作叁房均分配搭均平當場拈鬮為定各拈各掌不得 長 [illegible] 手

足之誼此係至公無私憑鬮分管日後世代番目當有萬金係各房之遺化…風心無憑筆只有據合仝立鬮分約字壹樣叁紙各 房各分執壹紙

永遠存照。

即日憑公親仝立鬮分約字叁紙共定再照。

一批明武烟社尾水田叁段又[illegible]埔壹所東西四至界址俱各面踏分明留為公業壹年按房輪管合應批照。

一批明阿比拈得水田柒段址在武罕庄界內其東西四至界址同公親場見到地面踏分明該永為阿比應得之業各房

番親不得越界混爭合應批照。

一批明茎允拈得水田[illegible]段址在武罕庄界內其東西四至界址同公親場見到地面踏分明該業永為茎允應得之

業各房番親不得越界混爭合應批照。

一批明老吻拈得水田叁段址在武罕庄界內其東西四至界址同公親場見到地面踏分明該業永為老吻應

得之業各房番親不得越界混爭合應批照。

管社人[illegible]合發

代書人 李[illegible]吉 [illegible]

在場 侄孫 [illegible] 宛吹

本社土目武礼龜刘

知見打那美社土目易其万加爭

本社土目九脣龜刘

公親 定打萬 武礼沙蘭

合約[illegible]

大清同治伍年丙寅歲拾壹月 日仝立鬮分約字武罕社番婦 茎允 阿比 老吻

commodore Matthew C. Perry, qui se rendit compte de l'importance stratégique de Taiwan en Extrême-Orient, et Gideon Nye, riche marchand américain et membre influent de la communauté des expatriés à Canton, qui proposa en 1857 que «*l'extrémité méridionale et les côtes orientales de Formose... sur la route du commerce entre la Chine, la Californie et le Japon, et entre Shanghai et Canton, soient protégées par les États-Unis d'Amérique*». Il faut préciser que Nye avait aussi des raisons personnelles d'agir ainsi. Il soupçonnait en effet que son frère Thomas, qui avait disparu mystérieusement sur le clipper d'opium le *Kelpie*, en 1849, avait été capturé et assassiné dans l'île, et il était bien décidé à tout mettre en œuvre pour le retrouver.

Le traité de Tien Tsin (Tianjin), qui mit fin à la guerre de l'opium en 1860, ouvrit quatre ports taiwanais au commerce avec l'étranger : Keelung et Su'ao au nord, Taiwanfu (Tainan) et Takao (Kaohsiung) au sud. Pendant la décennie suivante, le commerce étranger prospéra rapidement à Formose, sous l'égide d'entreprises britanniques ou américaines. Les premiers produits exportés étaient le camphre, le thé, le riz, le sucre, le bois de construction et le charbon. Le seul produit d'importation, mais dont la valeur dépassait parfois celle des produits d'exportation, était l'opium.

En 1867, 25 commerçants étrangers vivaient dans le nord de Taiwan, à Tanshui et à Keelung, et une douzaine à Taiwanfu, dans le sud. Le commerce doubla de volume en 1869 et de nouveau en 1870. Des communautés d'expatriés, en relations étroites avec leurs compatriotes de Hong Kong, Canton et Amoy, fleurissaient dans les ports.

Cet essor avait toutefois un aspect négatif. En effet, des incidents se multipliaient à mesure que les vaisseaux étrangers qui faisaient escale dans les ports de l'île se faisaient plus nombreux. Des rixes entre marchands étrangers et résidents chinois étaient à l'origine de violences et de vengeances. Quant aux magistrats locaux, ils refusaient d'instruire de telles affaires, arguant que les résidents étrangers devaient se plaindre auprès des autorités de Pékin. Mais le manque d'influence notoire de Pékin, justement, et surtout l'absence totale d'intérêt de la capitale envers l'île expliquent que la situation ait non seulement perduré mais qu'elle se soit aggravée à l'arrivée de mis-sionnaires, au début des années 1870. Ceux-ci, issus de diverses confessions chrétiennes, se répandirent dans toute l'île. Ils ajoutèrent à la confusion en cherchant à obtenir des zones réservées, de même que les commerçants luttaient pour des monopoles d'exportation. Seul un déploiement de force permit alors de ramener provisoirement le calme.

Une chose était claire pour les parties en présence : si Taiwan était un lieu séduisant, riche en ressources et situé à un carrefour stratégique, elle était aussi très sauvage et elle avait besoin d'ordre, ce que Pékin ne pouvait lui donner. Tous réclamaient l'intervention d'un gouvernement fort. Les Japonais ne restèrent pas sourds à cette attente.

Le triomphe de Tokyo

En 1872, un bateau japonais sombra au large des côtes de Taiwan. Trois marins périrent noyés, 57 furent assassinés par la tribu aborigène des Botans et 12 survécurent. Quand les autorités de Tokyo apprirent la nouvelle, elles décidèrent de lancer une expédition punitive. Mais le ministre des Affaires étrangères, Soyeshima Taneomi, hésitait à lancer l'attaque. Il tenta tout d'abord une démarche diplomatique. Soyeshima avait pour conseiller l'Américain Charles Le Gendre, qui avait abandonné en 1872 sa charge de consul des États-Unis à Amoy afin d'entrer au service de l'empereur du Japon comme conseiller dans le cadre de l'expédition militaire projetée à Taiwan. Le Gendre avait en effet une grande expérience de l'île et il avait déjà contribué à régler plusieurs affaires concernant des bateaux américains naufragés. Dans certains cas, il avait même traité directement avec les tribus aborigènes. A présent, il conseillait à Tokyo de se préparer à la guerre, dans l'éventualité où la mission de son ministre des Affaires étrangères à Pékin échouerait.

Soyeshima fit en sorte d'obtenir une audience de l'empereur de Chine, ce qui était déjà en soi une victoire. L'empereur, fin politique, reconnut que les tribus aborigènes de l'est de l'île échappaient à son pouvoir. Le Japon tout entier salua cet aveu comme une victoire diplomatique, mais le retour de Soyeshima à Tokyo fut quelque peu occulté par des luttes de faction sur la question de l'ajournement de l'intervention militaire dans la Corée voisine, autre protectorat chinois. Le ministre des Affaires étrangères, découragé, se désintéressa de l'affaire de Formose et Le Gendre prit les choses en main. En février 1874, une révolte de samouraïs protestant contre les réformes meiji fit comprendre au gouvernement japonais qu'il était urgent d'envisager une «aventure étrangère» susceptible de canaliser l'énergie des samouraïs mécontents. Ainsi, le 27 avril de cette même année, 2 500 hommes de troupe, 1 000 coolies et plusieurs conseillers étrangers, conduits par Le Gendre, embarquèrent sur des canonnières à destination de Taiwan.

L'expédition militaire accosta à deux endroits dans le sud de l'île, dont l'un placé

forces japonaises se retirèrent de Taiwan et rentrèrent triomphalement à Tokyo. La Chine continua à traiter Taiwan comme une préfecture de la province du Fujian pendant plus d'une décennie après le départ des Japonais. Elle l'éleva au rang de province de Chine en 1886.

Toutefois, les répercussions de l'occupation japonaise continuaient à se faire sentir dans toute l'île. Certes, l'intervention militaire du Japon avait, pour la première fois dans l'histoire de l'île, établi un semblant d'ordre, ce qui n'était pas pour déplaire à certains commerçants, dont les affaires avaient repris. Quant aux militaires, de retour à Tokyo, ils se

sous la juridiction chinoise. Les troupes japonaises firent quelques incursions dans les montagnes pour punir les aborigènes coupables. Mais leur présence permanente dans le sud déclencha de vives protestations de la part des Chinois et les amena à négocier. Après des entretiens prolongés à Pékin, le gouvernement chinois accepta de payer 100 000 taels d'argent au Japon pour indemniser les familles des marins assassinés, et 400 000 taels pour les dépenses engagées pour l'expédition militaire. En retour, les

mirent à réclamer l'annexion pure et simple de Taiwan, de la Corée et des îles Ryukyu.

Une guerre entre les deux grandes puissances orientales éclata en 1895, lorsque les Japonais envahirent la Corée, alliée de longue date de la Chine. La Chine envoya ses bâtiments de guerre à la rescousse, mais les Japonais les coulèrent dans l'intention flagrante d'attiser le conflit. La Chine s'était toujours arrangée pour se débarrasser du Japon et pour éviter la guerre grâce à quelques compensations matérielles, mais cette fois le pays du Soleil levant ne voulait plus jouer le jeu, tant il était impatient de se constituer un empire, à l'instar de celui de la Grande-Bretagne.

Soldats et drapeaux japonais dans les rues de Lukang, dans le centre de Taiwan, en 1934.

LA RÉPUBLIQUE DE CHINE

Le Japon, que la Chine avait longtemps considéré comme une nation barbare, lui infligea une défaite cuisante. L'impératrice Tseu-hi (Cixi) avait détourné les sommes d'argent qui avaient été affectées à la modernisation de la marine chinoise pour restaurer et redécorer son palais d'été, au nord de Pékin. C'est la raison pour laquelle la marine chinoise n'était plus de taille à faire face au Japon.

La domination japonaise

Le Japon dicta les conditions du traité de Shimonoseki, qui exigeait la cession des îles Ryukyu et de Taiwan. Ce fut le point de départ d'un siècle de gouvernement japonais à Taiwan.

Sous la tutelle de Tokyo, Taiwan amorça une modernisation rapide. Un réseau de voies ferrées et de routes fut construit, reliant les points importants de l'île. Sous la stricte gestion japonaise, des écoles et des hôpitaux furent édifiés, des industries implantées et les techniques agricoles modernisées. D'un autre côté, l'occupation se montra dure et finalement impopulaire. Les Japonais exigeaient en effet de chaque ressortissant taiwanais (population aborigène comprise) qu'il adopte un nom japonais et qu'il parle japonais. Par ailleurs, ils exploitèrent les riches ressources naturelles de l'île à leur seul profit, tandis que les officiers et magistrats japonais qui résidaient dans l'île jouissaient de privilèges que les simples citoyens avaient bien du mal à admettre. Le Japon essaya de modeler Taiwan à son image, contraignant l'île à se couper de ses racines chinoises. Taiwan travailla en effet dur sous le joug nippon, jusqu'à ce que les forces alliées remportent la Seconde Guerre mondiale.

Après la reddition japonaise, Taiwan redevint chinoise, le 25 octobre 1945. On commémore cet événement chaque année dans l'île

Pages précédentes : la statue de Tchang Kaï-chek domine le lac du Soleil et de la Lune. A gauche, Tchang Kaï-chek en compagnie de Sun Yat-sen (assis) en 1924 ; à droite, le généralissime en 1930.

sous le nom de jour de la Rétrocession. Pendant ce temps, la guerre civile avait éclaté sur le continent. Dans la lutte pour le contrôle du pays, le parti communiste et le parti nationaliste, le Kouomintang (K.M.T.), rivalisaient. A la tête de ce dernier se trouvait Tchang Kaï-chek.

Le généralissime

Tchang Kaï-chek est né le 31 octobre 1887 dans la province du Zhejiang. Sa mère était une fervente bouddhiste et son père un marchand de sel qui mourut lorsque Tchang avait à peine huit ans. Très tôt, sa mère arrangea

son mariage avec Mao Fu-mei, qui lui donna en 1908 son premier fils Tchang Ching-kuo. A cette époque, la monarchie chinoise dépérissait et la révolution était dans l'air. Pris dans la tourmente de ces événements, le jeune Tchang entreprit des études militaires au Japon. C'est là qu'il rencontra le docteur Sun Yat-sen et prit part à des raids révolutionnaires en Chine avec lui. Il acheva ses études militaires en 1912.

Cette année-là, Sun Yat-sen devint président provisoire de la République de Chine. L'empereur Puyi avait abdiqué, mettant fin à la dynastie des Qing et tournant une page sur les cinquante siècles d'histoire impériale de la Chine.

Puis ce fut Yuan Shikai, général chinois qui avait servi la dynastie des Qing pendant de nombreuses années, qui devint président. A sa mort, en 1916, le pays était en plein désarroi. Tchang Kaï-chek, appuyé sur le Kouomintang, le réunifia dix ans plus tard, en 1926.

Deux épisodes ont fortement marqué la personnalité du jeune Tchang après son retour en Chine. Pendant dix ans, il résida à Shanghai, où il se lia avec les riches industriels et les grandes familles de banquiers de cette ville. Ces contacts l'aidèrent à se forger une stratégie politique qui lui permit de traverser deux décennies de guerre et lui assurè-

1924. La fondation du parti communiste datait de 1921.

Nommé commandant en chef de l'armée nationale révolutionnaire en 1925, Tchang Kaï-chek lança une expédition pour éradiquer, en Chine centrale et septentrionale, les seigneurs de la guerre. Cette campagne, à laquelle prirent part aussi bien des révolutionnaires communistes que des membres du Kouomintang, et connue sous le nom d'expédition du Nord, dura trois ans et s'acheva en 1926. Tchang Kaï-chek avait réussi à réunifier la Chine restée orpheline après la mort de Yuan Shikai, dix ans plus tôt. Lorsqu'il eut remporté la victoire, Tchang se retourna

rent la victoire à Taiwan. Le second épisode marquant intervint en 1923, lorsque Sun Yat-sen l'envoya à Moscou en tant qu'émissaire personnel : c'est en effet avec une méfiance profonde pour les Russes et une haine non moins profonde pour le communisme qu'il en revint.

En mai 1924, une académie militaire destinée à former les cadres de l'armée révolutionnaire fut fondée à Whampoa, dans la banlieue de Canton, en vue de réaliser l'unité de la Chine. Elle était sous le commandement de Tchang Kaï-chek. Le premier congrès du parti nationaliste, le Kouomintang, qui représentait la bourgeoisie nationale anti-impériale, eut lieu cette même année

contre les communistes afin de préserver son œuvre. En 1928, l'ensemble de la Chine reconnaissait en effet le nouveau gouvernement du général, installé à Nankin. Tchang Kaï-chek se posait désormais en héritier de Sun Yat-sen, mort en 1925, et dont il épousa la belle-sœur, Song Mei-ling, en 1927. Issue d'une des familles de banquiers les plus puissantes de Shanghai, cette dernière était une chrétienne élevée à l'américaine. Avant leur mariage, Tchang Kaï-chek se convertit au christianisme. Sa nouvelle femme et sa conversion eurent une influence importante sur le reste de sa vie.

Réunifier le pays, rétablir et maintenir l'ordre, tels étaient les objectifs de Tchang

Kaï-chek. Mais, s'il n'a pas accompli la révolution dont rêvait Sun Yat-sen, il a toutefois rassemblé la Chine. Le Kouomintang s'est en effet maintenu de longues années au pouvoir, jusqu'à l'occupation de la Mandchourie par les Japonais, en 1931, et la fondation du protectorat du Mandchoukouo. En 1937, ces derniers prirent Tien-tsin (Tianjin) et Pékin, s'emparèrent de Shanghai et envahirent la capitale nationaliste, Nankin. Leur avance fut appuyée par des raids aériens conduits à partir de leurs terrains d'aviation de Taiwan.

C'est cette invasion qui permit aux communistes de sortir de leur isolement. Alliés de la veille, ils constituaient désormais le plus

ralissime se réfugia à Chung-Ching (Chungqing), dans le Sichuan. Il disait alors : *« Les Japonais sont une maladie de la peau, les communistes une maladie du cœur. »*

En 1943, Tchang Kaï-chek rencontra le président des États-Unis, Franklin D. Roosevelt, et le premier ministre britannique, sir Winston Churchill, à la conférence du Caire. Les trois hommes prirent l'engagement que la Mandchourie, Taiwan et les îles Pescadores seraient restitués à la Chine après la guerre. Mais lorsque la guerre prit fin en 1945, après la reddition du Japon, les deux camps chinois restèrent face à face. A ce moment-là, 90 millions de paysans vivaient

redoutable des adversaires de Tchang. Pourchassés et décimés par ce dernier, ils ne désarmaient pas pour autant. C'est pour échapper à l'anéantissement qu'ils entreprirent, d'octobre 1934 à octobre 1935, la fameuse Longue Marche.

En 1936, Tchang Kaï-chek renonça provisoirement à les poursuivre pour concentrer ses forces contre le Japon. La guerre sino-japonaise éclata en 1937 et, en 1938, le géné-

A gauche, Tchang Kaï-chek et sa femme en compagnie de F. D. Roosevelt et de sir W. Churchill à la conférence du Caire, en 1943 ; ci-dessus, Tchang annonce le départ de son gouvernement pour l'île de Taiwan, en 1949.

sous administration communiste, alors qu'ils n'étaient que 1 million en 1937.

L'exode vers Taiwan

La guerre civile éclata en 1946 et fit rage pendant trois années. Bien que Tchang ait été réélu président de la République de Chine en 1948, la guerre avait, dans l'intervalle, tourné en faveur des communistes. Suzhou, Tien Tsin et Pékin tombèrent aux mains des communistes en janvier 1949. D'autres villes suivirent en mars. Tchang Kaï-chek envisagea alors un repli sur Taiwan.

Alors qu'un transfert de pouvoir commençait à s'opérer à la fin de l'année 1945 et que des armées nationalistes arrivaient déjà dans l'île, l'essentiel des troupes de Tchang Kaï-chek était encore sur le continent. Elles affrontèrent les communistes dans une dernière bataille dévastatrice dans l'île de Quemoy (Chin Men), dont elles prirent possession.

Le 7 décembre 1949, le gouvernement de la république installa son quartier général à Taipei. Peu après, le président Harry S. Truman envoyait la VIIe flotte protéger Taiwan d'une attaque des forces communistes. Puis les États-Unis apportèrent leur aide économique à l'île. Tchang Kaï-chek mit en œuvre une politique de réforme agraire

peuple et pour le peuple) et du bien-être du peuple, *min sheng*. De ces trois principes, le docteur Sun considérait le nationalisme comme son objectif principal. Et le moyen le plus rapide d'y parvenir passait à ses yeux par un système démocratique qui assurerait le bien-être du peuple.

Tchang Kaï-chek exposa son point de vue sur les trois principes du peuple de Sun Yat-sen dans un livre intitulé *le Destin chinois*, publié en 1943. Mais il dut faire face à des difficultés que Sun Yat-sen n'avait pas prévues, et choisit de différer l'instauration de la démocratie afin de parvenir aux objectifs de son maître. Dans le cadre de Taiwan, Tchang

qui permit par la suite de déclencher la révolution industrielle qui est à l'origine de l'essor économique de l'île. Taiwan se découvrit en effet une élite entreprenante, constituée d'anciens propriétaires fonciers qui disposaient des capitaux et de la motivation nécessaires pour investir.

Tchang Kaï-chek fut élu président de la république six fois de suite, la dernière en 1966. Il gouvernait l'île selon les trois principes du peuple de Sun Yat-sen : les *sanmin tchu yi*. Le docteur Sun avait élaboré un système de gouvernement sur la base du nationalisme, *min tsu*, qui supposait la libération de la Chine vis-à-vis des étrangers, de la démocratie, *min chuan* (gouvernement par le

Kaï-chek maintint un ordre social et une discipline politique stricts, mais laissa à la population de l'île une grande liberté dans le domaine économique. Grâce à ce capitalisme autoritaire, les Chinois industriels firent passer le secteur privé, qui représentait 44 % de l'économie taiwanaise en 1953, à 75 % en 1974, au détriment des monopoles d'État. Dans le même temps, la population de l'île passait de 8 millions à 18 millions d'habitants.

L'année 1965 fut un moment critique pour Taiwan et ses dirigeants, car l'aide financière des États-Unis, qui avait constitué un soutien lors de l'essor économique, fut suspendue. Néanmoins, la modernisation et l'enrichisse-

dent Tchang Kaï-chek mourut. Son fils Tchang Ching-kuo lui succéda pour un peu plus de dix ans.

Une seule Chine

Officiellement, le gouvernement nationaliste considère Taiwan comme *«une province insulaire de la République de Chine»*. Les efforts de Taiwan pour maintenir son label de République de Chine sont au cœur même de sa diplomatie d'aujourd'hui. Toutefois, Taiwan et le continent sont parfaitement d'accord sur le fait qu'*«il n'y a qu'une seule Chine»*, que l'île est une province qui fait

tiques avec les États-Unis en 1979, Taiwan a pu non seulement survivre, mais prospérer. Son produit national brut a continué de croître, ainsi que le commerce avec l'étranger, grâce à des contacts culturels et des associations commerciales.

Le président actuel, M. Lee Teng-hui, est né en 1923 dans une petite localité rurale proche de Tanshui. Après des études à l'université impériale de Tokyo, il obtint un diplôme d'économie agricole de l'université nationale de Taiwan, plus tard une maîtrise de l'université de l'Iowa, aux États-Unis, et en 1968 un doctorat en économie de l'université Cornell. Il a commencé sa carrière poli-

partie intégrante de la Chine, et ils considèrent la réunification comme une *«nécessité»*, selon leurs propres termes. Taipei pose comme condition préalable à l'ouverture de négociations formelles avec le continent que Pékin abandonne le communisme et accepte les trois principes du peuple comme base d'un État chinois moderne.

En dépit de revers politiques, comme l'expulsion de Taiwan des Nations Unies en 1971 et la rupture des relations diploma-

tique en 1957. Maire de Taipei de 1978 à 1981, puis gouverneur de la province de Taiwan de 1981 à 1984, il fut élu vice-président en 1984 et travailla dès lors étroitement avec le président Tchang Ching-kuo sur la question des réformes économiques. A la mort du président, en janvier 1988, Lee Teng-hui assuma la transition avant d'être élu en 1990 par l'assemblée nationale huitième président de la République de Chine.

Réformes démocratiques, liberté économique, politique étrangère pragmatique, telle est, depuis 1988, la contribution du premier président de souche taiwanaise de la République de Chine.

A gauche, le mémorial de Tchang Kaï-chek, lieu d'impressionnantes commémorations ; ci-dessus, vue de Taipei, capitale politique et économique de l'île.

造船廠

L'ESSOR ÉCONOMIQUE

Il est courant de voir dans les cieux de Taipei d'étonnants gros ballons colorés se balancer au-dessus des toits. Amarrés au-dessus des chantiers de construction, ils servent de réclame pour attirer les acheteurs intéressés par les nouveaux ensembles immobiliers. A Taipei, les gratte-ciel s'inspirent de ceux des villes étrangères préférées des Taiwanais : Los Angeles et Miami. C'est seulement dans le prix qu'on trouve une différence, car les grands immeubles coûtent généralement très cher à Taipei. Il faut en effet compter un minimum de 600 000 F et jusqu'à plus de 3 millions de francs pour un appartement ordinaire de style occidental. Et, en général, les acheteurs locaux ne reculent pas devant ces prix.

En 1972, l'hôtel Hilton de Taipei était le plus grand bâtiment de la ville, et il se dressait comme un phare sur une mer de maisons basses à toits de tuiles. Aujourd'hui, le Hilton ne se distingue plus guère au milieu de la forêt des gratte-ciel qui ont jailli de terre pendant l'essor immobilier des deux dernières décennies, tandis que, dans les rues congestionnées de la ville, d'énormes Cadillac, Oldsmobile et Mercedes, grosses consommatrices d'essence, se meuvent comme des baleines dans un océan de voitures et de motocyclettes de la taille de sardines. De telles limousines se vendent environ 750 000 F, auxquels il faut ajouter une petite fortune en taxes et licences routières annuelles fixées selon la valeur du véhicule. A un niveau plus modeste, les véhicules les plus remarquables sont les taxis, fabriqués pour la plupart par Yue-Loong à un prix de base de 75 000 F.

Comme dans les autres villes prospères d'Asie, les boutiques débordent de marchandises de toutes sortes et de produits de luxe en provenance du monde entier, et les restaurants aussi nombreux que variés rivalisent pour attirer les clients les plus délicats de la ville et constituent une sorte d'exutoire pour des citoyens qui vivent trop à l'étroit dans leurs frontières.

Pages précédentes : fresque d'étudiants à la gloire des industries de Taiwan. A gauche, hall d'un hôtel de Taipei ; à droite, ballon signalant un bien immobilier à vendre.

Capitalisme et consommation

Si limousines et grands ensembles sont toujours hors d'atteinte du Taiwanais moyen, ce dernier jouit toutefois d'un niveau de vie élevé : on estime que 99,7 % des foyers de Taiwan ont l'électricité et qu'il y a 103 télévisions pour 100 foyers. Avec 50,8 voitures et 236 téléphones pour 1 100 habitants, le niveau de vie de Taiwan est le plus élevé de toute l'Asie, après celui du Japon. Dans deux domaines au moins, les Taiwanais vivent mieux que les Japonais : ils jouissent de plus d'espace domestique (17,5 m² par foyer) et ils ont une alimentation plus riche.

Le confort et la richesse de Taiwan confirment ce que nombre d'observateurs ont appelé le «miracle» économique qui s'est produit dans ce pays depuis la Seconde Guerre mondiale. Le gouvernement nationaliste a engagé une politique économique éclairée et le capitalisme a permis aux Chinois de récolter le fruit de leur travail et de leur énergie. La version taiwanaise du capitalisme a même fait oublier, là-bas, le modèle occidental.

La santé économique de l'île se fonde sur le commerce extérieur. En 1983, le commerce mondial avec Taiwan dépassait 45 milliards de dollars, avec plus d'un tiers de cette somme, soit 15 milliards, pour les États-Unis.

En 1990, Taipei a exporté pour plus de 67 milliards de dollars et importé pour 54 milliards de dollars. En dépit de leurs différends politiques, Taiwan reste le cinquième partenaire commercial des États-Unis. Si l'île ne représente qu'une infime fraction de la taille de son partenaire américain, elle dégage un surplus commercial de 4,5 milliards de dollars avec le géant occidental. En vue de rétablir l'équilibre de la balance, le gouvernement taiwanais envoie depuis 1976 une mission commerciale annuelle aux États-Unis pour acheter pour 600 millions de dollars de grains, de machines et d'autres produits. C'est un geste que les fermiers et les

industriels américains attendent avec impatience chaque année.

Le commerce est l'activité principale de Taiwan depuis que les marchands chinois et occidentaux ont découvert les ressources de l'île. Aux XVIIIe et XIXe siècles, l'essentiel des exportations concernaient le sucre, le charbon, le riz, le thé, le bois de construction et le tabac. Mais le produit le plus lucratif était sans conteste le camphrier, qui abondait dans les forêts. En 1870, cinq firmes britanniques, deux allemandes et deux américaines étaient déjà solidement implantées dans l'île. Le commerce fit alors un grand bond en avant. De nos jours, plus de 2 000 entreprises travaillent pour l'exportation.

Des fermes aux usines

Tandis que le commerce extérieur constitue la principale source de revenu de Taiwan, l'agriculture est, historiquement, la première occupation de sa population et, depuis, Taiwan est resté un pays agricole. Chaque jour, des bateaux et des avions-cargos transportent des conteneurs de fruits et de légumes frais vers de nombreux marchés d'Extrême-Orient.

En effet, Taiwan est l'un des grands fournisseurs mondiaux de produits tels qu'asperges, champignons et ananas en boîtes, ainsi que d'une large gamme de produits chinois traditionnels. L'escargot qu'on sert dans les restaurants français de l'île est susceptible de venir de Taiwan aussi bien que de France.

La pêche constitue une autre occupation traditionnelle qui a contribué de manière significative à la prospérité de l'île. Les pêcheurs prennent 1,34 million de tonnes de produits de la mer chaque année dans les eaux de Taiwan. La plus grande partie de cette pêche alimente les marchés et les restaurants locaux, mais l'exportation de produits surgelés, très active, rapporte à l'île environ 1 milliard de dollars chaque année. Chaque jour, des avions-cargos transportent de Taipei à Tokyo des chargements d'anguilles vivantes et frétillantes conservées dans des sacs en plastique pleins d'eau. Taiwan est aussi un pionnier dans le domaine de la pisciculture.

Toutefois, la tendance commerciale a évolué. Les produits industriels modernes remplacent désormais les produits agricoles et les ressources naturelles de Taiwan pour constituer les principales exportations. En 1960, par exemple, le sucre comptait pour 43 % des exportations de Taiwan. En 1981, il en représente moins de 3 %.

L'importante base industrielle de l'île et ses réserves de devises étrangères ont été mises à profit dans les années 1950 et 1960 pour développer l'industrie textile. Avec un fort soutien du gouvernement, Taiwan a dépassé le Japon et la Grande-Bretagne pour devenir l'un des plus grands fournisseurs mondiaux de produits textiles. Depuis les années 1970, des quotas d'importation en Europe et aux États-Unis, ainsi qu'une vive concurrence de la part des pays voisins industrieux, comme la Corée et l'Indonésie, ont porté un coup sérieux à l'industrie textile locale, qui continue cependant d'être importante et prospère.

En 1989, les trois plus grandes compagnies d'exportation étaient Nan Ya Plastics (avec 508,3 millions de dollars de chiffre d'affaires), Tatung (414,5 millions de dollars) et le groupe Acer (qui a exporté pour une valeur de 413,7 millions de dollars de produits électroniques). On constate ainsi que les maîtres mots sont désormais «plastique» et «électronique». La dernière vague de progrès électronique a donné la suprématie aux entreprises qui avaient investi dans la technologie sur les industries textiles, industries de main-d'œuvre.

Taiwan compte parmi les vingt plus grands exportateurs mondiaux. En 1989, le textile et les chaussures représentaient 19,3 % des exportations, les produits électroniques 12 %, les machines électriques et les biens d'équipement 10,3 %, les jouets et les articles de sport 4,6 %. Les pays de l'A.S.E.A.N. (Singapour, les Philippines, la Thaïlande, la Malaisie, l'Indonésie et le sultanat de Brunei) et l'Europe sont, après les États-Unis, ses principaux partenaires.

Chaussures de randonnée et tentes, chaussures de sport et survêtements, radios et télévisions, jouets et bimbeloterie, guirlandes électriques et sapins en plastique vendus

Les produits locaux

Quelques faits et chiffres permettent de replacer la puissance économique taiwanaise dans une perspective régionale et mondiale. Au cours des années 1970, l'économie de Taiwan a crû à un taux de 10 % l'an, chiffre que les économies européennes n'atteignent plus. Le produit national brut a augmenté de 5 % chaque année, en dépit de la crise économique des années 1980.

A gauche, ouvriers peignant des chaînes aux chantiers navals de Kaohsiung ; ci-dessus, attelages à moteur et à traction animale se croisent dans une rizière.

dans de nombreux pays sont fabriqués à Taiwan. La réglementation des marchés étrangers a contraint Taiwan à améliorer de manière appréciable le contrôle de la qualité de ses produits, à telle enseigne que Taiwan a désormais redoré sa réputation d'exportateur. Le Taiwanais moyen dispose d'un revenu par habitant de 8 360 $. En Asie, seuls les Japonais et les habitants de Hong Kong ou de Singapour dépassent ce chiffre.

Il fallait s'attendre que l'essor économique provoque des bouleversements dans l'échelle sociale. Wang Yung-chin par exemple, président de Formosa Plastics, jadis considéré comme l'homme le plus riche de Taiwan (il compte actuellement parmi les cinq plus riches), a commencé sa carrière comme livreur de riz. D'autres, qui ont débuté comme fermiers, règnent sur des empires industriels. Des commerçants occasionnels sont devenus milliardaires du jour au lendemain en vendant le bon produit au bon acheteur et au bon moment. On constate que nombre de grandes entreprises de l'île sont administrées dans le style familial qui convient si bien aux Chinois.

La main-d'œuvre taiwanaise compte 8,3 millions de personnes. Il n'y a en principe aucun chômage. Les secteurs commerciaux et de services absorbent 40 % de cette main-d'œuvre et les usines environ 35 %. En

La piraterie moderne

Il est un domaine dans lequel les hommes d'affaires taiwanais prennent le mot «libre entreprise» trop au pied de la lettre : celui des marques et des droits d'auteur. A Taiwan, il est possible d'acheter des produits de grandes marques pour une fraction minime des prix qu'ils atteignent en Occident. Ces produits sont fabriqués clandestinement à Taiwan par des usines qui piratent les modèles étrangers. Certes, leur qualité n'est en rien comparable à celle des objets copiés, mais ce genre de produits piratés se vend aussi bien et même mieux que les produits

revanche, le nombre d'agriculteurs est tombé à 5 %.

Libre initiative et savoir-faire sont la clef du succès économique de Taiwan : chaque citoyen peut ouvrir une boutique, une usine, un restaurant ou une entreprise commerciale, simplement en remplissant un formulaire administratif et en suspendant une enseigne au-dessus de sa porte. Il y a peu d'interférence ou de réglementation de la part du gouvernement : la sphère commerciale est tout à fait indépendante. Ce qui a engendré un certain chaos et la fraude, tout en accélérant la compétition sur le marché, permettant aux meilleurs concurrents de se hisser au sommet.

authentiques. Et ils durent assez longtemps pour séduire des consommateurs conscients du prestige de ces objets. Toutefois, la pression qu'exercent les grandes marques ainsi spoliées, qui sont souvent françaises, commence désormais à faire évoluer la situation. Curieux retour des choses, car il y a un siècle, les marchands occidentaux considéraient la Chine comme un vaste marché pour les produits fabriqués en Occident : *«Si chaque Chinois achetait un mètre de nos tissus, les usines de textile occidentales pourraient récolter d'immenses fortunes !»*

Taiwan convoite à présent l'héritage de l'opulence passée de Hong Kong. Le gouvernement communiste chinois a toujours insisté sur le fait qu'il recouvrerait sa souveraineté sur Hong Kong à l'expiration du bail de la Grande-Bretagne sur cette colonie de la couronne, en 1997. En conséquence, le dollar de Hong Kong a fortement baissé, les prix de l'immobilier ont chuté et de nombreux magnats ont commencé à transférer leur fortune ailleurs. Taiwan vise en fait à reproduire chez elle les conditions qui ont fait la fortune et la renommée de Hong Kong en Asie de l'Est depuis plus de cent ans. Les règlements bancaires ont été révisés en vue de faciliter les transactions internationales, et le gouvernement projette d'établir plusieurs «zones économiques de libre-échange» dans

dépendance commerciale de 110 %. Ce chiffre représente le rapport du commerce extérieur total sur le produit national brut (P.N.B.). Par comparaison, la dépendance commerciale de la Corée du Sud est de 80 % et celle du Japon de 31 % seulement. La dépendance commerciale de Taiwan a été encore plus évidente en 1982, lorsque le pays atteignit seulement la moitié du taux de croissance du P.N.B. que le gouvernement s'était fixé, en raison de la récession que subissaient les économies de ses principaux partenaires commerciaux.

Néanmoins, l'avenir économique de Taiwan est toujours prometteur. Les échecs

des ports tels que Kaohsiung, Keelung et Taichung. Si Taiwan parvient à attirer les fortunes chinoises en quête d'asile, cela représentera un changement économique de grande ampleur en Extrême-Orient. Ironie du sort, c'est le gouvernement de Pékin qui, par son attitude agressive, jette les millionnaires de Hong Kong dans les bras de Taiwan.

La seule pierre d'achoppement à la croissance économique continue de Taiwan est son excessive dépendance vis-à-vis du commerce extérieur. Taiwan a un facteur de

politiques des années 1970 ont renforcé sa détermination à prospérer. L'île reste autosuffisante pour la production de denrées alimentaires, et la société y est remarquablement stable. D'un autre côté, la richesse est distribuée plus également qu'autrefois et la pauvreté tend à disparaître. Mais le plus important est que l'île est gouvernée par une équipe d'experts économiques, et non pas par des politiciens professionnels dont les principales préoccupations seraient leur réélection.

À la lumière de ces faits, il semble que le succès économique de l'île n'ait rien d'un «miracle», mais qu'il est au contraire logique et bien préparé.

A gauche, une usine d'habillement ; ci-dessus, une usine de puces informatiques.

CULTURE ET ENVIRONNEMENT

C'est un aspect de l'éthique que les chinois désignent sous le nom de *ren-ching-wei* (qu'on pourrait traduire par : le sens des valeurs humaines) qui gouverne les relations sociales à Taiwan. Et cette conception joue également son rôle dans les domaines économique et politique.

En effet, ce concept signifie qu'en toute circonstance, dans les affaires comme dans les distractions, dans la vie privée comme en public, les considérations humaines doivent primer. Dans les relations privées, les sentiments sont en effet aussi importants que la logique ou la légalité, car les Chinois sont soucieux d'éviter que la science, la technique, le rythme de plus en plus trépidant de la vie moderne fasse oublier les valeurs humaines.

Ainsi, les Chinois évitent dans toute la mesure du possible d'étaler leurs différends familiaux et intimes au grand jour et de recourir à tout propos aux hommes de loi pour régler des différends d'ordre privé comme cela se fait de plus en plus en Europe et, à un degré beaucoup plus fort encore, aux États-Unis.

Le *ren-ching-wei* embrasse à la fois ce qui est amer et ce qui est doux. Il justifie les bonnes manières comme la grossièreté dans la vie de tous les jours ; l'esprit de compromis et le besoin impérieux de «sauver la face» ; les débordements d'émotion qui engendrent des torrents de paroles au verbe coloré ; l'hospitalité en privé et l'indifférence en public. En fait, tous les aspects de la vie quotidienne taiwanaise peuvent trouver leurs racines dans le *ren-ching-wei*.

La logique interne du comportement des Chinois, qui a assurément, de temps à autre, de quoi nous intriguer ou nous dérouter, devrait apparaître plus clairement dans les pages suivantes, qui traitent en particulier de l'influence de la pensée confucéenne et de l'idéal du *tao*, ainsi que de l'importance des pratiques religieuses.

Pages précédentes : la pause de cinq heures dans un café pour une jeune secrétaire ; promeneurs se reposant devant le mémorial de Sun Yat-sen, à Taipei. Ci-contre, un couple de jeunes mariés vêtus «à l'occidentale».

L'HÉRITAGE DE CONFUCIUS

«Quel plus grand plaisir peut-il y avoir que celui d'accueillir des amis qui viennent de loin ?» Cette formule d'introduction du *Lun Yu* (les *Entretiens de Confucius*), recueil d'entretiens du maître avec ses disciples, le plus respecté de tous les textes confucéens que, depuis plus de deux mille ans, les lettrés chinois sont astreints à apprendre par cœur, se trouve dans tous les bureaux de tourisme de l'île.

Le fait que Confucius ait introduit sa grande œuvre par cette maxime simple atteste l'importance que le philosophe accordait à l'amitié et à l'étiquette sociale. Confucius croyait que le vrai plaisir ne se trouvait pas dans un laisser-aller sensuel égoïste ou dans le profit personnel, mais plutôt dans la générosité envers les amis et dans les échanges sociaux.

Le trésor de la tradition

Confucius, connu en chinois sous le nom de Kongfuzi, Kongzi ou maître Kong, est né dans le royaume de Lu, la province actuelle du Shandong, en 551 av. J.-C. Lorsqu'il était enfant, il manifestait un profond intérêt pour les rites et rituels anciens. Ceux qui le connaissaient l'admiraient pour son érudition et pour sa sincérité. Mais, parce qu'il vivait à une époque connue sous le nom de période des Printemps et Automnes (VIIIe-Ve siècle av. J.-C.), au cours de laquelle cinq principautés gouvernaient la Chine à tour de rôle, peu d'hommes influents souhaitaient en fait adopter ses idées pacifiques. La période des Printemps et Automnes (770 à 481 av. J.-C.) déboucha d'ailleurs sur les guerres de la période des Royaumes combattants, de 476 à 221 av. J.-C.

Confucius fit donc en sorte de propager ses idées tout seul. Il quitta le royaume de Lu dès sa jeunesse et voyagea dans l'empire, portant son message de paix, d'amitié et de

réforme à tous les petits princes. La plupart le reçurent avec intérêt et hospitalité, mais peu manifestèrent une quelconque intention de modifier leur conception de la guerre et d'appliquer sa philosophie d'harmonie sociale.

Au cours de ses voyages, Confucius rassembla et étudia des documents qui révélaient les secrets de l'âge d'or de la culture chinoise pendant les dynasties Hsia (Xia), Shang et Chou (Zhou). Celui qui l'assista dans cette tâche aurait été Li-erh, né vers 570 av. J.-C., connu de la postérité sous le nom de Lao-tseu (Laozi), le Vieillard, fondateur de l'école du taoïsme. On lui attribue les doc-

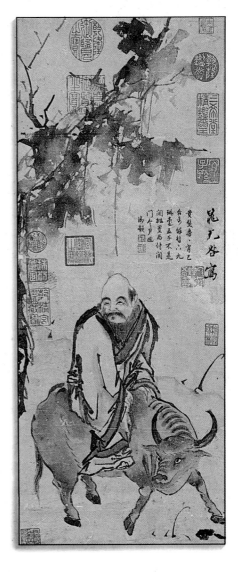

Pages précédentes : cérémonie en l'honneur du dieu de l'Agriculture conforme à la tradition confucéenne. A gauche, portrait de Confucius ; à droite, Lao-tseu, fondateur du «tao», juché sur le buffle sur le dos duquel il partit pour les pays de l'Ouest.

trines séduisantes du *Tao Te Ching (Daodejing)*, rédigé en fait vers 300 av. J.-C. Laotseu, dont l'existence n'est pas attestée, aurait eu la charge des archives impériales de la dynastie des Zhou, qui comprenaient tous les documents existants et rédigés en caractères archaïques sur des tuiles, des lattes de bambous, des carapaces de tortue et des os de bovidés. Ce sont ces sources qui formèrent ainsi la base des fameux classiques confucéens.

Le culte de la tradition

«Je transmets et ne crée pas. J'ai foi en l'antiquité et je l'aime», avait coutume de dire Confucius. On voit ainsi qu'il se considérait comme un interprète, une sorte de vecteur des idées et des actes valeureux des rois sages de l'antiquité. Confucius admirait en effet les «sept vénérables» : Yao, Shun, Yu, Tang, Wen Wang, Wu Wang et le duc de Zhou, figures de la chronologie mythico-historique de la Chine.

Bien que certains lettrés modernes attribuent à d'autres la paternité de certains textes de Confucius, on reconnaît généralement au grand sage le mérite d'avoir transcrit les archives impériales dans un langage courant et de les avoir publiées.

Les cinq classiques, ou *Wu Ching (Wujing)*, dont s'inspire la philosophie du maître sont le *I Ching (Yijing)*, *Livre des Mutations*, le *Shi Ching (Shijing)*, *Livre des Poèmes*, le *Shu Ching (Shujing)*, *Livre de l'Histoire ancienne*, le *Li Chi (Liji)*, *Livre des rites*, et le *Chun Chiu (Chunqiu)*, *Annales de la période des Printemps et Automnes*, auxquels se sont ajoutés d'autres travaux de la main de disciples, tels que le *Ta Hsueh (Daxue)*, la *Grande Étude*, le *Chung Yung (Zhongyong)*, *l'Invariable Milieu*, et le *Hsiao Ching (Xiaojing)*, le *Classique de la piété filiale*.

Le *Lun Yu*, œuvre majeure de Confucius, consiste en une collection de notes et de dialogues ayant trait aux enseignements et aux voyages du maître, ordonnés en quelque 496 chapitres. Voyageur infatigable, Confucius parcourut en effet pendant quatorze ans une vingtaine d'États de Chine afin d'en connaître les us et coutumes. Ce texte, que d'aucuns disent avoir été compilé par les disciples de son école, est souvent considéré comme le fondement même du confucianisme. Ce sont les dialogues du maître avec ses disciples, mais aussi avec ses parents, les pay-

sans ou les princes : *«Comment est-il possible de connaître la mort avant de connaître la vie ?»* disait-il.

La publication en elle-même était assez audacieuse. Jusque-là, l'écriture et l'histoire étaient l'apanage des annalistes devins. Et Confucius était un simple citoyen, ou plutôt un membre de la noblesse déchue. Ses années de compilation des doctrines saintes furent suivies de nombreuses années d'enseignement. Seuls les aristocrates et les membres du clan royal recevaient une éducation. Confucius avait toutefois décidé d'accueillir tous ceux qui faisaient la preuve d'un désir d'étude sincère. A sa mort, à soixante-douze ans, 3 000 disciples avaient suivi ses enseignements ; 72 d'entre eux auraient poursuivi son œuvre à l'époque des Cent Écoles. Des milliers de livres furent publiés et des dizaines de milliers d'étudiants éduqués dans la tradition de Confucius.

Parmi ceux-ci, il y avait Meng-tze (Mengzi), connu en Occident sous le nom de Mencius. Considéré comme le deuxième sage confucéen de Chine après Confucius, Mencius développa les concepts de son prédécesseur et réaffirma les principes confucéens de base, à savoir que le gouvernement doit être bienveillant pour le peuple et que la nature humaine est foncièrement bonne.

En 221 av. J.-C., l'irruption brutale des militaristes de l'État de Chin (Qin) interrompit l'âge des lumières de Confucius et de Mencius. Sous l'égide de l'empereur fondateur Qin Shi Huangdi, la Chine fut unifiée pour la première fois sous un gouvernement bureaucratique. Chin faisait peu de cas du savoir et voyait dans les écoles philosophiques une source potentielle de sédition et une menace pour son empire. C'est pourquoi il condamna des centaines de lettrés à être enterrés vivants ou à travailler comme esclaves à l'édification de la Grande Muraille. L'empereur ordonna aussi de brûler la plupart des livres. Seuls des volumes consacrés à l'agriculture, à la divination et à la médecine échappèrent à cet autodafé.

Que les travaux de Confucius aient survécu à l'incendie est une preuve de la force de ses doctrines. Des éditions privées de ses œuvres furent en effet dissimulées dans des murs et dans des caves. Les Han, qui succédèrent aux Chin, rassemblèrent les œuvres cachées de Confucius et instituèrent une nouvelle philosophie d'État, les études confucéennes. A partir de là, et jusqu'à ce que les études confucéennes soient officiellement abandonnées en 1905, les classiques confucéens restèrent la source la plus sainte de connaissance et d'autorité morale pour chaque souverain et bureaucrate de Chine.

La piété filiale ou «xiao»

Le confucianisme est trop complexe pour qu'on puisse le décrire en détail ici. Quelques points majeurs pourront toutefois en révéler les grandes lignes.

Le «li» et le «ren»

Les principes les plus connus du confucianisme sont le li et le *ren*. Le li a souvent été traduit par «rites», «cérémonies», «étiquette» ou «bienséance». Ce qu'il implique désigne tous les comportements sociaux du système chinois. Le li suppose un comportement adéquat pour chaque situation que l'homme doit affronter. Car Confucius est convaincu que le rite est nécessaire pour brider une nature foisonnante. Si le li est en conflit avec la loi,

Pour Confucius, la piété filiale est un point essentiel : *«La relation entre père et fils est ancrée dans la nature humaine. Les parents donnent la vie et aucun lien ne saurait être plus fort que celui-là. Les parents s'occupent de leur enfant avec le plus grand soin et aucun amour ne saurait être plus vaste que celui-là. Voilà pourquoi il est contraire à la vertu de donner ses amours aux autres avant d'aimer ses propres parents.»*

Un colporteur vu par le peintre Li Sung, vers 1200 apr. J.-C.

«l'homme supérieur» n'hésite pas à suivre les commandements du li. Le li requiert la prévoyance et la retenue naturelles. Son objectif est de maintenir l'ordre moral de la société, d'encourager l'organisation en commun d'une vie de groupe harmonieuse.

Le concept confucéen du ren est encore plus important. Le caractère comporte en effet les symboles de l'homme et du chiffre «deux». Ainsi, le ren dicte les relations sociales. Il peut s'interpréter sommairement comme «bienveillance», «humanité» ou «chaleur humaine». Confucius commandait à ses disciples d'être stricts avec eux-mêmes mais bienveillants avec les autres, insistant sur la combinaison des vertus de discipline personnelle et de générosité. Si toute l'humanité agissait selon les vertus du *ren* et du *li*, tous les comportements sociaux seraient appropriés et les sources de friction entre les individus se trouveraient éliminées. C'est la paix et l'harmonie sociale que Confucius encourageait à travers cette prescription.

Confucius a établi les «cinq relations immuables» *(wuchang)* comme norme de comportement social. Ces règles gouvernaient les relations entre sujet et souverain, mari et femme, parent et enfant, aîné et

L'individu qui parvient à suivre les préceptes confucéens est en mesure d'atteindre les objectifs de la philosophie du maître, à savoir devenir un «homme de bien» *(junzi)*, par opposition aux «hommes de peu» *(xiaoren)*. Confucius insistait sur le fait que l'homme supérieur n'était pas nécessairement un aristocrate ou un puissant, mais tout simplement une personne de vertu. Pour lui, en effet, celui qui voulait devenir un homme de bien devait tendre vers la vertu, dont le savoir était la clef. *«L'homme de bien attend tout de ses propres efforts ; l'homme de peu attend tout de la faveur des autres»*, disait Confucius dans le *Xiaojing*, le *Classique de*

cadet, et même entre les amis. Dans le dernier cas, la société confucéenne admettait l'égalité. Mais dans les autres cas, l'assujettissement de l'inférieur au supérieur était total.

Fondement de la société chinoise et de la structure familiale patrilinéaire, ces règles perdurent dans la vie sociale taiwanaise. En cas de divorce, par exemple, la garde des enfants revient automatiquement au père, quelles que soient les raisons du divorce.

Confucius a également formulé une version de la règle d'or selon laquelle *«il ne faut pas faire aux autres ce qu'on ne voudrait pas qu'ils nous fissent»*. En effet, à l'accomplissement de bonnes actions, on préfère, en Chine, le renoncement aux mauvaises.

la piété filiale. En pratique, ce concept a conduit les lettrés confucéens à administrer la Chine au nom de l'empereur, ce qui diminua le rôle des princes héréditaires. Administré par des hommes de savoir et de vertu, l'empire a pu maintenir une unité relative, du IIe siècle av. J.-C. à la naissance de la république, en 1912. En même temps, le concept confucéen de l'homme supérieur explique le respect des Chinois pour l'érudition.

Les sphères spirituelles

Le confucianisme n'est pas une religion au sens strict du terme. Il n'a d'ailleurs pris son aspect religieux que plusieurs siècles après la mort de Confucius. Techniquement, ce n'est pas non plus une philosophie. C'est une façon de vivre qui attache autant d'importance à la théorie qu'à la pratique. Confucius lui-même s'est rarement exprimé sur le sujet de la religion, en dépit des demandes réitérées de ses disciples : «*N'ayant pas encore compris la vie, comment pourrions-nous comprendre la mort ?*» leur répondait-il. Il ne niait pas vraiment l'existence de divinités et d'esprits secondaires, et il était bien convaincu du fait qu'il existait une force supérieure, mais, pour lui, l'homme devait éviter les préoccupations spirituelles et œuvrer à créer une société harmonieuse. Les Chinois de

Chinois continuent à rendre hommage à une foule de dieux.

Bien que le confucianisme ne soit pas considéré comme une religion, on constate que les temples dédiés au grand sage sont nombreux dans l'île, tandis que le 28 septembre a été choisi pour être le «jour des Professeurs», fête nationale en l'honneur de Confucius. Des cérémonies se déroulent alors dans le temple confucéen de Taipei. Il faut signaler qu'il y a actuellement à Taiwan un dépositaire de la tradition confucéenne en la personne de Kung Teh-cheng, professeur de philosophie de l'Université de Taipei, 77e descendant direct de Confucius.

l'époque de Confucius n'éprouvaient pas le besoin d'un Dieu unique, tout-puissant, ni d'une religion révélée. Quand ils se référaient aux pouvoirs supérieurs, ils parlaient du Ciel, qu'ils concevaient comme une force impersonnelle régissant l'univers.

De tout temps, les Chinois ont su accueillir sur leur territoire des croyances étrangères aux leurs — tant qu'elles n'interféraient pas, du moins, avec les intérêts sociaux. De nos jours, pour être «du bon côté», de nombreux

A gauche, à Taichung, des rites rendent hommage à la vie et aux préceptes de Confucius ; ci-dessus, musiciens chinois classiques à une fête en l'honneur du sage.

Les influences contemporaines

Le plus constant de tous les héritages de Confucius est la primauté de la famille et des amis. Cet héritage persiste à Taiwan, en République populaire de Chine et dans toute la diaspora chinoise. La famille et les amis rendent à l'individu de nombreux services sociaux et économiques qui sont, en Occident, pris en charge par l'assistance publique, les tribunaux, les banques, la police et d'autres institutions. C'est en effet la famille et non l'individu qui est la base de l'organisation sociale en Chine depuis le système des *pao-chia (baojia)*, répartition de la population en groupes, effectuée sous les

Song par Wang Anshi. La société a en effet été divisée en unités de 10, 100, 1 000 et 10 000 familles en fonction de la proximité et des districts. Chaque unité se choisissait un chef, responsable de la bonne conduite et du bien-être de toutes les familles placées sous sa juridiction. Ce chef rendait directement compte au chef de l'unité supérieure. Si un homme commettait un crime, le chef de sa famille était initialement tenu pour responsable, puis celui de l'unité de 10 familles, celui de l'unité de 100 familles et ainsi de suite. C'est pourquoi les délits mineurs étaient entièrement traités par l'organisation *pao-chia*, qui avait toute autorité en la matiè-

bien-être de leurs aînés. Cette loi a engendré un système de sécurité sociale parallèle. Une famille, en effet, perd la face si ses aînés sont forcés de compter sur les pensions du gouvernement ou sur d'autres «aumônes». De même, elle assume toute la responsabilité lorsque ses jeunes membres violent la loi. On citera par exemple le cas d'un homme déclaré coupable d'un délit grave et qui s'était réfugié chez son jeune cousin. Ce dernier ne fut pas accusé de complicité, mais les tribunaux proposèrent qu'il continue de surveiller son parent. Le *li* de Confucius, qui exigeait cet acte filial, remplaçait de fait la loi. Inversement, si le jeune homme avait proté-

re. Une version du *pao-chia* existe encore à Taiwan, et, sur le continent, les «unités de travail» ou les «comités de rues» ne sont que des variantes de cette ancienne organisation sociale.

A Taiwan, c'est la famille qui a la responsabilité collective du comportement et du bien-être de ses membres. Jadis, quand un homme accédait à de hautes fonctions, sa famille entière était honorée de cadeaux et de titres, mais s'il commettait trahison ou crime sérieux, tous les siens partageaient la sanction, que ce soit la mort, la mutilation ou l'exil.

De nos jours, les lois taiwanaises tiennent toujours les familles pour responsables du

gé un ami dans les mêmes circonstances, il aurait été déclaré coupable du fait même de l'absence de liens familiaux. La même logique ordonne des peines plus sérieuses contre les gens qui commettent des crimes contre des membres de leur propre famille que pour des délits perpétrés contre de simples étrangers.

Les amis et relations

Dans la société chinoise, la famille vient en premier. Ses membres entretiennent en effet des liens étroits, même si certains partent à l'autre bout du monde. De tels réseaux constituent une force de cohésion supplémentaire. On trouve dans la langue chinoise même le sens de ces liens. En effet, il y a un terme précis pour désigner le frère aîné (*keke* ou *gege*) le jeune frère (*titi* ou *didi*), la sœur aînée (*chie-chie* ou *jiejie*), la jeune sœur (*meimei*). Il y a également des termes distincts pour les grands-parents, les cousins, les oncles, les tantes, en fonction de leur âge et de la branche de la famille à laquelle ils se rattachent. Si vous parlez à un Chinois de votre tante, il voudra absolument savoir si c'est votre *ku-ma (guma)*, sœur de votre père, ou votre *ayi*, sœur de votre mère. Il a enfin des mots comme *tung hsueh (tongxue)*, qui signifie que deux personnes ont fréquen-

bon *kuan-hsi* au bon endroit aidera souvent à ouvrir les portes et simplifier pas mal de formalités administratives. Pour les Occidentaux, cultiver de telles relations revient à pratiquer une certaine forme de «népotisme», mais, aux yeux des Chinois, il est tout à fait naturel d'accorder des faveurs à des amis. Ces services ne sont par ailleurs jamais expressément demandés, à moins qu'ils ne soient dus, et ils sont toujours rendus. Si des années d'expérience ont appris aux Chinois à faire confiance à leurs amis et à leurs parents, ils ont, en revanche, plus de mal à demander des faveurs à des étrangers. Les Chinois, en effet, ne se lient pas facilement. Mais quand

té la même école, même si elles n'étaient pas dans la même classe, *tung shih (tongshi)*, pour ceux qui travaillent dans le même bureau ou *tung-jen (tongren)*, qui désigne des personnes «qui ont quelque chose en commun».

Les amis forment la seconde partie de l'équation sociale chinoise. Chaque individu cultive soigneusement ses *kuan-hsi* (relations qu'il entretient avec un réseau d'amis). Un

A gauche, des vieillards se reposent, à l'instar de celui qui figure dans le tableau accroché au mur, dans le temple confucéen de Lukang ; ci-dessus, cérémonie du lever des couleurs à l'hôtel de ville de Tainan.

ils le font, l'amitié durera toute une vie et se renforcera par un échange rituel de cadeaux et de services. La trahison d'un ami est considérée comme une grave offense sociale qui peut avoir de sérieuses répercussions dans le réseau de «relations» de l'offenseur. La solidité de ce réseau dépend en effet de son plus faible maillon : chaque nouvelle relation est donc étudiée soigneusement avant d'être prise en considération.

Les relations chinoises de type confucéen s'étendent également au monde des affaires — ce qui permet d'éviter nombre de difficultés. D'habitude, les Chinois choisissent leurs partenaires commerciaux parmi les membres de leur famille et parmi leurs amis, contrairement aux Occidentaux, qui choisissent souvent leurs amis parmi leurs associés ou collègues de travail. Un Américain ou un Européen qui perd son travail s'en trouve parfois éloigné d'une partie de ses amis jusqu'à ce qu'il trouve une nouvelle situation et se fasse de nouvelles connaissances. Si un Chinois perd son travail ou fait faillite, sa famille et ses amis l'aideront automatiquement à trouver un nouveau travail ou à mettre sur pied une nouvelle affaire. Après quoi il continuera à traiter avec le même groupe de gens plutôt qu'avec de nouveaux associés. De même, un homme d'affaires chinois peut faire appel à ses *kuan-hsi* quand

une relation d'affaires n'honore pas un paiement ou un contrat. Cette pratique permet d'éviter une procédure légale coûteuse qui épuiserait les participants et encombrerait le système judiciaire.

Depuis le système des *pao-chia (baojia)*, les Chinois ont été encouragés à régler leurs différends au sein de leur famille, de leur voisinage ou de leur groupe professionnel plutôt que d'exposer leurs litiges en public. Le tribunal est toujours le dernier recours. Lorsqu'un cas va aussi loin, les deux parties sont automatiquement considérées comme coupables de n'avoir pu résoudre leur conflit selon les préceptes du *li*. Les juges chinois, irrités par l'intrusion des disputes privées

dans la sphère publique, sont connus pour rendre des décisions défavorables aux deux parties, sans distinguer le plaignant du défendant. Les Chinois sont en effet persuadés que leur famille et leurs amis sont mieux placés que les tribunaux pour comprendre le comportement et les motivations de l'un des leurs. Et puisque la famille a la responsabilité collective des mauvaises actions de ses membres, elle a donc une bonne raison de résoudre les disputes et de satisfaire toutes les parties.

Taiwan et les nombreuses communautés chinoises d'outre-mer pourraient apparaître comme des modèles de paix et de légalité. A dire vrai, les choses sont loin d'être aussi idéales, cette paix apparente étant en partie le résultat d'une stratégie qui veut que tout se règle en famille. Même les cas d'agression et de meurtre peuvent se régler directement entre les familles de l'auteur et de la victime, et la police être complètement tenue en dehors. Quand les deux familles sont d'accord sur la compensation à payer, le dossier est clos.

Les banques sont un autre domaine que l'on peut contourner grâce au système des *kuan-hsi*. A Taiwan, une grande partie de la population a adhéré à de petites associations d'investissement privées appelées les *piao-huei (biaohui)*. Un groupe d'amis, de parents ou de collègues vont mettre de l'argent pour constituer un fonds commun dans lequel chaque membre pourra puiser à son tour. Chaque emprunteur peut en effet puiser de larges sommes dans cette tontine, une ou deux fois par an. Comme dans les banques ou les institutions de prêts, celles-ci doivent être remboursées avec des intérêts. Les Chinois comptent bien évidemment sur la solidarité des relations du groupe pour éviter la fraude ou le défaut de remboursement. Certains prêts privés peuvent atteindre plusieurs millions.

Le système des *pao-chia*, des *kuan-hsi* et des *piao-huei* ne constitue qu'un aspect du cadre confucéen qui régit encore la vie chinoise contemporaine et qui fournit de précieux garde-fous à un pays sur la voie de la modernisation, en préservant la famille et l'éthique sociale.

A gauche, danse du matin à Taipei ; à droite, concert improvisé de musique chinoise traditionnelle.

SUPERSTITIONS ET RELIGION

Le claquement des petits blocs oraculaires jetés sur les parquets ponctuent les chuchotements des fidèles. Des rubans de fumée blanche parfumée montent de centaines de bâtons d'encens. Des offrandes de fruits frais et de gâteaux décorent les autels, sous l'œil tranquille de statues colorées, tandis que des enfants folâtrent et que leurs mères prient pour une autre maternité. Des vieillards fument tout en tenant des conversations animées. Voilà la scène qu'on peut voir quand on pénètre dans un temple à Taiwan. En dépit du passage rapide d'une société agricole rurale à une société industrielle et urbaine, la religion traditionnelle a prospéré.

Les temples taiwanais font partie du paysage, tout comme les usines. La religion chinoise populaire consiste en un mélange de pratiques et de croyances qui se sont développées à partir de l'animisme, du culte des ancêtres, de la tradition confucéenne, de la pensée taoïste, de la conception bouddhiste du salut et de diverses croyances populaires. Ces formes religieuses sont en général semblables à celles que pratiquent d'autres communautés chinoises d'Asie du Sud-Est, de Hong Kong et de Macao. Mais, en dépit d'une trame commune qui sous-tend ces croyances et ces rites, et bien que l'île soit relativement petite et dotée d'un excellent réseau de circulation, il demeure que les pratiques locales diffèrent considérablement d'une région à l'autre, et même à quelques kilomètres de distance. Si Taiwan compte des temples confucéens, bouddhistes et taoïstes distincts, l'homme de la rue fréquente simultanément les trois en ajoutant un peu de superstition et de culte des ancêtres. Pour rendre les choses encore plus confuses, les fidèles de la campagne désignent ce syncrétisme religieux sous le nom de «bouddhisme», même s'ils fréquentent régulièrement les temples locaux de la religion populaire pour vénérer des héros et des dieux inconnus du bouddhisme.

Pages précédentes : le temple de la Sainte Mère de la porte de l'Oreille de Daim, à Tainan. A gauche, autel principal du temple de Ma-tsu à la porte de l'Oreille de Daim ; à droite, femme en prière.

De nombreux temples, en particulier les plus petits, semblent déserts en dehors des jours de fête. Ils bruissent alors de vie du matin au soir, tandis que l'encens se consume et qu'on remplit les réservoirs des lampes à huile à intervalles réguliers, ce qui procure aux fidèles une flamme pour brûler leur papier-monnaie d'offrande. Les plus grands temples sont presque toujours pleins de croyants qui offrent de l'encens aux divinités ou qui leur demandent conseil au moyen des bâtonnets ou des blocs oraculaires. La solennité n'est pas de mise dans ces temples qui, dans certains villages, font office d'école, de magasin ou de salle des fêtes. Les temples

sont des endroits frais où les femmes et les gens âgés se rencontrent, bavardent ou jouent aux cartes. Comme les mondes terrestre et céleste coexistent, dans la religion populaire, les temples sont le lieu où ces deux mondes communiquent. Les croyants offrent encens, huile et nourriture aux divinités, et ils reçoivent en échange conseils et protection contre les influences démoniaques responsables des malheurs et des maladies. Les divinités reçoivent un nombre illimité de demandes : on peut en effet solliciter leur intervention pour un examen ou pour une maladie grave. Un homme au chômage demandera un nouvel emploi, une femme enceinte un accouchement facile. On peut d'ailleurs soumettre ces requêtes à des «spécialistes», telle la déesse de la Fertilité, ou à des «généralistes» qui prennent en compte toutes les demandes. Bien que tous les fidèles n'obtiennent pas satisfaction, la plupart sentent renaître en eux l'espoir. Même les sceptiques accomplissent ces rites pour la forme, on ne sait jamais !

Les temples

Le toit est l'élément principal du temple. Il est orné de figures de divinités, d'immortels, de héros légendaires et d'animaux fantastiques de la mythologie, qui tous attirent la

associées aux temples chinois. Le faîte se creuse en courbe qui supporte dragons multicolores, phénix, poissons ou fleurs, tous dressés vers le ciel. Le phénix, animal mythique qui n'apparaît que dans les temps de paix et de prospérité, et le dragon, symbole de force, de sagesse et de chance, sont les symboles oraculaires les plus fréquents de la mythologie chinoise. Ces éléments extérieurs sont toutefois, au premier regard, les mêmes que ceux des temples du bouddhisme et de la religion populaire. A l'intérieur, la différence est plus nette : les temples et les monastères bouddhiques contiennent en général seulement deux ou trois Bouddhas dorés placés

chance et repoussent les mauvaises influences loin du temple et de la localité. Au centre du toit figure généralement l'un des quatre symboles suivants : une pagode qui représente l'axe du monde, c'est-à-dire un escalier vers le ciel ; une perle flamboyante qui symbolise l'esprit *yang*, le soleil, généralement flanquée de deux dragons ; une gourde magique supposée piéger et capturer les mauvais esprits ; les trois dieux de la Longévité, de la Prospérité et de la Postérité. Ces symboles signalent d'habitude le rôle de la divinité principale du temple. Ils peuvent aussi trôner au-dessus de la porte ou bien de la grande salle. A côté de cette image symbolique, on trouve l'assortiment des figures

sur l'autel principal. Les temples confucéens, plus sobres, ne contiennent aucune statue. On peut trouver la statue de Confucius sur un ou deux autels des temples de la religion populaire.

Les temples de la religion populaire sont les résidences des divinités. Les temples taiwanais ont été construits aux XVIIIe et XIXe siècles par des artisans chinois. Ils vont de la simple chapelle ou reliquaire contenant une ou deux statues aux grands sanctuaires qui comptent plusieurs pièces principales et plusieurs pièces secondaires avec chacune des autels et des peintures murales. Normalement, le temple porte le nom de la divinité principale qui trône sur l'autel, même s'il emprunte parfois un autre nom ou s'il est la résidence d'autres dieux. Ces dernières années, on a rénové de nombreux temples décolorés par l'âge et mal entretenus. Dans certains cas, leur nouveau décor, très coloré, les a rendus un peu voyants. On a aussi construit de nouveaux temples de la religion populaire, surtout au centre et dans le sud de Taiwan. Ce sont en général de gros bâtiments coûteux avec seulement une ou deux statues. Le décor intérieur varie beaucoup d'un temple de la religion populaire à un autre. Nombre d'entre eux offrent de fascinantes peintures murales décrivant des scènes de l'histoire et de la mythologie chinoises, tandis

une petite statue de la même divinité. C'est cette miniature qu'on déplace dans le temple et qu'on transporte lors des processions ou pour la transférer dans d'autres temples. La plupart des temples sont flanqués d'autels secondaires. Dans les grands temples, il peut encore y avoir d'autres autels au pied des murs latéraux. Au-dessous de l'autel principal, au niveau du sol, il y a deux petits autels dont l'un contient une tablette dédiée au génie tutélaire ou protecteur du temple lui-même, et l'autre des «tigres blancs» de pierre ou de bois qui ont le pouvoir d'attirer ou d'éloigner la chance. L'offrande courante pour ces tigres est une tranche de porc gras.

que les piliers et les balustres sont sculptés de motifs élaborés. Des gardiens sont peints sur la face extérieure des portes principales de la plupart des temples. Ceux-ci, qui vont par paires, représentent soit de féroces généraux, soit des mandarins, civils ou militaires, à l'apparence bienveillante. L'autel principal d'un temple de la religion populaire comporte la statue de la divinité principale, accompagnée d'assistants, de fonctionnaires ou de serviteurs. Face à la divinité principale, il y a

A gauche, l'un des nombreux temples des îles Pescadores ; ci-dessus, offrande de porc et d'ananas pour les esprits qui rôdent pendant la fête des Fantômes affamés.

Encens et offrandes

La table placée devant l'autel principal comporte cinq éléments : un gros pot d'encens flanqué de deux vases décoratifs et de deux chandeliers. Le pot d'encens lui-même est un objet sacré — dans certains temples, c'est l'objet le plus précieux. Il est rempli de la cendre qui s'est accumulée pendant des années, c'est le reposoir de l'esprit de l'empereur de Jade. Pour consacrer un nouveau temple, il suffit de prendre un peu d'encens dans un autre temple. Dans certains temples, ce pot est situé près de l'entrée principale. C'est là que les croyants commencent leur circuit de prières et d'offrandes avant de planter deux ou trois bâtons d'encens dans tous les pots du temple, selon l'importance de la divinité devant laquelle chaque pot est placé. En plus de l'encens, les offrandes comprennent de la nourriture, de la boisson, de l'huile et des objets de papier. Le type de nourriture offerte dépend de la saison, de l'appétit de la divinité mais aussi du portefeuille du croyant. On laisse en général la nourriture dans le temple le temps pour un bâton d'encens de brûler. Après quoi les mets rejoignent la table du donateur. S'il reste quelque chose dans le temple, ce sont les gardiens qui en disposent. Dans certains temples, on n'offre aux dieux que des fruits

et légumes. Un culte spécifique interdit l'offrande de canard. La saison venue, on place des boîtes de gâteaux de lune (pâtisseries fourrées de pâte de haricot sucrée) sur les autels, et on offre souvent des bols de riz cuit aux divinités secondaires et aux dieux du monde souterrain. On peut donner de petites tasses de thé ou de vin par trois ou par cinq. On ne présente jamais rien par groupe de quatre, chiffre de la mort. On peut aussi faire don de papier-monnaie en liasses qu'on dispose sous la statue de l'autel principal. Cet argent «infernal» représente soit des billets imprimés par la «banque du Monde souterrain», soit des lingots d'or ou des taels d'argent, monnaie en vigueur sous l'empire.

Fantômes affamés

Les dieux ne sont pas seuls à recevoir des offrandes : on associe couramment les ancêtres à ces pratiques. Traditionnellement, on conservait les tablettes ancestrales dans les familles et on leur rendait les devoirs devant un autel domestique. De plus en plus de familles paient des temples pour qu'ils accueillent leurs tablettes ancestrales, qui portent le nom et la photographie de chaque ancêtre, sur un autel particulier et assument la responsabilité des offrandes et des prières. Il est important que les ancêtres reçoivent des offrandes régulières, afin qu'ils ne se transforment pas en «fantômes affamés». Dans la religion populaire, l'esprit, à la mort, est précipité vers les tribunaux et lieux de punition du purgatoire avant de pouvoir renaître.

On représente cependant les enfers comme tout à fait semblables au monde humain, avec des habitants qui ont pareillement besoin de maison, de nourriture, d'argent et de vêtements. A la mort d'un de ses membres, la famille fait donc de son mieux pour que l'esprit du défunt pénètre avec le plus grand confort dans le monde souterrain. On lui procure de la nourriture dans l'espoir que l'arôme suffira à le sustenter, et des objets de papier représentant une maison, une voiture, des vêtements et même des serviteurs. Ces substituts vont pénétrer dans le monde souterrain par l'action du feu. Toute famille qui faillit à ce devoir à l'égard de son défunt libère un fantôme affamé. Une fois l'an et pendant quinze jours, au cours du 7e mois lunaire (août-septembre), les besoins de ces fantômes se font plus pressants : c'est la fête des Fantômes affamés qui, libérés du monde souterrain, errent dans le monde des humains en quête de nourriture. Les familles chinoises prennent alors des mesures propitiatoires : elles brûlent du papier-monnaie et laissent de la nourriture le long des rues. Il faut ajouter que la plupart des villes taiwanaises organisent de grandes processions au cours desquelles on promène dans les rues les statues de la divinité tutélaire de la ville et des deux généraux qui l'accompagnent pour qu'elles surveillent le comportement des fantômes. A la fin de cette période de quinze jours, les temples locaux tiennent des banquets en l'honneur des fantômes. Temporairement apaisés, les esprits regagnent le monde souterrain jusqu'à l'année suivante.

Le panthéon chinois

La plupart de ses membres sont des héros et des personnages illustres de la mythologie et de l'histoire chinoises, déifiés soit par ordre impérial, soit par choix populaire. Certains sont analogues aux saints du christianisme. D'autres sont si connus qu'on trouve leur statue dans tous les temples. D'autres encore ne sont présents que dans un seul temple. Certaines communautés ont établi un culte autour d'une figure historique connue pour avoir protégé ou guidé la ville ou pour y avoir opéré un miracle. Les divinités les plus connues ont prouvé leurs pouvoirs au cours

racontent des conteurs professionnels ou les grand-mères.

On admet en général que les statues des divinités sont leurs résidences temporaires et que les esprits de ces divinités sont présents dans les statues seulement lorsque c'est nécessaire. De nombreux croyants considèrent l'encens comme un leurre pour attirer l'esprit dans la statue. D'autres maintiennent que l'esprit de la divinité est omniprésent et réside dans la statue qui le représente à partir du moment où elle prend forme. D'autres encore pensent que le pouvoir d'une divinité se détériore avec le temps pour disparaître parfois complètement. Lorsque cela arrive, il

des siècles. Des douzaines de statues identiques peuvent s'aligner sur les autels aux côtés des statues des divinités. Elles représentent l'armée divine, avec son infanterie et sa cavalerie. Ces soldats surnaturels attendent des offrandes de ceux qui fréquentent le temple. En retour, ils protégeront leur territoire des fantômes affamés et des démons qui les menacent de calamités telles qu'inondation, sécheresse, accident, maladie et mauvaise récolte. Ces légendes se transmettent par le biais des opéras de rue, des fables que

A gauche, les urnes funéraires portent la photographie du défunt ; ci-dessus, statuette de Kuan-kung dans un temple de Tainan.

faut que le temple se procure une nouvelle statue ou réinsuffle de la force à la vieille statue dans un temple où la divinité est toujours puissante. Les Chinois, qui sont pragmatiques, n'adressent leurs prières qu'à celles dont des prières exaucées ont prouvé la puissance.

Kuan-yin et Kuan-kung

Les deux divinités qu'on rencontre le plus souvent sur les autels des temples taiwanais sont Kuan-yin (Guanyin) et Kuan-kung (Guangong). Kuan-yin, qui est considérée comme la déesse de la Miséricorde, a évolué à partir d'un modèle original, l'Avalokitesvara, *bodhisattva* indien qui a atteint le nirvana pour sauver les mortels. Le nom de Kuan-yin est une contraction de «celle qui voit et entend le cri du monde humain». Cette déesse, spécialement vénérée par les femmes, console les affligés, les malades, les égarés, les vieillards et les malheureux. Sa popularité n'a fait que croître au cours des siècles, à telle enseigne qu'elle est désormais considérée comme protectrice des marins, des paysans et des voyageurs. Elle s'occupe des esprits du monde souterrain et on l'invoque durant les rituels post-funéraires pour libérer l'esprit des défunts des tourments du purgatoire. Aucune autre figure du panthéon chinois ne se manifeste dans une aussi grande variété de représentations. Kuan-yin, dont l'image ordinaire est celle d'une femme aux pieds nus, portant un petit vase renversé de rosée sacrée, peut être assise sur un éléphant, dressée sur un poisson, s'occupant d'un bébé, tenant un panier, avec un très grand nombre de bras et de têtes. Mais le principal signe distinctif sont les pieds nus. Sur les autels publics, Kuan-yin est fréquemment flanquée de deux aides. Le premier est jeune, il a les pieds et le torse nus et les mains jointes. L'autre est une jeune fille à l'air posé, les mains cachées dans les manches. La fête de Kuan-yin se célèbre le 19e jour du 2e mois lunaire.

Kuan-kung, seconde divinité populaire à Taiwan, est un soldat du IIIe siècle de notre ère qui a combattu avec deux fidèles compagnons pour sauver la dynastie. Lorsqu'il fut capturé par l'ennemi, en 220, il refusa par loyauté l'offre qui lui était faite de se rendre et fut décapité. Le courage de ces trois héros a été raconté dans l'un des romans chinois les plus célèbres : le *Roman des Trois Royaumes*. De nos jours, Kuan-kung est le patron des soldats, des policiers, des marchands et des hommes d'affaires. Mais c'est à tort qu'on en fait parfois le dieu de la Guerre. Dans les temples bouddhiques, il est l'un des gardiens placés sur l'autel principal. Il est aussi connu sous le nom de Kuan-ti (Guandi) et sa statue se reconnaît facilement à son visage rouge ou brun-rouge. Il est souvent escorté de deux compagnons : Chou-tsang, grand guerrier au visage noir armé d'une épée, et Kuan-ping le Lettré, son fils adoptif. Kuan-kung est représenté debout ou assis, à cheval ou se tenant la barbe d'une main, un livre dans l'autre. Sa fête a lieu le 13e jour du 5e mois lunaire.

L'empereur de Jade

La population de l'île rend aussi un culte à Yu Huang Shang Ti (Huangdi), l'empereur de Jade, connu aussi sous le nom de Tien-kung. C'est la divinité suprême de la religion populaire chinoise. Son autorité était traditionnellement considérée comme égale à celle de l'empereur régnant. Il s'occupe en effet de rendre la justice chez les hommes par l'intermédiaire de divinités subordonnées. Enfin, il est responsable de la déification d'autres dieux ou de leur destitution du panthéon lorsque c'est nécessaire. Le jour de l'anniversaire de l'empereur de Jade (9e jour

du 1er mois lunaire), on place devant sa statue des offrandes spéciales : porc, poulet, canard et à l'occasion chèvre. Bien que l'empereur de Jade soit considéré comme végétarien, on pense qu'il accepte de festoyer avec des amis qui mangent de la viande. On représente d'habitude l'empereur de Jade avec deux serviteurs qui lui agitent des éventails au-dessus de la tête. Dans certains temples, il est flanqué d'aides civils et militaires. La femme de Tien-kung apparaît rarement sur l'autel. Des statues de l'empereur de Jade le montrent en général assis, vêtu d'une robe impériale, avec une couronne plate dont les rangées de perles qui y sont suspendues lui pendent sur le front. Il serre des deux mains une tablette contre sa poitrine. Ce n'est qu'au IXᵉ siècle qu'il est devenu important aux yeux des Chinois.

Les Trois Grands Souverains

Les San-kuan Ta Ti, les «trois grands souverains», forment une trinité qui gouverne le ciel, la terre et les eaux. Dans le panthéon, ils arrivent juste après l'empereur de Jade. Les croyants attendent des San-kuan qu'ils les protègent du mal et des calamités. Vénérés à l'origine dans toute la Chine, ils sont les divinités principales de 60 temples de Taiwan, surtout dans les districts de Hsinchu et de

Taoyuan. Ils sont représentés par trois statues identiques, assises sur des trônes, côte à côte. Ce sont des mandarins à la barbe et au bonnet de lettré, une tablette devant la poitrine.

Hsuan-tien Shan Ti, «souverain suprême des Cieux Sombres», est aussi connu sous le nom de Shang Ti-kong ou d'empereur du Nord. Célèbre exorciste et pourfendeur de démons, il est représenté sous les traits d'un soldat féroce revêtu d'une armure et, en

A gauche, statue de l'empereur de Jade dans le temple des Arts Littéraires et Martiaux, à Kaohsiung ; ci-dessus, Lu Tung-pin, sur l'autel d'un temple proche de Taipei.

général, assis. Il a les cheveux ébouriffés, et les pieds nus posés sur une tortue et un serpent, tandis que ses doigts de la main gauche font un signe magique. Il est souvent accompagné de deux assistants : les généraux Kang et Tien. Il est le patron des bouchers et des entrepreneurs individuels.

Pao-sheng Da Ti, le «grand empereur qui protège la vie», aussi appelé Da Tao-kung, est vénéré pour ses dons de guérisseur. Les Taiwanais le considèrent comme le patron des médecins traditionnels. Pao-sheng, médecin légendaire du Xᵉ siècle, acquit la renommée en guérissant une impératrice. Sa statue, qu'on peut confondre avec celle d'autres divinités, le montre assis, l'air doux, avec une barbe de mandarin et accompagné de ses 36 guerriers ou, à l'occasion, par des jeunes gens portant un coffre d'herbes médicinales. Pao-sheng est la divinité principale de 140 temples de Taiwan, surtout ceux de la communauté du Fujian, dans la région de Yunlin et de Tainan. Il ne figure pas dans les temples de la communauté cantonaise. Sa fête se célèbre le 15ᵉ jour du 3ᵉ mois lunaire.

Ma-tsu (Mazu), connue sous les noms de Tien Shang Sheng Mu ou Tien Hou, est une figure très populaire dans toute l'île. La légende rapporte qu'elle vivait au IXᵉ siècle et qu'elle était la fille d'un pêcheur du Fujian nommé Lin. Un jour, son père et ses deux frères furent pris dans un typhon. La jeune fille, qui était endormie, quitta en rêve son corps et sortit des nuages au-dessus du bateau. Des deux mains, elle agrippa alors ses deux frères, et de ses dents saisit son père. Malheureusement, à la maison, la mère, auprès de la dormeuse, ne cessait de lui demander ce qui se passait. A la fin, la jeune fille lui répondit, mais ce faisant elle lâcha son père. La jeune fille mourut à l'âge de vingt ans, et certains croient qu'elle a été déifiée par l'empereur de Chine. Devenue patronne des marins, elle est ensuite devenue une déesse à laquelle on peut soumettre toutes les questions. Sa statue la représente d'habitude comme une vieille dame assise, coiffée d'une couronne plate avec un écran de perles semblable à celle de l'empereur de Jade. Elle tient un sceptre dans la main droite ou une tablette devant elle. Ses deux assistants sont des démons qu'elle a subjugués et transformés en serviteurs loyaux : Chien Li-yen le Vert, «dont les yeux voient jusqu'à un millier de li», et Shun Feng-erh le Rouge, «dont les oreilles écoutent un vent favorable». A Taiwan, il y a environ 375 temples dédiés à Ma-tsu. Parmi les plus importants, ceux de Lukang et de Tainan. L'anniversaire de la déesse se célèbre le 23e jour du 3e mois lunaire. D'importantes processions sont alors organisées dans toutes les anciennes villes portuaires, avec des représentations théâtrales spéciales à Peikang et à Lukang.

Le dieu de la Ville

L'empereur de Jade a désigné Huang-cheng, dieu de la Ville, pour protéger les villes et leurs habitants. Dans certaines, il peut y avoir deux ou trois temples dédiés au dieu de la Ville : un pour la ville, un pour le district et un pour la préfecture. C'est le dieu de la Ville qui juge de ce qu'on doit dire de chaque personne qui meurt dans sa paroisse. Il agit aussi comme intermédiaire entre l'humanité et les dieux supérieurs. Dans certains temples du dieu de la Ville, un grand boulier suspendu au plafond ou au mur porte l'inscription : *«Au-delà des calculs humains.»* Cela veut dire que la vie de l'homme est déterminée par son destin. La suite de ce dieu comprend deux généraux, Hsieh et Fan, les «messagers de la mort». La légende dit qu'ils étaient amis et qu'ils prirent part à une campagne au cours de laquelle Fan se noya lors d'une inondation subite, tandis que Hsieh était allé chercher un parapluie. Bourrelé de remords, Hsieh se pendit. La façon dont ils sont représentés est parlante : Hsieh porte la grosse toile blanche des funérailles et un parapluie, et il a la langue pendante. Fan, plus petit, a le visage noir, couleur supposée traduire la noyade. Dans les temples dédiés à Huang-cheng, on peut voir des taches sombres autour de la bouche de ses auxiliaires : c'est la marque de l'opium ou bien celle de l'usage de sucreries. Dans les deux cas, cela symbolise la possibilité de les corrompre pour leur demander d'appliquer les sanctions avec indulgence. La statue du dieu de la Ville est presque identique à celle de l'empereur de Jade : on les reconnaît aux statues des membres de leur escorte.

Parmi les autres divinités, il y a aussi Chu Sheng Niangniang, «matrone qui enregistre les naissances» et déesse de la Fertilité. Elle reçoit les esprits des défunts après leur purification au purgatoire et décide du corps humain qu'ils auront à leur renaissance. On la représente un livre ouvert dans une main et un pinceau dans l'autre.

Kai Tai Sheng Wang est le «roi saint qui pacifia Taiwan», connu dans l'histoire sous le nom de Koxinga. Les croyants lui demandent conseils et directives. La fête qui l'honore se célèbre le 16e jour du 1er mois lunaire.

Il y a aussi Fu Te Cheng Shen, dieu du Territoire. Chaque localité a en effet un dieu qui la protège. Elle doit lui signaler les naissances, les décès et les mariages. Parmi ses responsabilités, il a celles d'éloigner les fantômes et de protéger les récoltes des maladies. Il a rarement un temple pour lui-même et, à la campagne, on le trouve souvent dans une simple chapelle au bord d'une route. On le représente sous les traits d'un homme âgé souriant, assis, vêtu d'une robe bleue et portant un bâton. Sa fête intervient le 2e jour du 2e mois lunaire.

Un portrait grossier de Tsao-chun, dieu de la Cuisine, image imprimée ou peinte sur une tablette bon marché plutôt qu'une statue de bois, trône au-dessus du foyer dans la plupart des maisons chinoises traditionnelles. De ce lieu, le dieu voit et entend tout ce qui concerne les affaires domestiques. Ainsi, la semaine avant le nouvel an, quand il va rendre compte directement à l'empereur de Jade des activités familiales au cours de l'année écoulée, la famille accompagne son départ avec une fête. A son retour, le jour du nouvel an, on aura accroché une nouvelle image.

Wang-yeh est une figure collective connue sous le nom de Wen-shen, les «génies des Pestilences». Au nombre de 36 à 360 selon les légendes, ces divinités détruisent les démons qui sont à l'origine de la peste et des autres épidémies. De nombreux petits temples leur sont consacrés un peu partout dans l'île.

San Tai-tzu, le «troisième prince», est un génie de la mythologie connu aussi sous le nom de Na-zha, patron des médiums. Facile à reconnaître à son visage blanc ou rose et à ses robes très décorées, il a dans une main un bracelet de jade, dans l'autre une épée ou un javelot. L'un de ses pieds nus est posé sur une roue de feu qui est supposée le transporter dans les cieux.

Wu Ying Chiang Chun, les «cinq généraux», sont représentés sous la forme d'un râtelier contenant cinq lances, chacune surmontée de la tête sculptée d'un général.

Tapisserie Qing représentant un esprit malin bouddhique.

Les héros locaux divinisés

Il y a des centaines d'autres divinités, parmi lesquelles des héros purement locaux, comme le policier japonais divinisé pour avoir sauvé les habitants d'une localité chinoise. Un autre temple est dédié à l'esprit d'un buffle. Certaines divinités sont fort populaires. Parmi celles-ci, le dieu-singe Sun, sur le compte duquel les légendes abondent et dont les actes malveillants sont racontés dans l'allégresse générale. Il y a aussi Chi-kung, moine bouddhiste bien connu pour ses exploits paillards et son goût pour la viande, malgré ses vœux végétariens.

a le Bouddha historique, Sakyamuni ou Gautama, le Bouddha du futur, connu comme Milofu ou Maitreya, et Omitofu du bouddhisme nordique. Mais il y a aussi Wei-to, gardien de la loi bouddhique (Dharma), et Ti Tsang Wang, le sauveur des âmes. Les 18 Lohan, disciples de Bouddha, apparaissent sur les peintures murales par convention plutôt que par vénération.

Les statues voyageuses

Les statues des divinités sont sculptées dans des ateliers spéciaux comme celui de la rue située à l'est du temple de Lungshan. Les sta-

Il y a aussi un petit groupe de temples qui contiennent des tablettes commémoratives en bois dédiées aux esprits de ceux qui se sont fait tuer en se défendant contre des bandits ou de ceux qui sont morts pour une bonne cause pendant une guerre clanique. Il n'est pas étonnant, compte tenu de la multitude de ces divinités, que certains croyants ne sachent pas toujours le nom ou la fonction du dieu local qu'ils honorent. Dans la majorité des temples, il y a des autels individuels dédiés à un thème (la fertilité, la santé, l'agriculture, l'art ou le commerce) plutôt qu'à une divinité. A l'occasion, on voit des statues bouddhiques sur les autels d'un temple de la religion populaire. En plus de Kuan-yin, il y

tues apportées du continent à Taiwan en 1949 sont hautement estimées pour la qualité de leur facture, tout comme celles que les artistes d'Amoy fabriquent dans la province du Fujian. De nos jours, à Taiwan, Lukang est réputé pour concentrer les maîtres sculpteurs accomplis. Malgré la consommation croissante d'objets industriels, les sculpteurs de statues pour les temples ont des débouchés suffisants pour leur art. En fait, certains temples entreposent quantité de statues de leur divinité principale. Ces statues tapissent alors les murs et couvrent les autels. On les prête ou on les loue pour des processions privées. Un temple rural, au sud de Taichung, compte 50 statues de Shen-nung, dieu de l'Agriculture, représenté debout, en rang serré de chaque côté de la pièce principale. Les fermiers qui ont des ennuis avec leur récolte peuvent emprunter une statue et la rendre une fois la moisson terminée. La communication entre le croyant et la divinité peut prendre plusieurs formes. L'une des méthodes les plus courantes consiste à utiliser deux petits blocs oraculaires en forme de haricot qui comportent une face plate et une face ronde. Les croyants se placent devant une statue en tenant ces blocs, tandis que la fumée s'échappe des bâtons d'encens, et adressent leur supplique. Puis ils laissent tomber les blocs sur le sol. Selon que ceux-ci

toir du gardien du temple. Certains croyants préfèrent se servir d'une baguette fourchue et d'une table de sable. Deux personnes, possédées par la divinité, tiennent la baguette, qui se déplace d'elle-même à toute vitesse sur le sable, traçant des signes que seul le gardien du temple est capable de déchiffrer. On efface chaque signe après lecture pour laisser la place au suivant. Les médiums, connus sous le nom de *dangki*, agissent aussi comme intermédiaires entre les vivants et le monde surnaturel. La plupart viennent des communautés de Chachow (Chaozhou) et du sud du Fujian. Ils opèrent dans de nombreux temples, parlent et agissent à la manière des

tombent sur la face plate ou sur la face ronde, la divinité répond par oui ou par non. Une autre méthode consiste à utiliser entre 60 et 100 baguettes oraculaires, posées droites dans un tube qu'on agite devant la divinité en murmurant son souhait. Si l'un de ces bâtons tombe du tube, le chiffre qu'il porte correspond à un petit rouleau de papier imprimé (la réponse de la divinité) conservé dans un râtelier derrière le comp-

A gauche, procession en palanquin d'une statue de Ma-tsu, déesse de la Mer, à Peikang ; ci-dessus, un médium entre en transe pendant une représentation de théâtre de marionnettes dans un temple de Taipei.

divinités supposées les posséder. le dieu-singe, San Tai-tzu et le général Chao sont les divinités connues pour donner les meilleurs conseils et soigner les maux par l'intermédiaire des médiums. Dans le cas du dieu-singe, il y a un procédé connu sous le nom évocateur de *bing bang bing*, qui indique quand l'esprit de la divinité est présent dans la statue : on utilise une longue bouteille à col étroit et à base plate qu'on retourne sur une seconde bouteille pleine d'eau, dont le fond est fait d'un verre aussi mince que le papier. Quand le fond de la bouteille fait «ping», c'est que l'esprit du dieu-singe a pénétré sa statue. C'est un changement de pression atmosphérique qui provoque en fait ce bruit. Un médium possédé du dieu-singe peut se coucher, sauter, se gratter et marcher comme un singe avant de s'asseoir pour écrire les réponses aux demandes des fidèles. Un médium en transe peut s'entailler la langue avec un couteau, un bout de verre ou même une épée et essuyer le sang avec du papier, que le fidèle brûle ensuite et dont on absorbe la cendre avec un peu d'eau comme médicament. Pendant les fêtes, les médiums s'enfoncent leur épée dans les joues et dans la langue, ou se plantent de petits hameçons dans le dos, auxquels on suspend des objets lourds, sans manifester aucune douleur.

Dans un temple, une douzaine de rites de purification ou d'exorcisme peuvent avoir lieu simultanément, chacun sous la conduite d'un des membres du personnel qui se tiennent à la disposition des fidèles, vêtus d'habits de tous les jours mais portant un chapeau de cérémonie rouge, un fouet, une trompe en corne de buffle ou une clochette et une épée, tandis que d'autres fidèles attendent leur tour. Les «têtes rouges» crachent un jet d'alcool de riz sur des charbons brûlants pour faire jaillir des flammes, ou président des rites dans lesquels deux hommes portent un petit palanquin ; lorsque celui-ci se met à trembler, on considère que l'esprit de la divinité vient de prendre place : celle-ci a alors recours au bâton d'un des porteurs pour dessiner un message sur le sol. Ces rites visent à renforcer les armées surnaturelles pour qu'elles chassent les démons et les fantômes affamés. Ils font souvent appel à des talismans, à des signes magiques marqués à la craie et à des offrandes de nourriture. Des formes humaines s'animent alors en figures imposées au milieu de nuages de fumée d'encens, dans la lueur blafarde du temple. Le son de la corne de buffle et les battements des tambours donnent une impression fantastique.

Les visiteurs sont en général bien accueillis dans les temples, dans la mesure où ils ne dérangent pas les fidèles. Il est d'usage de déposer une obole dans la grande boîte qui est en principe placée au centre de la cour du temple ou sur le comptoir du gardien du temple. Cela représente le *hsiang yow*, c'est-à-dire une offrande d'huile et d'encens pour les divinités. Il ne faut pas toucher les statues des divinités.

Procession à l'occasion d'une fête taoïste à Tainan.

LES ABORIGÈNES

Connus pour leur artisanat et leurs costumes de fête colorés, les aborigènes de Taiwan sont la preuve vivante de la très longue histoire de l'île. Leur origine n'est pas clairement établie, mais ils sont sans doute les premiers occupants de ce territoire. Ils ne sont guère plus de 350 000, répartis en neuf tribus regroupées sous le nom de Gaoshan ou de Shanbao (montagnards), et appartenant à la branche indonésienne de la famille linguistique austronésienne (ou malayaopolynésienne). Ils vivent dans des vallées reculées ou sur les rudes pentes de la chaîne montagneuse centrale, sur la côte est et dans l'île de Lanyu. Certes, une partie importante de ces communautés s'est fondue dans le creuset chinois. Il s'agit des Pingpu, tribus dites «des plaines», qui se répartissent en Ketagalan, Luilang, Favorlang, Kavalan, Hoanya, Siraya et Shao.

Certaines tribus pratiquent l'agriculture sur brûlis, cultivent le millet (leur céréale de base, avec laquelle elles font un alcool), la patate douce et le taro, auxquels s'ajoutent champignons sauvages, poires, pêches et prunes, dont elles ravitaillent les marchés des villes. Certaines tribus chassent le daim, l'ours, le chat sauvage et le singe, qu'elles gardent pour leur usage ou qu'elles vendent dans les plaines. Dans les premières années du XXᵉ siècle, les trophées les plus prisés de ces chasseurs étaient les têtes humaines, jusqu'à ce que les Japonais mettent fin à cette coutume. Dans certains groupes, la tête humaine est restée un motif ornemental.

Des origines incertaines

Le débat sur l'origine des aborigènes de Taiwan est toujours ouvert. Le seul point sur lequel les anthropologues soient d'accord est l'ancienneté de la présence de ces tribus, puisqu'elle pourrait remonter à dix mille ans, c'est-à-dire bien avant l'arrivée des Chinois. On a découvert des objets de cette époque sur les rives de la Peinan, près de Taitung. Ces découvertes ont aussi permis de mieux localiser les lieux d'origine des tribus.

Pages précédentes : danse des Ami pendant une fête des moissons à Hwalien. A gauche, jeunes femmes ami ; à droite, bouclier ancien.

Certaines écoles penchent pour une origine proto-malaise de plusieurs d'entre elles, qui seraient arrivées de l'archipel indonésien et de la péninsule malaise. Pour d'autres, elles viendraient de Mongolie. On voit encore en elles un prolongement de la culture polynésienne du Pacifique Sud. Enfin, beaucoup suggèrent que certaines tribus pourraient venir du continent chinois même. A la lumière des différences qui existent entre les neuf tribus, aucune de ces origines n'est à exclure.

Les neuf tribus austronésiennes sont les Ami, Atayal, Paiwan, Bunun (Bunong), Yami, Lukai, Peinan (Puyuma), Saisiyat (Saixia), Tsou (Cao).

Le groupe le plus important est celui des Ami, qui compte plus de 60 000 ressortissants. Ils peuplent les montagnes et les vallées de la région de Hwalien, sur la côte est. Là, le musée du Centre de la culture ami permet de mieux connaître leur coutumes. Les Ami sont agriculteurs. Leur fête de la Moisson, la dernière semaine de juillet et la première semaine d'août, témoigne par les danses, la musique, les costumes et les coutumes de la richesse de leurs traditions.

Le groupe aborigène le plus accessible est celui des Atayal, dont plusieurs communautés vivent dans la vallée luxuriante de Wulai, à une heure de voiture de Taipei. Malheureusement, la proximité de Taipei a fait naître le commerce du tourisme : à Wulai, la photographie d'un aborigène en costume se paie !

L'une des tribus les plus authentiques est celle des Paiwan, dans les montagnes, à l'est de Pingdong, près de Kaohsiung, dans le sud de l'île. Le culte du Serpent des Cent Pas, que les Lukai ou les Peinan vénèrent aussi, y est toujours vivace : on dit que les victimes de cet animal tombent raides mortes avant d'avoir fait cent pas. Considéré comme l'ancêtre de la tribu, le serpent, sous une forme plus ou moins stylisée, est un thème artistique omniprésent. Les Paiwan sculptent des portes, des poutres, des totems, des pipes... Ils maîtrisent également la technique

du tissage, façonnent la pierre et possèdent des colliers de perles faits selon d'antiques traditions. La façon dont cette tribu a préservé son héritage explique l'engouement des anthropologues à son endroit.

Les Lukai, culturellement et géographiquement voisins, occupent principalement une agglomération de hameaux, Wutai, dans les hauteurs du district de Pingdong. En plus des 200 foyers de ce gros village, il y a une auberge pour les visiteurs (munis d'un permis de circulation dans les zones aborigènes délivré par la préfecture de police). Le village est construit avec de grosses plaques de schiste prélevées dans la montagne voisine. L'architecture de Wutai (comme celle des

territoires paiwan limitrophes) évoque celle des hauteurs himalayennes de Chine occidentale, du nord de l'Inde et du Népal, où les habitations sont bâties avec des pierres empilées. Les Lukai privilégient un habitat reculé et, pour eux, une course de 10 km jusqu'au village voisin à travers un relief accidenté où alternent ravines et jungle pentue est une simple promenade. Les jours de fête, les Lukai arborent des tuniques éclatantes. Leurs concours de balançoire sont un rite très prisé. Il s'agit de futures mariées qui montent sur une sorte de balançoire faite de longues lianes, que des jeunes gens poussent jusqu'à ce que les jeunes filles planent comme des cerfs-volants à une hauteur étourdissante. Après quoi ces dernières descendent des balançoires pour tomber dans les bras de leurs plus ardents admirateurs.

Les Peinan (Puyuma) ont des traditions proches de celles des Lukai et des Paiwan. Au début du siècle, les trois groupes répondaient d'ailleurs à l'appellation collective de Paiwan. Les Peinan vivent dans les collines basses de la chaîne centrale, près de Taidong. A l'occasion, ils se rassemblent dans les faubourgs de la ville pour célébrer leurs fêtes, qui comprennent aussi le concours de balançoire. Chez les Peinan, c'est la fille aînée qui hérite des biens familiaux. Leur société est hiérarchisée et ils ont une maison des hommes.

Les autres groupes

Le groupe austronésien qui a été le moins affecté par la course en avant de Taiwan est sans conteste celui des Yami, qui vivent dans l'île des Orchidées, au sud-est, et qui sont les seuls gens de la mer de toutes les communautés aborigènes. Pendant près d'un demi-siècle, les Japonais ont délibérément isolé l'île aux Orchidées comme une sorte de musée ethnographique vivant. Et ce n'est que récemment que les Yami se sont mis à porter des vêtements. Leurs bateaux de pêche, taillés dans des troncs d'arbres géants, voguent avec grâce sur les eaux du Pacifique. Les femmes yami, plus nombreuses que les hommes au demeurant, dominent la société. Une fois fiancés, les hommes viennent résider dans la famille de leur femme pendant un

A gauche, chasseurs capturant un sanglier, sculpture sur bois de la tribu des Paiwan ; à droite, vieillard yami, dans l'île des Orchidées.

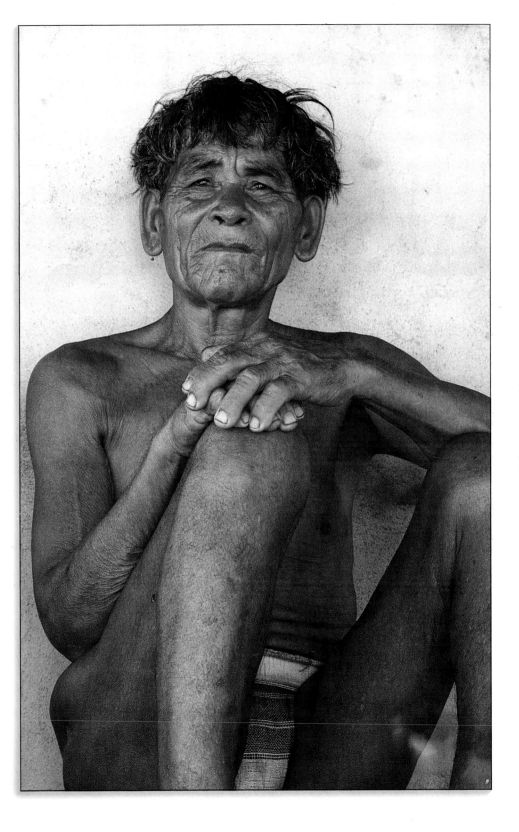

mois, dit de mariage à l'essai. Pendant ce temps, le futur marié doit prouver son habileté à la chasse et à la pêche, à construire et décorer un bateau, etc. S'il ne réussit pas l'épreuve, il est évincé et un autre soupirant est présenté à la jeune fille. Par la suite, la femme yami garde le droit imprescriptible de répudier son mari pour n'importe quelle raison et de chercher un nouveau conjoint. Il faut préciser que bon nombre de communautés austronésiennes de Taiwan observent une filiation matrilinéaire. Les femmes sont aux champs et dans les vergers tandis que les hommes restent à la maison pour s'occuper des enfants et des tâches ménagères.

Les Atayal occupent un assez grand territoire, dans le nord de l'île. Leur langue, qui comporte la branche sediq et la branche atayal, semble différer des autres langues aborigènes de Taiwan. Traditionnellement, les Atayal vivaient dans des maisons semi-enterrées, se tatouaient le visage et observaient un système de filiation bilinéaire avec résidence dans la famille du père.

Les Tsou vivent de l'agriculture, que complètent les produits de la chasse ou de la pêche. Ils ont une maison des hommes qui fait fonction de centre politique et religieux. Leur filiation est patrilinéaire et leur langue, qui compte trois sous-groupes : le tsou, le kanakanabu et le saaroa, a encore moins de

points communs avec les autres langues de l'île que les langues atayal.

Les Bunun vivent dans les montagnes du centre. Ils se subdivisent en Teketodo, Takebaka, Takevatan, Takbanuath, Tsibukun et Takopulan. De petite taille et foncés de peau, ce sont de grands chasseurs. Ils observent une filiation patrilinéaire et pratiquaient jusqu'aux premières décennies de ce siècle l'extraction des incisives pour signifier le passage à l'âge adulte. Les Bunun ont des chamanes et leur tradition orale est riche.

La langue des Saisiyat (Saixia), plus petit groupe de l'île, comporte les dialectes du nord et du sud. Les Saisiyat ont subi très tôt l'influence de leurs voisins Atayal, mais aussi celle des Hakkas. Organisés en clans totémiques, ils observent des rites originaux, notamment celui dédié aux nains (Ta'ai), petits hommes noirs, leurs ancêtres, qui leur auraient transmis toutes leurs connaissances, mais que les Saixia auraient chassés quand ils courtisèrent leurs femmes. Une fête propitiatoire leur est dédiée tous les deux ans, dont les Saisiyat attendent le pardon et la protection des ancêtres tandis qu'ils interprètent un répertoire très ancien de chants dont presque plus personne ne comprend les paroles.

Les aborigènes de nos jours

L'influence croissante des coutumes chinoises ou occidentales a érodé les traditions et a modifié les structures sociales et familiales. Cependant, les jeunes générations sont parvenues à garder des liens étroits avec leurs aînés. Les jeunes sont souvent bilingues (chinois et langue d'origine).

Tandis qu'animisme et chamanisme laissent place depuis un demi-siècle à d'autres religions, bouddhisme ou christianisme, les jeunes aborigènes sont de plus en plus nombreux à fréquenter l'école : on constate une proportion croissante de diplômés de l'enseignement secondaire et même supérieur. Mais les autorités et des associations ont aussi dû lutter contre l'alcoolisme ou la prostitution.

On peut voir les signes d'un renouveau des cultures autochtones. C'est ainsi que paraissent de nombreuses publications consacrées aux tribus austronésiennes et, surtout, écrites de la main des aborigènes.

A gauche, jeune fille à marier lukai à la fête de la balançoire, près de Taitung ; à droite, danse de jeunes Lukai pendant la fête de la moisson.

SPECTACLES ET DIVERTISSEMENTS

Taiwan est depuis longtemps un vivier de talents qui divertissent les populations d'Asie du Sud-Est et de nombreux autres pays. Tandis que ses films à grand spectacle, inspirés des prouesses des arts martiaux, font chaque jour salle comble et que des œuvres faites pour la télévision font des légions d'adeptes, ses professionnels du divertissement s'en vont animer des cabarets outremer, de Singapour à Tokyo.

Mais les talents de Taiwan ont même largement dépassé les simples limites du divertissement populaire pour aborder un genre plus noble. En effet, théâtre sérieux, musique classique et danse moderne occupent désormais une place importante dans le répertoire contemporain de l'île. Et ces arts, tout comme les distractions populaires qui ont fait sa célébrité, commencent à lui valoir une certaine considération dans le monde.

Le cinéma

La longue histoire d'amour entre Taiwan et le film d'action remonte à bien avant l'installation du quartier général de la République de Chine sur l'île. Le premier film de la république, produit sur le continent, était *l'Orphelin qui sauva son grand-père*. Il passa sur les écrans en 1922.

Dans les années 1930-1940, l'industrie du film a connu un âge d'or, tandis que Shanghai devenait une sorte d'Hollywood. Les années de troubles politiques et la guerre ont toutefois ralenti l'essor de cette industrie jusqu'à l'exil vers Taiwan. En coopération avec la colonie britannique de Hong Kong, la production de films a abordé une période de réorganisation en 1952. Les cinq années qui ont suivi ont vu les réalisateurs de l'île tourner des films qui se vendaient alors à Singapour et en Malaisie aussi bien que sur place.

Le gouvernement stimula la croissance de l'industrie en décidant la fusion de la Taiwan Motion Picture Corporation et de l'Agri-

Pages précédentes : travail dans une pépinière ; concert de musique traditionnelle au mémorial Sun Yat-sen. Ci-contre, mise en place d'une affiche géante à Taipei.

cultural Education Motion Picture Corporation. C'est ainsi qu'est née en 1954 la Central Motion Picture Corporation. L'afflux de producteurs de films de Hong Kong, qui préféraient les sites naturels et les coûts de production moins élevés de Taiwan, contribua également à la croissance.

Au départ, la plupart des films locaux étaient doublés en dialecte local «taiwanais». Le premier film en couleurs en 35 mm produit à Taiwan fut, en 1957, *Liang Hung Yu*, histoire d'une héroïne de la dynastie des Song. C'était un hommage aux producteurs taiwanais qui, la même année, remportaient un prix lors du troisième festival international de Films spéciaux de Rome pour un autre film sur une héroïne de l'histoire : *Hua Mu Lan*. La compagnie Kuo Lien, entreprise mixte de Taiwan et de Hong Kong, fut la première entreprise privée à tourner des films dans la langue nationale : le mandarin. Ses premières œuvres se concentraient sur le thème de la guerre et sur certains sujets littéraires. Plus tard, elle trouva une formule qui eut par la suite un retentissement dans le monde entier. La Kuo Lien mit beaucoup d'action et même des séquences d'arts martiaux dans ses films. Les séquences s'allongèrent et les films résonnèrent de coups de poing et de coups de pied, tandis que s'agitaient épées, lances et éventails. Dans les années 1970, le genre du film d'art martial devint une forme cinématographique à part entière, largement diffusée au niveau international.

L'âge d'or de la production de films taiwanais débuta en 1967. C'est alors que le gouvernement, de plus en plus conscient des bénéfices culturels et financiers de l'exportation cinématographique, apporta son assistance technique et monétaire à l'affaire. Les taxes d'importation pour les films chinois d'outre-mer furent reversées aux studios de talent pour encourager la production locale. Et le prix Golden Horse fut institué en vue de récompenser les acteurs, actrices, ou réalisateurs de films en mandarin.

A la fin des années 1970, les studios de Taiwan, qui travaillaient souvent avec des compagnies de production de Hong Kong, étaient devenus prospères. L'île produisait plus de 150 films par an. Le coût d'un film fait à Taiwan est toujours dérisoire par rapport à ceux d'Hollywood.

Depuis un certain temps, les critiques annoncent toutefois que les publics locaux aussi bien que les fidèles d'outre-mer commençaient à se lasser de la formule grand spectacle et histoire d'amour à l'eau de rose qui avait jusque-là constitué l'ingrédient principal des productions de Taiwan. A cet égard, l'un des premiers signes d'un renouveau fut la sortie, en 1983, d'un film sans prétention de la Wan Nien Motion Picture Corporation, intitulé *l'Histoire de Hsiao-pi*. Produit pour 112 500 $, le film remporta un vif succès, non seulement auprès du public, mais aussi auprès des critiques, avec l'histoire tendre d'un jeune garçon issu de la classe moyenne traditionnelle de l'île. Il n'y avait ni grande vedette ni action dans ce film, mais

teurs et constitue une anthologie de quatre histoires inspirées d'éléments psychologiques plutôt que de thèmes faciles à exploiter. Il s'agit du *Somnambule*, de Jim Tao, récit de l'enfance innocente aux prises avec la réalité de l'âge adulte, de *l'Attente*, d'Edward Yang, qui décrit l'éveil du désir chez une collégienne des années 1960, de *la Grenouille*, de Ko I-cheng, commentaire sur la colère et l'idéalisme de la jeunesse à travers le personnage d'un étudiant nationaliste dans les années 1970, et de *Votre nom s'il vous plaît*, de Chang Yi, constat ironique sur l'absence de communication des années 1980. En 1989, *la Cité de la Tristesse*, mis en scène par Hou

un bon scénario et une réalisation tout en sensibilité qui ont ému le public.

L'Histoire de Hsiao-pi a remporté un prix lors d'un festival du cinéma en Espagne. Mais le plus important fut que le gouvernement de la République de Chine gratifia ses producteurs d'une prime d'incitation de 1,4 million de yuan (35 000 $), reconnaissant ainsi que si Taiwan souhaitait rester un centre de production cinématographique, il fallait que ses producteurs évoluent.

A notre époque est une autre œuvre récente tout à fait remarquable qui concrétise la promesse d'une nouvelle tendance. Produite par la Central Motion Picture Corporation, elle atteste le travail de quatre jeunes réalisa-

Hsiao-hsien, a obtenu le lion d'or à la Mostra de Venise. En février 1993, un film d'Ang Lee, *le Repas de noces*, a remporté l'ours d'or au festival de Berlin, partageant la première place avec un film d'un réalisateur de Chine continentale, Xie Fei, pour *les Femmes du lac des Ames parfumées*.

Télévision

La télévision, introduite dans l'île en 1962, comprend trois chaînes qui fonctionnent comme des entreprises privées et vivent de la publicité. L'industrie audiovisuelle a ses propres récompenses : les Golden Bell (clochettes d'or), et une Académie audiovisuelle des arts et des sciences qui compte plus de 1 200 membres.

Des équipes de Hong Kong, de Singapour et d'autres nations asiatiques se tournent à présent vers Taiwan pour trouver un nouveau souffle et une formation technique, avec pour résultat une production en quantité à Taiwan de programmes de variétés et de feuilletons destinés à ces pays. Mais Taiwan peut aussi ouvrir la voie vers de nouveaux domaines de programmation : en 1982, une production dramatique de deux heures de la Télévision chinoise (C.T.V.), *le Retour*, a remporté le Golden Bell de la meilleure dramatique de télévision de l'année. Son portrait

de concert d'Asie et d'autres régions du monde, puis d'être classés au palmarès des stations de radio étrangères.

Des cassettes des chants lyriques de Theresa Teng ont même été un des articles les plus courus du marché noir du continent chinois. Et l'artiste Tracy Huang s'est installée à Singapour après avoir chanté dans tous les hôtels de Taipei. Elle est alors devenue célèbre dans toutes les communautés chinoises du monde pour son talent à introduire une touche orientale dans les chansons populaires occidentales.

Toutefois, ces chanteuses n'ont pas toujours attiré l'intérêt des critiques avec leur

vivant et réaliste des mères modernes qui travaillent s'est révélé en décalage par rapport aux productions de feuilletons à l'eau de rose traditionnels des réseaux locaux.

Musique et chanson

L'exportation d'œuvres de variété a été décisive pour les professionnels. En effet, nombre d'entre eux se sont produits pour la première fois dans ce type de programme avant de rejoindre les cabarets et les circuits

A gauche, récital de fin d'année de l'école de danse de l'université culturelle de Chine ; ci-dessus, spectacle populaire à la télévision.

interprétation sirupeuse des mélodies occidentales et des chants chinois. Mais la surprise vint avec des albums à succès de l'année 1982, ceux de jeunes chanteurs de rock issus du moule Bob Dylan-Bruce Springsteen. Luo Ta-you, mais aussi le chanteur compositeur Hou Te-chien, ont fait une percée sur la scène populaire de Taiwan.

Luo a marié le rock occidental et le reggae sur fond d'observations incisives sur la vie. Ses chansons ont fait l'objet d'un jugement sévère de la part de la censure de Taiwan. Mais Luo a tout de même chanté dans un unique concert au mémorial de Sun Yat-sen. Et il a même repris des chansons populaires traditionnelles comme *la Danse du prin-*

temps en leur donnant un air contemporain. Sa popularité s'étend à Hong Kong et à d'autres pays d'Asie.

Danse, musique et théâtre

L'importance que Taiwan a prise dans le domaine du divertissement plus noble est un phénomène récent. Contrairement à l'opéra de Pékin, à l'opéra taiwanais et à la musique et à la danse chinoises traditionnelles, l'évolution s'est faite sous l'égide de groupes qui ont su faire une synthèse des meilleures caractéristiques des musiques et des rythmes d'Occident et de Chine.

La troupe la plus célèbre au niveau international est assurément le Cloud Gate Dance Ensemble de Taipei. Sous la direction et la chorégraphie inventive de Lin Hwai-min, la troupe s'est taillé un succès international à l'occasion de sa tournée européenne, en 1981.

La compagnie de la Porte des Nuages a fait en sorte de combiner avec succès les techniques de danse chinoises et la chorégraphie occidentale contemporaine. Les pièces se jouent sur des musiques écrites par des compositeurs chinois contemporains qui font une synthèse des rythmes locaux et étrangers.

Le succès de cette compagnie a donné naissance à d'autres ensembles, certains privés, tandis que d'autres sont attachés à des institutions du domaine de l'éducation.

Des ensembles musicaux tels que l'orchestre symphonique provincial de Taiwan ou l'orchestre symphonique municipal de Taipei interprètent aussi bien des œuvres classiques occidentales que des œuvres d'auteurs chinois contemporains.

De son côté, le théâtre de style occidental s'est imposé dans les années 1980. En 1982, une courte histoire du célèbre écrivain taiwanais Pai Hsien-yung a été adaptée en une pièce spectaculaire qui a fait salle comble pendant huit jours au mémorial de Sun Yatsen. Cette pièce intitulée *Errance dans le jardin*, commente l'auteur, *«ressemble à une peinture chinoise qu'il faudrait étudier patiemment dans tous ses détails et apprécier pour ses couleurs vivantes»*.

Ainsi, alors qu'on eut recours à de magnifiques décors et à des costumes qui rivalisaient avec ceux de l'opéra chinois, l'intrigue et le déroulement de l'action, de style occidental, ont eu un grand succès auprès du public de Taipei. Cette pièce a été rapidement suivie d'une autre, spectaculaire, produite par l'université culturelle chinoise. Écrite par C. Y. Yen, la pièce, intitulée *Noir et Blanc*, a été jouée au Centre national des Arts de Taipei. Sa distribution comprenait une foule d'êtres intergalactiques, d'animaux domestiques... et une paire de moines comiques, un clown de l'opéra chinois et un extra-terrestre parlant chinois. Le clou de la représentation était l'atterrissage d'un vaisseau spatial sur les têtes des spectateurs. Au-delà de cette frivolité, Yen insistait sur le fait que sa pièce illustrait un thème universel et fondamental qui touchait au sens même de la vie. Le succès de ces deux productions a conduit la Mong Tai Chi Film à financer la production dramatique d'écoles ou d'universités, à condition que les représentations soient gratuites.

Le festival de Théâtre expérimental de Taipei s'est tenu au Centre national des Arts de Taipei en août 1983. Six œuvres écrites et produites sur place, comprenant des drames musicaux et de courtes comédies, y ont été jouées. Le festival a battu tous les records d'audience, ce qui augure d'un excellent avenir pour un théâtre sérieux dans l'île.

A gauche, membre de la troupe de danse de la Porte des Nuages ; à droite, les sons suaves de la musique classique chinoise.

L'OPÉRA CHINOIS

En général, les Occidentaux se bouchent les oreilles quand ils entendent pour la première fois les voix stridentes de l'opéra chinois. Pour les habitués, en revanche, ces notes haut perchées confèrent une force émotionnelle au chant, tandis que les lamentations prolongées rendent encore plus intense l'expression du chanteur. Lorsqu'on ajoute l'accompagnement habituel des battements de tambour, du bruit métallique des gongs, des plaintes des flûtes et du crissement des violons, le résultat est un son si abstrait qu'il aurait sa place dans un concert de musique contemporaine. La musique va alors accompagner un spectacle composé d'ombres électriques, de visages grimés, de costumes scintillants, d'élégantes pantomimes et d'extraordinaires acrobaties. Cette synthèse de la musique et du spectacle s'appelle le *jing hsi (jingxi)*, opéra de la capitale, connu aussi sous le nom d'opéra de Pékin.

Théâtre et maisons de thé

L'opéra de Pékin fut fondé en 1790 dans la ville dont il porte le nom. Cette année-là, les acteurs les plus célèbres de toutes les régions de l'empire chinois se rassemblèrent pour présenter à l'empereur un spectacle spécial. La représentation fut si réussie que les artistes restèrent dans la capitale, où ils combinèrent leurs anciennes disciplines, telles que théâtre, musique et acrobatie, pour former l'opéra de Pékin. Les premiers lieux de réunion de ces troupes étaient les maisons de thé de la capitale. Leur succès de plus en plus grand et la complexité croissante des représentations ont transformé les maisons de thé en véritables théâtres.

Mais l'ambiance bon enfant est restée : il est surprenant de voir que le public taiwanais d'aujourd'hui mange, boit et bavarde pendant l'opéra, ne gardant le silence que pendant les morceaux de bravoure en solo. Cela peut sembler quelque peu cavalier, mais quand les Chinois vont à l'opéra, ils y vont dans l'intention de s'amuser, et, dans la mesure où le public de Taiwan ou d'autres

Pages précédentes : visages grimés d'acteurs d'opéra. A gauche, chanteuse à la voix suraiguë ; à droite, l'art du maquillage.

communautés chinoises connaît par cœur les intrigues, il sait exactement quand il doit écouter et quand il peut se laisser distraire.

Les bons et les méchants

L'opéra chinois n'a pas d'équivalent en Occident, bien qu'il offre quelques ressemblances avec l'opéra européen classique. Les intrigues mettent en scène, comme dans les mélodrames, des personnages bons ou méchants clairement identifiés par leur costume et leur maquillage. Les thèmes sont tirés des légendes populaires, des mythes ou des événements historiques.

C'est en termes techniques cependant que l'opéra chinois reste unique par rapport à toutes les autres formes théâtrales du monde. Il se fonde en effet sur une combinaison de danse, de chant, de mime et d'acrobaties, et recourt à la symbolique des costumes, du maquillage et des supports scéniques. Chaque moyen mis en œuvre dans l'opéra chinois est un art en lui-même. Le recours au maquillage, par exemple, se fonde sur 16 catégories principales représentant plus de 500 styles distincts. En dépit de la complexité et de la variété des maquillages, chacun de ces «masques» donne au porteur une identité distincte. *«En voyant le visage, on sait exactement de qui il s'agit et quelle est la nature*

de son caractère», disent les habitués de l'opéra de Taipei. L'histoire attribue l'invention des techniques de maquillage au prince Lan-ling, qui régna sur le royaume nordique de Wei au VIᵉ siècle de notre ère. Ses traits étaient si féminins que le prince se fit faire un masque féroce pour modifier son apparence et ses chances sur le champ de bataille. La ruse marcha à merveille car Lan-ling défit sans difficulté des forces ennemies qui dépassaient largement les siennes en nombre. Son masque sauvage fut par la suite adapté à un usage dramatique sous la dynastie des Tang. Pour faciliter les mouvements des acteurs et leur capacité à chanter, on remplaça le

Effets de manches

Les longues manches des acteurs leur servent à mimer l'émotion ou à suggérer ce qui se passe autour d'eux. Ces sortes de longs brassards blancs en soie sont attachés aux manches ordinaires du costume et traînent sur le sol lorsque l'acteur ne les agite pas. Leur pouvoir expressif est remarquable quand c'est un expert qui les met en œuvre. Pour exprimer la surprise ou un choc, un personnage lève simplement les bras au ciel. Les manches sont alors rejetées en arrière en guise d'avertissement. S'il souhaite montrer son embarras ou exprimer sa timidité, il tient

masque par un maquillage. Dans l'opéra chinois, chaque couleur du maquillage a un sens : le rouge est réservé aux personnages loyaux, justes et droits ; le blanc dénote un caractère sournois, rusé, ingénieux, comme celui d'un clown ou d'un criminel ; le bleu représente un personnage vigoureux, impétueux, brave et entreprenant ; le jaune indique la force de caractère et la nature obstinée ; le vert est la marque des fantômes, des démons et des esprits du mal ; l'or est la couleur exclusive des dieux et des esprits bienveillants.

L'usage des pantomimes dans l'opéra chinois dispense des décors, réduits à quelques accessoires.

l'une de ces manches délicatement devant son visage comme s'il se cachait derrière. La détermination et la bravoure s'expriment en faisant tournoyer rapidement les manches autour des poignets, puis en joignant les mains derrière le dos. Un personnage ennuyé se frotte les mains l'une contre l'autre rapidement et à plusieurs reprises tandis que les manches roulées tremblent sur les poignets.

Le registre des gestes symboliques que ces manches rendent possibles est vaste. Ils s'ajoutent à d'autres gestes mimés. Un acteur s'époussette en effet pour indiquer qu'il rentre d'un long voyage. Il se sert de ses manches comme d'un manchon autour de ses mains serrées l'une contre l'autre pour traduire le fait qu'il se protège contre le froid, et pour lutter contre la chaleur, il agite ses manches comme un éventail.

Des procédés simples comme celui de la manche rendent les décors ou les accessoires inutiles. Ceux qui sont employés ont en revanche un sens précis. Lances et épées interviennent pendant les batailles et les scènes d'action. Les longues plumes de paon toujours frémissantes sont l'apanage des guerriers. Quand un acteur enfourche un manche décoré de glands de soie, c'est qu'il est à cheval. Des guidons noirs portés rapidement d'un côté à l'autre de la scène symbolisent un orage, et quatre longs pennons main-

Un objet aussi simple qu'une chaise sert naturellement à s'asseoir, mais lorsqu'on la place sur une table, l'ensemble se transforme en montagne. On peut aussi en user comme d'un trône. Si un acteur saute par-dessus une chaise, c'est qu'il se suicide en se jetant dans un puits. De longues bandes de papier pendront par la suite de ses oreilles, indiquant qu'il s'est transformé en fantôme. Avec quelques éléments de base ajoutés au symbolisme des costumes, des accessoires, des masques et des gestes, même un spectateur qui ne comprend pas le chinois peut suivre l'intrigue d'une pièce de l'opéra de Pékin. Mais, malgré les costumes colorés et les

tenus en hauteur fichés sur des piquets représentent une troupe de soldats. Un personnage sur un chariot tient horizontalement deux bannières jaunes (une dans chaque main, devant lui et dans son dos) sur lesquelles sont représentées des roues. Un acteur qui porte une bannière sur laquelle est écrit le mot *bao*, qui signifie «rapport», est un messager.

L'opéra chinois recourt également à un seul accessoire pour une multitude d'usages.

A gauche, dispute de famille, scène obligée de l'opéra chinois ; ci-dessus, un montreur de marionnettes fait exécuter à ses poupées des figures d'opéra.

maquillages éblouissants, les chants et les dialogues peuvent aussi provoquer un certain ennui. Toutefois, les pièces sont aussi ponctuées d'acrobaties sensationnelles ou de tours de magie.

Pieds qui volent et exploits magiques

Les acteurs sautent et bondissent dans l'action, exécutent des sauts périlleux avant de retomber inexplicablement sur leurs pieds. Et, quand plusieurs acteurs exécutent des acrobaties magnifiquement réglées, ils semblent alors donner naissance à quelque créature fantastique. Les passages les plus mouvementés de l'opéra chinois sont les scènes de bataille. A ces moments-là, on a recours aux arts martiaux et à toutes les figures acrobatiques concevables, tandis que sabres, haches et poings traversent l'air de telle manière que, chez des novices, tout cela finirait assurément en effusion de sang. Les étoiles de l'opéra chinois peuvent lancer une épée en l'air et la rattraper dans l'ouverture de son fourreau. Il y avait un tour fameux, dit du cerf-volant, que réalisait Mei Lan-fang, célèbre acteur de l'opéra de Pékin. Mei Lan-fang était une vedette hors pair, spécialisée dans les rôles de femmes. Il était bien connu pour son interprétation de la capricieuse Yang Gui-fei dans un opéra intitulé *la*

Concubine ivre. Yang Gui-fei était la favorite de l'empereur Tang Ming-huang, de la dynastie des Tang. Dans la pièce, Mei Lan-fang incarne délicieusement la concubine choyée qui sombre de plus en plus dans l'ivresse. La scène s'achève avec le tour du cerf-volant. La manœuvre commence alors que Mei Lan-fang soulève, avec les dents, une coupe de vin placée sur un plateau porté par un eunuque tremblant. Il vide la coupe et fait un saut en arrière de 180°. Puis, arc-boutant son corps en arrière, le pliant presque en deux, il repose la coupe dans le plateau, sans jamais se servir de ses mains ni renverser une goutte de vin. Mei Lan-fang demeure une référence pour les acteurs comme pour les amateurs, et

la Concubine ivre est l'opéra favori de l'île. L'empereur Tang Ming-huang, que ses troupes mécontentes avaient obligé à exécuter sa concubine préférée mais alcoolique, était un grand protecteur des arts dramatiques. C'est pourquoi il est devenu le patron de l'opéra chinois.

Les travestis

Traditionnellement, c'étaient des travestis qui tenaient les rôles de femmes. Mais, dans les représentations modernes, ce sont d'habitude des femmes qui interprètent ces rôles. Toutefois, les anciens travestis accomplissaient avec une telle perfection les gestes féminins que les actrices se sont trouvées dans la curieuse situation d'apprendre à imiter un homme qui imitait une femme.

Outre l'introduction récente des femmes, l'opéra chinois continue de déployer toute sa splendeur et sa pompe. Mais il faut préciser que la route à parcourir pour devenir acteur est difficile. Nombre d'enfants commencent l'école de l'opéra à l'âge de sept ans pour accomplir au moins huit ans d'étude. L'école la plus célèbre de l'île est l'école de l'opéra Fuhsing, qui offre un enseignement complet mais exige des élèves qu'ils suivent en même temps une scolarité normale.

Une branche de l'opéra de Pékin, l'opéra de Taiwan, se joue en général à l'extérieur, sur une scène installée dans les marchés publics. Les représentations comportent des costumes étincelants et des supports élaborés. Cet opéra innove en se servant du dialecte taiwanais au lieu du difficile dialecte du Hubei de l'opéra de Pékin, des costumes fluorescents et des techniques de maquillage occidentales.

Ces changements ont accru la popularité de l'opéra chinois auprès de l'homme de la rue. La grande vedette de l'opéra de Taiwan est Yang Lee-hwa : alors que jadis les rôles de femmes étaient interprétés par des hommes, Yang Lee-hwa n'interprète que des rôles masculins.

Des spectacles de marionnettes chinoises se donnent également fréquemment dans toute l'île. Ils s'inspirent des thèmes, des personnages, de la musique et des costumes de l'opéra de Pékin.

A gauche, un acteur attend son tour en coulisses ; à droite, marionnettes vêtues de costumes d'opéra chinois.

LA VIE NOCTURNE A TAIPEI

Néons et enseignes lumineuses animent comme en plein jour les rues dans lesquelles les promeneurs se bousculent jusqu'à une heure tardive. Tandis qu'au coin d'une allée, un homme fend de sa lame acérée la peau d'un serpent, mettant à nu la chair blanche pour recueillir le sang, bars et restaurants abritent des beautés à la peau d'ivoire qui dévoilent sous leurs robes fendues des jambes de soie. C'est Taipei, la reine de l'Extrême-Orient, où les nuits sont sans fin !

Le philosophe Confucius, qui vivait en Chine il y a plus de 2000 ans, disait déjà, avec un subtil bon sens : *«La nourriture et l'amour sont la nature de l'homme.»* Les sybarites de Taipei ont suivi son conseil, et ils jouissent de ces plaisirs en véritables gourmets. Pour satisfaire leurs appétits, des milliers de restaurants, de bars, clubs, cabarets, maisons de vin et même de salons de massage s'activent à toute heure du jour ou de la nuit.

Si les Chinois de Taiwan sont un peuple industrieux qui poursuit les deux objectifs du profit et de la productivité avec un dynamisme et un enthousiasme impitoyables, ils recherchent le plaisir avec la même détermination. C'est ainsi que, nuit après jour, ils œuvrent avec la même rigueur au labeur et au jeu. Tout n'étant finalement qu'une question de résistance !

Mais cela suppose aussi d'avoir un portefeuille bien garni. Les Chinois sont en effet dépensiers lorsqu'il s'agit de distractions nocturnes, car exhiber de gros billets est toujours bon pour sa réputation. Heureusement, les hommes d'affaires locaux prévoient toujours de généreuses notes de frais. Ainsi, ils ne sursautent pas lorsqu'on leur présente une facture de 2 000 F à la fin d'une soirée dans l'un de leurs clubs préférés.

Repas et boissons sont impossibles à séparer. Une nuit en ville commence habituellement par un repas. On commande de la bière, du vin et de l'alcool tout au long du repas. Lorsqu'on prend un verre avec des amis intimes, *«même mille tournées ne suffi-*

Un «crooner» de Hong Kong se produit au restaurant Sunshine City.

sent pas», prétend un vieux proverbe chinois. Encore une fois, les Taiwanais prennent ce conseil au sérieux car, chez eux, l'ébriété est une occasion d'enlever son masque professionnel et de laisser paraître «l'homme intérieur».

Officiellement, les derniers coups de minuit signalent la fin de la vie nocturne de Taipei. C'est à cette heure que les bars, les clubs et les boîtes de nuit sont supposées fermer. Mais il faut savoir que les rires continuent à fuser derrière les rideaux tirés. Si vous frappez à la bonne porte, votre soirée n'en sera qu'à ses débuts.

Le quartier Papa-gâteau

Pendant la grande époque de Taipei, au temps où la ville était un havre de repos pour les soldats américains qui se battaient au Viêtnam, la vie nocturne s'était développée dans un quartier appelé Papa-gâteau, dans les rues qui avoisinent la rue Shuang-Cheng, près de l'hôtel Président.

Cette époque s'est achevée avec la guerre du Viêtnam, lorsque les militaires américains sont brusquement partis de Taiwan parce que les États-Unis avaient cessé de reconnaître le gouvernement de la République de Chine, le président Nixon ayant résolu de nouer des liens diplomatiques avec la République populaire de Chine du «grand timonier» Mao Zedong. La vie nocturne du quartier Papa-gâteau et de quartiers similaires était alors revenue à des plaisirs plus chinois. Si les pubs et les boîtes de nuit ont à présent fait leur retour dans l'île, dans une version typiquement occidentale, les noctambules locaux préfèrent toutefois un décor chinois.

Bars et pubs

Les visiteurs qui voudraient emprunter les circuits éprouvés trouveront un grand nombre de restaurants avec des bars de style occidental ainsi que des endroits où l'on s'amuse et où l'on danse. Une soirée peut commencer à l'heure de l'apéritif dans le bar d'un grand hôtel comme le Hilton ou le Lai-Lai Sheraton. Le bar du Beverly Plaza a une ambiance très feutrée ; le salon panoramique de l'hôtel Ambassador offre exactement ce qu'il promet, à savoir une vue circulaire sur les lumières de la ville et des cocktails servis dans de confortables loges pour deux. Mais il y a aussi les bars des principaux restaurants de la ville, dont l'Europa Haus, le Corsaire breton, le Chalet Swiss, et le Zumfass, dont les noms indiquent le style.

Mais c'est plutôt les pubs de style anglais qui font fureur dans Taipei, ceux qui servent, dans une atmosphère bon enfant, de la bière à la pression et de l'alcool. C'est là qu'on a l'occasion de rencontrer, si on le désire, des ressortissants des communautés américaine ou européenne. Parmi les pubs les plus fréquentés, il y a le Ploughman's Cottage, le Ploughman's Pub, le Hope and Anchor, le Sam's Place et le Wooden Nickel Saloon, qui se trouvent presque tous dans le quartier Papa-gâteau.

hauteurs de Taipei, sert une bonne cuisine dans un décor d'antiquités chinoises et japonaises.

Il y a par ailleurs deux restaurants continentaux qui disposent de clubs pour distraire leurs clients après le dîner : ce sont le Primacy et le Royal Audio City. Après avoir consommé un bifteck grillé à l'américaine, les clients peuvent écouter des groupes de musique dans les salons.

Cabarets et boîtes de nuit

Il y a aussi des spectacles de cabaret où l'on peut voir des artistes locaux, comme le

Restaurants

Dans la mesure où les Chinois adorent manger et qu'ils apprécient par ailleurs toutes les cuisines, Taipei offre un large éventail de restaurants occidentaux, dont une bonne partie sont exploités par des chefs européens accomplis. Les plus luxueux et les plus onéreux sont le Trader's Grill du Taipei Hilton et l'élégant Paris 1930 du Ritz. Le Fellini's du Beverly Plaza, décoré avec art comme un film hollywoodien, est moins cher et sert de la cuisine continentale et italienne.

A l'extérieur des hôtels, et en tête des bons restaurants, il y a le Romantique et l'Europa Haus. La Lune Vague, à Tien Mou, dans les

Hoover Theater Restaurant ou le Hillman Theater Restaurant. Ces dîners-spectacles offrent tour à tour des chansons chinoises contemporaines, des danses, des acrobaties et des tours de force, des danses folkloriques chinoises ou aborigènes. Le plus grand et sans doute le plus élaboré de ces cafés-théâtres est le Sunshine City, rue Lin-Sen Nord. Ses acteurs enthousiastes et ses effets spéciaux spectaculaires attirent d'énormes foules chaque nuit.

Les Chinois considèrent en effet les cabarets occidentaux comme une forme de distraction provocante et érotique. Ce sentiment peut provenir du vieil adage confucéen selon lequel «hommes et femmes doivent évi-

ter de se toucher lorsqu'ils échangent un objet». Il s'explique peut-être aussi par la mauvaise réputation laissée par la célèbre période d'avant-guerre de Shanghai, quand les cabarets étaient des lieux où l'on se livrait à toutes sortes d'activités nocturnes suspectes, de même que du temps de la présence militaire américaine. Par conséquent, les licences de cabaret sont extrêmement difficiles à obtenir à Taipei et peuvent coûter à leur propriétaire une somme exorbitante, dont une bonne partie retombe inévitablement sur le consommateur.

Taipei compte deux sortes d'établissements où l'on danse : d'une part les cabarets, la Mabuhay de l'Imperial, relèvent à présent le défi.

Vidéo et karaokés

En dehors des boîtes de nuit et des cabarets, il y a d'autres distractions nocturnes, parmi lesquelles notamment deux nouveautés que sont le M.T.V. et le K.T.V. Bien que le nom de M.T.V. ait été emprunté à un spectacle de divertissement américain, la ressemblance s'arrête là.

Les centres M.T.V. offrent une large sélection de films asiatiques et occidentaux sur disque laser ou cassette vidéo. Le client choi-

d'autre part les boîtes de nuit de style chinois avec, pour ces dernières, des groupes de rock ou de la musique enregistrée, des lampes et des lasers stroboscopiques et une petite piste de danse.

Le Tiffany's du Hilton est depuis longtemps la principale boîte de nuit de la ville. Mais de nouvelles venues telles que le Crystal Palace du Lai-Lai Sheraton, l'élégante Champagne Room de l'hôtel Président, ou

A gauche, jeunes danseurs dans la boîte de nuit Tiffany Disco, à l'hôtel Hilton de Taipei ; ci-dessus, l'un des nombreux établissements K.T.V. où l'on trouve des «karaokés», des bars et des snacks.

sit alors son film, puis on lui attribue une salle privée équipée d'un système stéréo et d'un moniteur. Des boissons gratuites sont servies mais il est permis d'apporter ses propres boissons. On trouve les M.T.V. dans toute l'île.

Les K.T.V. sont fondés sur le système du karaoké, qui est depuis longtemps l'une des distractions favorites des Japonais. Désormais plus fréquentés que les M.T.V., les K.T.V. abordent, dans leur élégante décoration, une variété de thèmes, allant du palais de Versailles aux stations spatiales avec néons et chrome. Une fois qu'on a choisi une salle, on peut commander des plateaux de fruits, des boissons et de petits repas tout en consultant un catalogue de chansons occidentales ou asiatiques, traditionnelles, populaires ou modernes. Des blocs de papier et des stylos sont fournis pour noter les titres sélectionnés, qui sont appelés par le biais d'un petit terminal placé dans la pièce. On peut choisir autant de chansons qu'on veut. Elles seront diffusées dans l'ordre de la sélection. Des prises murales permettent de brancher des micros. Dès que la chanson commence, une cassette vidéo d'accompagnement est projetée sur un grand récepteur et le système coupe alors la voix d'origine pour que le client puisse faire entendre sa propre voix sur la musique.

Les hôtesses

Taipei compte de nombreux pubs et un grand nombre de bars, dont on trouve une grande concentration dans le quartier Papa-gâteau. Le nom même de ce quartier suggère le genre de distractions offertes dans ces nombreux clubs, où l'on trouve de charmantes hôtesses, vêtues de la *cheongsam* ou robe chinoise traditionnelle très moulante, ou encore de tenues plus modernes. Un client qui s'assoit avec la jeune femme de son choix est obligé de lui offrir une boisson, d'habitude un verre de thé ou d'eau colorée qui coûtera au moins 200 NT (environ 40 F), soit le double du prix du verre d'un homme. Le prix

de la compagnie qu'elle offre est compris dans le rafraîchissement de la jeune femme. Un client qui offre plusieurs verres à l'une de ces jeunes femmes est gentiment appelé un «papa gâteau» ou un «gros poisson». Celui qui refuse d'en acheter plus d'un ou deux fait l'objet de l'appellation peu flatteuse de *cheap Charlie* (vieux radin) et peut par la suite avoir beaucoup de mal à trouver une autre compagnie.

Le quartier Papa-gâteau a considérablement changé depuis l'époque de la présence de l'armée américaine, mais il demeure le bon endroit pour les hommes seuls. Les plus appréciés de ces clubs sont le Blue Star, l'Aloha, le Sparkle Club, le Mayflower et le Green Door. S'ils offrent plutôt des distractions aux hommes, ceux qui disposent de groupes de musiciens et les cabarets accueillent aussi les couples. La plupart de ces clubs ferment à minuit, mais il est possible de prolonger la nuit dans des clubs qui opèrent plus clandestinement. On citera comme autres distractions pour la nuit avancée le pub Galleon de l'hôtel Hilton, le bar Chinatown de l'hôtel Beverly Plaza et d'autres pianos-bars d'hôtels importants.

Les maisons de vin

Les distractions nocturnes de Taipei ont décidément un rythme bien masculin. Les restaurants offrent, naturellement, une excellente expérience sociale et gastronomique pour des groupes mixtes. Mais certains établissements de Taipei et de Peitou pourvoient aux besoins de groupes constitués uniquement d'hommes en proposant une compagnie féminine dont le prix est compris dans la note du repas. Celui-ci débute tôt par rapport aux normes occidentales, ce qui explique que de nombreux restaurants ferment leurs portes vers huit heures et demie ou neuf heures.

La quintessence de l'activité nocturne pour des groupes d'hommes chinois est le bar *dzio dzia* (littéralement «maison de vin»). La plupart servent de la nourriture et attendent de leurs clients qu'ils commandent plusieurs plats, mais, en général, le repas principal est pris ailleurs, et les invités commencent à affluer dans les «maisons de vin» dès neuf heures. On y sert des spécialités réputées aphrodisiaques, telles que la soupe de serpent, le ragoût de tortue, l'anguille sautée ou le poulet à la chair noire. Les maisons de vin sont d'anciennes institutions chinoises qui sont tout à fait conformes à la prescription confucéenne selon laquelle *«la quête sensuelle doit être délicieuse mais pas obscène, amusante et sans mauvais goût».* Ainsi ces établissements mélangent-ils harmonieusement les plaisirs de la nourriture, de la boisson, de la musique et de la compagnie féminine dans une ambiance détendue et luxueuse où, comme l'a dit un poète de la dynastie Song : *«Vent, pluie, froid et chaud n'existent pas et où le jour se confond avec la nuit.»* Ceux qui passeront les portes voyantes de l'un de ces établissements seront accueillis par un garçon en livrée ou par une hôtesse

aider à traduire les conversations. Une fois assis, les clients passent leurs commandes. De la bière de Taiwan ou du vin de Shaohsing chaud constituent les choix les plus courants. On peut apporter ses propres boissons pour accompagner les fameux plats aphrodisiaques, mais on acquitte dans ce cas une taxe.

Lorsque la serveuse quitte la pièce, il est d'usage que l'un des convives s'exclame : *«Amenez les filles !»*, ceci quelques secondes à peine avant que quelques belles *dzio nu* (littéralement «filles de vin») ne pénètrent dans la pièce, vêtues d'atours coûteux de soie ou de satin. Une taxe standard est appliquée

qui les escorteront à travers des salles bruyantes vers une salle de banquet privée. Il faut au moins un groupe de quatre personnes pour passer une soirée dans ces maisons de vin, et l'un des quatre au moins devrait être chinois dans la mesure où ces derniers sont plus familiers des habitudes de l'endroit. Sans un nombre suffisant de convives, ce genre de réunions n'atteindra pas le stade d'excitation que les Chinois qualifient de *renao* (littéralement «chaud et bruyant»). Un convive qui parle chinois pourra par ailleurs

A gauche, danse intime dans une boîte de nuit ; ci-dessus, deux hôtesses du restaurant Queen's, une «maison de vin».

pour chaque fille qui se joint au groupe pendant la soirée, étant entendu que plusieurs jeunes filles alterneront toutes les vingt à trente minutes. Ce qui donne l'occasion aux convives de boire et de bavarder avec plusieurs personnes différentes et de pouvoir contempler avec plaisir une variété de jolis visages tout au long de la soirée.

Il faut savoir toutefois que ces établissements ne sont pas des maisons de prostitution. Les jeunes femmes qui accompagnent savent se défendre adroitement de toute avance. Elles distraient leurs invités avec du charme, de l'entrain, de l'humour, des chansons populaires et des invitations à boire. En fait, elles sont parfaitement capables de rivaliser avec leurs hôtes pour consommer verre après verre et, en dépit de leur jeunesse et de leur petit gabarit, elles supportent remarquablement l'alcool et trouvent amusant de voir les hommes, eux, rouler sous la table.

La méthode populaire pour vider son verre consiste à jouer au jeu de la mourre, qui consiste à deviner le nombre que la personne d'en face va figurer avec les doigts. Celui qui perd boit. Cette pratique est d'ailleurs générale dans les restaurants et les pubs de toute l'île. Car celui qui sort sobre d'une maison de vin est considéré comme un tricheur ou bien comme quelqu'un qui a la *«capacité d'un océan»*, c'est-à-dire un grand buveur !

Les établissements très fréquentés de Taipei sont le Queen's, le Mayflower, l'East Cloud, l'Apricot et le Jade Pavilion. Cela coûte rarement moins de 4 000 NT (environ 1 000 F) pour une heure et pour quatre personnes.

On peut aussi se distraire dans les cabarets de l'île qui rappellent ceux de Shanghai avant la guerre, dans la mesure où ils comportent une grande salle plutôt que des salles privées. On y trouve des tables ou des loges autour d'une vaste piste de danse en bois. Le thé est gratuit et l'on peut aussi commander de la bière ou d'autres boissons sans alcool. Seuls ou en groupes, les hommes sont rapidement présentés à des *wu nü* (entraîneuses).

Comme les entraîneuses des maisons de vin, elles sont vêtues de soie et de satin raffinés. Là aussi, les jeunes femmes alternent auprès des tables, de telle manière qu'à la fin de la soirée le client sera ravi d'avoir pu parler et danser avec autant de jeunes femmes plus belles les unes que les autres. Outre la présence des jeunes femmes, la principale attraction de ces cabarets sont les grands orchestres qui interprètent toute la gamme des valses, fox-trots, tangos et même des rocks. On citera le Singapore Ballroom, le Paris Nights, l'Overseas Chinese Club, M.G.M. Ballroom et l'Orient Ballroom.

Les «bottle clubs»

Dans ce qu'on appelle les «clubs bouteilles», très en vogue à notre époque, le client peut acheter une bouteille qu'il range ensuite sur une étagère spéciale pour une future visite. Ces clubs, généralement très chic, sont équipés d'un mobilier coûteux, agréablement décorés, avec des lumières tamisées. Certains offrent un spectacle et on peut y danser. Les riches clients chinois y ont leur réserve de cognac français pour un prix de 4 800 NT (1 000 F) la bouteille. Le whisky, le gin et la vodka, très appréciés aussi, coûtent de 1 800 à 3 000 NT (de 400 à 600 F) la bouteille. Évidemment, le prix de l'ambiance est compris. Ceux qui veulent apporter leur propre bouteille paieront une taxe équivalant à la boisson la moins chère du club. Il en coûtera de 400 à 500 NT (80 à 100 F) pour ceux qui commanderont un verre de bière, un cocktail ou une boisson sans alcool. Les hommes d'affaires chinois privilégient ces clubs pour distraire leurs amis et leurs associés sur leurs frais professionnels. Ces clubs sont habitués à servir des étrangers, il n'est donc pas nécessaire d'être accompagné d'un guide. Comme d'habitude, on y trouve de charmantes jeunes filles avec lesquelles on peut bavarder et danser.

Tous ceux qui se promènent dans Taipei la nuit doivent essayer le *hsiao-yeh*, version chinoise du souper. En Chine, les bons vivants pensent qu'une nourriture chaude leur redonnera de l'énergie en vue d'autres réjouissances. Les restaurants qui servent ces soupers de minuit sont le Green Leaf, le Plum Seed et le Happy Leaf.

A gauche, une hôtesse du Sparkle Club ; à droite, la salle de billard d'un pub de Taipei.

LA GASTRONOMIE A TAIWAN

«Avez-vous pris votre repas ?» disent les Chinois en manière de salutation, ce qui équivaut à notre formule : *«Comment allez-vous ?»* Cette étonnante introduction implique que celui qui sort de table se trouve assurément dans de bonnes dispositions. Si l'on répond en revanche qu'on n'a pas encore pris son repas, on se voit alors offrir, toutes affaires cessantes, quelque chose à grignoter.

se permettre. Une fois que les esprits sont descendus pour absorber «l'essence» de ces plats, les vivants, pragmatiques, mangent les restes.

Les plats sautés ou «chop suey»

Si la plupart des Occidentaux connaissent la variété de la cuisine chinoise, nombre d'entre eux se montrent perplexes au moment d'ouvrir un menu. C'est ainsi qu'ils se retrouvent chaque fois en train de commander des plats familiers et pas nécessairement des plus appétissants, tels que le porc à la sauce aigre-douce, les nouilles ou le riz sautés et les

La préparation et la consommation de la nourriture est l'une des premières préoccupations des Chinois, qui considèrent que la qualité et la quantité de leurs repas quotidiens donnent la mesure de la qualité d'ensemble et du succès de leur vie.

Même les défunts doivent être correctement nourris. De fait, la plupart des familles taiwanaises conservent encore chez elles l'autel des ancêtres devant lequel, deux fois par mois, elles déposent de somptueuses offrandes des meilleurs mets qu'elles peuvent

Pages précédentes : le marché nocturne de Shih-lin. A gauche, cuisinier de l'hôtel Hilton de Taipei ; ci-dessus, plat artistement présenté.

chop suey. De tels plats appartiennent au second choix.

En fait, le *chop suey* est une invention qui vient des États-Unis et que peu de Chinois qui se respectent commandent dans les restaurants, même lorsqu'ils sont seuls. Ce plat remonte à l'époque de la ruée vers l'or, au milieu du XIXe siècle, en Californie, lorsque les mineurs américains se présentaient dans les campements de coolies pour avoir de quoi manger. Peu désireux de partager la table des ouvriers chinois, ils attendaient le deuxième service. Alors, les cuisiniers rassemblaient les restes des clients chinois et les hachaient en petits morceaux, puis servaient ce mélange aux Américains, qui d'ailleurs se régalaient.

Préparer, commander et savoir apprécier la cuisine chinoise authentique demande de la pratique. Taipei, qui a la réputation d'être l'un des hauts lieux de la cuisine chinoise, est l'endroit parfait où acquérir une certaine expérience.

L'école du Nord

Le débat continue de faire rage parmi les connaisseurs quant au classement des nombreuses cuisines régionales de Chine. Les chefs chinois dénombrent officiellement neuf styles distincts qui peuvent encore se subdiviser en catégories régionales selon des facteurs culturels, climatiques, historiques ou géographiques.

L'école du Nord comprend les cuisines de Pékin, de la province de l'Anhui et du Shandong. On les distingue par une denrée de base qui est le blé plutôt que le riz, et une grande variété de pâtes, de pains à la vapeur ou au four, de raviolis fourrés et de crêpes. La cuisine du Nord convient généralement mieux au palais occidental parce qu'elle est plus nourrissante que les autres cuisines chinoises et qu'elle incorpore des ingrédients et des assaisonnements auxquels on est plus habitué. Les Mongols et les musulmans de Chine du Nord ont exercé une influence sur la cuisine chinoise en lui apportant l'agneau, qui est devenu le plat favori de la région. Les gens du Nord rejettent les piments et autres ingrédients piquants, mais ils aiment l'ail, l'oignon et le goût salé et fumé de la sauce de soja.

Le restaurant Celestial Kitchen, Nanking West Road, spécialisé dans la cuisine du Nord, est vivement recommandé. Les plats les plus connus sont le canard de Pékin, le céleri montagne en sauce moutarde, l'agneau sauté à l'échalote, le pâté de soja cuit au four, les raviolis de légumes à la vapeur et le porc braisé.

L'école du Sud

L'école du Sud allie tous les raffinements exotiques du style cantonais. Les environs de Canton sont dotés d'une flore et d'une faune si riches que la cuisine locale marie d'innombrables ingrédients pour concocter des délices agréables à l'œil comme au palais. Les chefs cantonais exigent des produits frais et se démènent pour garder à chacun son arôme et son goût propre.

Le *dim sum* constitue la plus curieuse et la plus originale des spécialités cantonaises. Ce sont de savoureux raviolis fourrés de crevettes, de bœuf, de porc et d'autres surprises. Tandis que plusieurs régions de Chine font aussi des raviolis, les Cantonais les surpassent toutes en variété et en raffinement. Lorsque des chariots remplis de ces *dim sum* fumants, de toutes les formes et pour tous les goûts, passent dans de vastes salles à manger aux heures du déjeuner, il suffit de montrer du doigt ce qu'on veut. Pour déguster des *dim sum* à Taipei, il faut aller au Leofoo, à l'hôtel Brother ou à l'hôtel Hilton.

Parmi les autres plats cantonais renommés, on citera le canard rôti, le porc au barbecue, le poulet poché à l'huile d'échalote, le poisson entier cuit à la vapeur, et les légumes sautés avec une sauce à l'huître. Hong Kong remporte bien entendu la palme des restaurants cantonais, mais Taipei n'est pas en reste. Essayez le Northern Garden, rue Chang-An Est. Les poissons et les fruits de mer à la cantonaise qu'il sert attirent les foules. Il est prudent de réserver.

L'école de l'Est

La cuisine dite de l'Est a pris naissance dans le bassin fertile du bas Yang-tsé (Yangzi) ou fleuve Bleu et sur la côte orientale du continent chinois. On la désigne habituellement sous les noms de cuisine du Zijiang, du Fujian et du Jiangxi. Fruits de mer, poissons d'eau douce et mollusques sont les vedettes du menu, tandis que les épices et les sauces riches et légèrement sucrées sont employées de façon mesurée.

Dans la mesure où la communauté qui a émigré du continent vers Taiwan est originaire des côtes du Fujian et de Shanghai, cette école de cuisine est bien représentée dans la capitale de l'île. Les plats les plus connus comprennent l'incomparable poisson au vinaigre du lac de l'Ouest, l'anguille de rivière sautée avec des poireaux tendres, les crevettes géantes sautées, les côtes de bœuf braisées à la chinoise et les pois gourmands sautés. On peut les déguster au Casual Garden de l'hôtel Lai Lai Sheraton ou au Soo-Hang Eatery de la rue Chung Hsiao Est.

L'école de l'Ouest

La cuisine de l'Ouest comprend les plats du Sichuan et du Hunan, qui font un grand usage du piment rouge, des racines fraîches de gingembre, de l'ail, de l'échalote et des sauces épicées et fermentées. La médecine chinoise traditionnelle prétend que l'ail et le gingembre ont de remarquables propriétés antiseptiques et purifiantes et qu'ils chassent l'excès d'humidité du corps humain. Cela peut expliquer la grande faveur dont jouit cette cuisine dans une ville aussi humide que Taipei !

Pour la cuisine du Hunan, on conseillera le Golden China, au troisième étage du Taipei Hilton, qui remporte la palme de la bonne cuisine et du service soigné dans un cadre agréable. Les plats les plus appréciés de ce

l'aubergine parfumée et braisée, le canard fumé aux feuilles de camphre et de thé, le poulet *kung-pao* et la carpe entière à la sauce piquante.

L'allée des Serpents

Plusieurs restaurants importants et la plupart des marchés de nuit de Taipei proposent une cuisine taiwanaise typique. Elle a certes du mal à rivaliser avec les exquises saveurs et la présentation classique des grands styles régionaux de la Chine, à une délicieuse exception près. En effet, quand ils préparent poissons ou crustacés frais, les chefs taiwa-

restaurant et d'autres restaurants hunanais sont le poulet du mendiant, le jambon au miel, le pigeon émincé à la vapeur servi dans des coupes de bambou, la brème entière à la vapeur et les cuisses de grenouille dans une sauce très piquante.

A Taipei, la cuisine du Sichuan est sans doute la plus populaire et la plus répandue de toutes les cuisines chinoises. Le Lucky Star, rue Chung Hsiao Est, et le Glorious Star, 45, rue Chi-lin, offrent tous deux une excellente cuisine sichuanaise. Un repas typique comprend le *doufu* grand-mère,

Volailles en devanture d'une petite gargote de Taipei.

nais se distinguent. Ils font alors une synthèse des influences chinoises, japonaises et locales d'une manière qui apporte une nouvelle dimension au mot «fruits de mer». L'un des meilleurs, et de loin, des lieux les plus inhabituels où goûter moules, huîtres, crevettes, brèmes, carpes, *sashimi* frais et autres fruits de mer est un petit restaurant sans prétention qui porte le curieux nom de Flour Meal of Tainan et qui est situé rue Hwa Hsi, en plein cœur de la trépidante allée des Serpents. Quand on emprunte l'allée obscure qui conduit au Flour Meal, on se sent transporté au royaume des Mille et Une Nuits. Les murs décorés de peintures de style Renaissance italienne sont éclairés par des lustres en cristal. On se compose un festin parmi les poissons et les crustacés maintenus vivants sur des blocs de glace. Et on vous le servira si frais que vous les verrez encore s'agiter sur les assiettes en porcelaine de Chine. En plus des baguettes, on dispose de couverts en argent et d'une théière dorée à l'or fin pour l'alcool de riz, tandis que les serveurs s'activent d'une table à l'autre pour passer des serviettes chaudes. Indépendamment du clinquant et de l'élégance, les mets sont hors du commun. Jadis marchand de nouilles, le propriétaire a fait de l'endroit un restaurant unique en Asie. Essayez les jeunes abalones, les crevettes fraîches pochées, les

dans quelles quantités et selon quelles combinaisons. Un système élaboré de médecine diététique se développa, fondé sur la théorie cosmique du *yin* et du *yang* et des cinq éléments.

Les physiciens et les pharmacologues Tang répartissaient toutes les nourritures en trois catégories principales selon leurs effets physiologiques. Les nourritures *yang*, ou «chaudes», qui stimulent le corps et en épuisent les énergies, les nourritures *yin*, ou «froides», qui calment et nourrissent le système, et les nourritures neutres, qui combinent les meilleures caractéristiques du *yin* et du *yang* en un équilibre parfait. Ainsi, les

rouleaux de crevettes frits, le crabe à la vapeur et l'anguille *teriyaki* grillée.

Le yin et le yang du repas chinois

Ce que les Chinois mangent, le moment où ils le mangent et la façon dont ils le préparent suit une sorte de recette philosophique dans laquelle le bien-être physique et mental constitue le principal ingrédient.

Du temps de la dynastie des Tang (618-907), c'étaient les pharmacologues herboristes chinois, et non pas les cuisiniers ou les gourmets, qui déterminaient ce qui pouvait ou ne pouvait pas être mangé. Ils décidaient quand on pouvait consommer certains mets,

anciens diététiciens chinois recommandaient aux gens de manger l'orge complet plutôt que moulu, afin de bénéficier des effets *yang* «réchauffants» de la farine et des effets *yin* «refroidissants» du son. Ils mettaient en garde les gens contre le fait de manger des poireaux avec du bœuf ou du miel. Et ils conseillaient aux gourmands qui avaient une digestion laborieuse de prévoir beaucoup de rhubarbe dans leur alimentation. Car il était très important, insistaient ces experts culinaires, de maintenir un équilibre dans chaque plat comme dans le repas complet.

Repas entre amis, dans une ambiance familiale, dans un restaurant chinois de Taipei.

Ces recettes transmises au cours des siècles sont, en fait, des prescriptions médicales, dans la mesure où les ingrédients et les assaisonnements employés dans les plats sont choisis pour équilibrer les énergies vitales du corps. Tout gourmet sait, en Chine, harmoniser les choix quand il préside un banquet. Les plats frits et croquants alternent avec les plats à la vapeur et à l'eau et les viandes complètent les légumes. Les nourritures *yang* «chaudes» s'équilibrent alors avec les nourritures *yin* «froides». Les banquets d'hiver comprennent des spécialités «réchauffantes» telles qu'agneau, anguille, gingembre, poulet, piment, et les festins d'été favorisent, entre autres, choux, asperges, épinards, fruits de mer, navets.

Comment commander

Si vous n'obtenez pas le même menu que les clients chinois, adressez-vous à un serveur qui parle anglais et demandez-lui ouvertement ce qu'il y a de frais ce jour-là et quelles sont les spécialités de la maison. De cette manière, il vous identifiera immédiatement comme un connaisseur. Cela devrait l'empêcher de vous faire servir un plat qui ne sera qu'une pâle imitation d'un mets qui pourrait être somptueux.

Il est de règle, lorsqu'on commande un repas, quel que soit le type de cuisine chinoise, de choisir un plat principal pour chaque personne, plusieurs amuse-gueule, une soupe, et des fruits frais en dessert. A Taipei, vous pourrez essayer un restaurant et un style de cuisine différents chaque jour. Si c'est possible, invitez un ami du pays afin de bénéficier de ses conseils.

Sachez que le dîner aux chandelles pour deux est une tradition purement occidentale, impensable dans le chaos et sous les néons d'un restaurant chinois. Plus il y a de monde à table, plus le repas sera gai. Les repas rapides pour une personne constituent l'activité de base de tous les marchés de nuit. Si vous ne parlez pas chinois, il vous suffit alors de montrer du doigt les ingrédients que vous voulez voir accompagner votre riz ou vos nouilles.

On peut citer le *hui-fan*, qui consiste en un gros bol de riz recouvert, au choix, de poisson, de viande, d'abats, de gambas ou de calmars, avec une sauce appétissante et un bol de soupe en plus, ou le fameux *niu rou mian*, gros bol de pâtes fraîches dans un riche bouillon au bœuf avec des morceaux de bœuf braisé, des légumes verts et des condiments. Ce type de repas rapide est en outre très bon marché.

La boisson

Aucun repas n'est complet sans boisson, de préférence alcoolisée, et cela vaut pour la cuisine chinoise. Mais les Chinois ne boivent jamais l'estomac vide. Renonçant à la formalité de l'apéritif, ils se mettent tout de suite à table et commencent à boire en mangeant des *jiu cai* (plats qui accompagnent le vin). Pour les pharmacologues chinois, l'acte de manger est une activité *yin* rafraîchissante, tandis que l'acte de boire réchauffe grâce à ses propriétés *yang*. Ainsi combinées, ces deux actions réaliseraient l'équilibre cosmique.

C'est sous le règne de Yu le Grand, soit aux environs de 2200 av. J.-C., que les Chinois auraient commencé à faire de l'alcool. Un cuisinier négligent aurait, selon la légende, mis du riz à tremper, puis l'aurait oublié. Quelques jours plus tard, la curieuse odeur que dégageait la jarre attira son attention. Il goûta le liquide et le trouva à son goût. Mais peu après, ses assistants et lui se retrouvèrent, sous l'effet de ce curieux nectar, incapables de travailler, et leur maître dut se passer de repas ce soir-là. C'est comme cela que naquit, dit-on, l'alcool de riz. Les exquis récipients à alcool en bronze de la dynastie Shang (1700 av. J.-C.) qu'on a exhumés en Chine attestent l'ancienneté de la consommation de ce breuvage. Même le sage et tempérant Confucius marquait une certaine tolérance vis-à-vis de la boisson : *«Il n'y a de limite à la boisson que le moment où l'homme perd ses esprits»*, disait-il.

Toutefois, ce «juste milieu» prôné par le grand homme resta lettre morte, car la longue histoire de la Chine évoque les *«dragons i res»*, ces fameux poètes et lettrés connus pour posséder la *«capacité d'un océan»* à vider *«une centaine de coupes en une seule soirée»*.

Parmi ces fameux consommateurs, on citera le grand poète des Tang, Li Po. On dit qu'il eut une mort poétique : couché ivre dans une barque sur un étang de nénuphars, Li Po voulut embrasser l'image de la lune qui se reflétait sur l'eau, chavira et se noya. Jusqu'à son infortune, il avait toujours grandement prisé le vin, qu'il estimait être la clef du sublime. C'est ce qu'il exprime dans ces vers célèbres :

L'extase de la boisson,
la joie vertigineuse du vin,
nul homme sobre ne les mérite !

La Chine a produit, au fil des siècles, une grande variété de vins fermentés et d'alcools distillés, dont certains se consomment toujours à Taiwan. Le plus célèbre étant le *shaohsing*, vin de riz au goût fumé. On peut mettre par ailleurs des prunes séchées à macérer dans ce vin, qui se sert chaud. La meilleure qualité de *shaohsing* est un cru odorant, couleur d'ambre, le *huadiao*.

Le *maotai* est un puissant alcool distillé à partir du sorgho. Pour les buveurs sérieux, il y a aussi le *gaoliang* et le *baigan*, également faits à partir du sorgho et distillés à plusieurs reprises jusqu'à ce qu'ils atteignent une certaine teneur en alcool, et un alcool vert et léger au subtil parfum du bambou appelé *chuyeching*. Enfin, cinq variétés d'herbes médicinales ont donné une couche supplémentaire de *yang* énergétique à un alcool visqueux et sombre : le *wu-chia-pi*.

Mais que ce soit à Taiwan ou ailleurs en Extrême-Orient, le dîneur chinois accompagne souvent son repas de bière fraîche. Bien qu'il s'agisse d'un produit occidental importé, les Chinois ont trouvé que cette boisson convenait parfaitement à leur cuisine, dans la mesure où elle purifie, entre les plats et même entre les bouchées, le palais et la gorge de corps gras résiduels et du goût de certains aliments, permettant ainsi de mieux apprécier la saveur de chaque chose. De plus, la bière brassée uniquement à partir de graines de céréales (élément de base de l'alimentation des Chinois) facilite la digestion et n'a pas son pareil pour étancher la soif, et, ce qui est loin d'être négligeable, permet de porter de nombreux toasts sans rouler sous la table. Taiwan produit sa propre bière, qui s'appelle simplement bière de Taiwan. Celle-ci a reçu plusieurs distinctions internationales, et les buveurs de l'île en consomment des quantités astronomiques.

Le *shaohsing* a aussi pour effet de purifier les papilles gustatives des corps gras ou des épices qui subsistent. Les gourmets et les gourmands locaux insistent sur le fait que le *shaohsing* chaud est la boisson idéale pour accompagner un repas chinois, à condition toutefois de la boire à la température idéale.

Ceux qui pensent qu'une bonne bouteille de vin européen est l'idéal pour accompagner un repas quel qu'il soit doivent reconsidérer cette idée. Le délicat bouquet des grands vins français risque de paraître bien fade à côté des parfums et arômes puissants de la cuisine chinoise. Du reste, un vin ordinaire n'est pas assez lourd pour laver la bouche après un plat d'anguilles de rivière ou de gambas plongées dans une sauce à la moutarde piquante.

En revanche, le cognac est devenu la boisson favorite des consommateurs de Taiwan ou de Hong Kong. Plus doux que les alcools chinois qui se consomment couramment lors des banquets, le cognac a un goût agréable et assez concentré pour neutraliser le goût piquant de la cuisine chinoise. La coutume veut qu'on le serve dans de petits verres à liqueur qu'on peut vider rapidement. Whisky, rhum, vodka et autres alcools forts peuvent se servir de la même manière. Les restaurants chinois de Taipei autorisent leurs clients à apporter leurs propres bouteilles d'alcool.

Rappelons que de délicieux mélanges de thés chinois sont aussi servis lors des repas. De nombreux gourmets en ont toujours une tasse fumante à côté de leur verre de bière ou d'alcool.

Le feu vert est donné au moment des toasts. Il ne faut jamais boire seul. La coutume veut que l'hôte porte le premier un toast pour inviter les convives à boire en prononçant le traditionnel *gan-bei* (cul sec). Il tient alors poliment son verre entre ses deux mains, puis le lève en direction de la personne qu'il veut inviter à boire. A partir de ce moment, tout le monde a le droit d'inviter quelqu'un d'autre à boire. Un plat délicieux ou un trait d'esprit seront prétextes à une ronde frénétique des verres dans une chaude ambiance où les langues se délient. Il est difficile de ne pas répondre à l'invitation à boire. Mais il est parfaitement acceptable de le faire avec un verre de thé ou de jus de fruits. Lors de certains repas, les toasts seront portés jusqu'à ce que plus personne n'ait la force de le faire !

Vins et alcools font partie du repas et facilitent la digestion. De plus, la boisson met tout le monde dans de bonnes dispositions et rehausse l'esprit collectif si cher à la civilisation chinoise.

Banquet dans la salle de bal du Grand Hotel de Taipei.

LA MÉDECINE CHINOISE

Un jour, un berger remarqua que plusieurs de ses boucs se comportaient d'une manière inhabituelle : ils couvraient leurs femelles à plusieurs reprisesavec une ardeur peu commune. Intrigué par leurs prouesses, le berger, de manière très scientifique, garda l'œil sur ses bêtes pendant quelques semaines. Il constata que chaque fois qu'un bouc consommait les herbes d'un certain champ, sa vigueur atteignait son maximum. Les herboristes chinois découvrirent ainsi qu'une plante de la famille des *Aceranthus sagittatum* était un puissant aphrodisiaque masculin. Ils appelèrent cette herbe «l'herbe du bouc».

La plus vieille médecine du monde

Comme les arts martiaux, la médecine chinoise vient de la nuit des temps. Nombre de remèdes à base d'herbes ont été peu à peu découverts de manière empirique. Si un chien était attiré par certaines herbes qui provoquaient la colique, les Chinois faisaient des expériences sur les propriétés émétiques de ces herbes. Des milliers d'années d'observation et d'expérimentation ont donné à la médecine chinoise la plus grande pharmacopée du monde. Des magasins qui ont pignon sur rue aux petites échoppes obscures au fond des ruelles dans les petites villes, médecins herboristes ou revendeurs ont un commerce actif et fournissent des remèdes anciens aux clients modernes.

Les historiens font remonter les débuts de l'herboristerie à Shen-Nung, empereur légendaire connu comme «le Divin Laboureur» parce qu'il enseigna à ses vassaux l'agriculture vers 3500 av. J.-C. Shen-Nung a testé des myriades d'herbes. Des indications sur des maladies et leurs remèdes à base d'herbes sont apparues dans les inscriptions sur les os de bovidés et les carapaces de tortue datant de la dynastie des Shang (II\ millénaire av. J.-C.). Cette découverte prouve que la médecine était une branche d'étude il y a trois mille cinq cents ans. Et les ouvrages de médecine furent les seuls à échapper à l'autodafé des Qin, en 220 av. J.-C.

Un médecin applique les ventouses à l'un de ses patients.

Le premier volume qui résume et classe les connaissances sur les maladies et les remèdes galéniques est apparu sous la dynastie des Han, au II\e siècle av. J.-C. Le *Classique de la médecine interne de l'empereur Jaune* contenait le premier classement scientifique des plantes médicinales. Les médecins et les lettrés chinois s'y réfèrent toujours.

Le médecin herboriste Sun Ssu-mo, qui naquit huit cents ans plus tard, sous la dynastie des Tang, établit un code pratique toujours en usage chez les médecins : *«Quand les gens viennent pour un traitement, il ne faudrait pas leur poser de questions sur leur situation sociale ou sur leurs moyens. Quand ils sont malades, rien ne distingue les riches des pauvres, les vieux des jeunes, les classes supérieures des classes inférieures»*, disait-il. Trois empereurs, auxquels il a d'ailleurs survécu, lui ont demandé d'être leur médecin personnel. Mais chaque fois, il a décliné l'offre, préférant poursuivre son œuvre auprès des gens du peuple. Jadis, seuls les grands et les puissants avaient accès aux soins médicaux. Le docteur Sun a appliqué la vertu confucéenne du *ren*, la «bienveillance», à son commerce. Il a établi une grande tradition humaniste qui a guidé les médecins chinois depuis. Sun Ssu-mo a aussi été le premier thérapeute diététicien de l'histoire médicale. Dans son ouvrage *Recettes précieuses*, il écrit : *«Un bon médecin trouve d'abord la cause de la maladie et, lorsqu'il l'a trouvée, il essaie en priorité de la soigner par l'alimentation. Ce n'est que s'il échoue qu'il prescrit des médicaments.»* En fait, le docteur Sun a diagnostiqué le béribéri, maladie qui est une déficience en vitamine, mille ans avant que les médecins européens l'aient diagnostiquée, en 1642. Contre cette maladie, Sun prescrivait un régime alimentaire strict : foie de veau et d'agneau, qui sont riches en vitamines A et B, germes de blé, amandes, poivron et autres comestibles riches en vitamines.

L'autre événement important de l'histoire de la médecine et de l'herboristerie a été la publication des *Trésors de la médecine chinoise*, au XVI\e siècle. Ce livre, qui fait autorité dans le domaine de la pharmacopée, a été compilé après vingt-sept ans de recherches et d'études par le médecin Li Shi-chen. Ce dernier classa et analysa 1 892 entrées comprenant des drogues dérivées de végétaux, d'animaux ou de minéraux. Cet ouvrage est apprécié dans les cercles médicaux en

Occident depuis les XVIIIe et XIXe siècles. Charles Darwin s'y est d'ailleurs référé pour mettre au point son système de classement des espèces naturelles.

Une médecine préventive

La théorie et la pratique de la médecine chinoise traditionnelle supposent une approche de la maladie diamétralement opposée à celle de l'Occident. Les Chinois privilégient la prévention. Ils considèrent la médecine comme partie intégrante d'un vaste système de santé et de longévité appelé *yang sheng*, ce qui signifie «nourrir le principe de vie». Ce

Lorsqu'un d'entre eux tombait sérieusement malade, on cessait de lui payer son salaire. Ce n'était qu'après qu'il avait soigné le patient, à ses propres frais, qu'on lui versait son dû.

Les familles de Taiwan et d'autres communautés chinoises ne peuvent plus se permettre de rétribuer un médecin personnel, mais le précepte de la prévention a toujours cours. Les Chinois recherchent et traitent la cause profonde de la faiblesse et de la maladie plutôt que de s'attacher à leurs symptômes superficiels. Le praticien fait un portrait médical qui comprend aussi bien des éléments relatifs au temps ou à la saison

système comprend un régime alimentaire correct, des exercices réguliers, une activité sexuelle réglée et une bonne respiration, aussi bien que des thérapies médicales. Contrairement à la médecine occidentale, qui s'est fragmentée en branches spécialisées, la médecine chinoise demeure syncrétique. En effet, chaque médecin doit maîtriser toutes les thérapies issues des différents champs du système *yang sheng*. Avant le XXe siècle, la plupart des familles chinoises engageaient un docteur qui leur était attaché. Ce docteur recevait une rétribution mensuelle et faisait des visites très régulières pour distribuer herbes et conseils médicaux spécifiques aux besoins de chaque membre de la famille.

qu'au régime et aux habitudes sexuelles de son patient. A cet égard, les causes sont souvent très éloignées des symptômes. Par exemple, la médecine chinoise traditionnelle associe les problèmes oculaires à plusieurs désordres du foie. L'Occident, quant à lui, fait rarement ce genre de relation, puisque les yeux et le foie sont traités par deux spécialistes que séparent des formations cloisonnées. La méthode chinoise, qui consiste à sonder les causes possibles de la maladie, laisse parfois l'Occident sceptique, comme le montre l'exemple de cette Américaine qui est sortie d'un dispensaire chinois quelque peu troublée : «*Il m'a posé des questions drôlement embarrassantes !*» a-t-elle dit ensuite du médecin. Tout, en effet, du régime alimentaire aux fonctions d'élimination et aux habitudes sexuelles, aide le médecin chinois dans son diagnostic.

Les fondements théoriques des arts médicaux chinois, comme ceux des arts martiaux, sont ancrés dans les théories cosmiques du *yin* et du *yang*, des cinq éléments (terre, eau, métal, bois et feu) et dans le concept du *chi*, l'énergie vitale. Les praticiens chinois agissent sur l'équilibre interne des énergies vitales de leur patient principalement par le biais des herbes, de l'acupuncture et d'autres méthodes qui permettent de libérer l'énergie en stagnation, de supprimer l'énergie en

Queues de scorpion et aiguilles

La pharmacopée à base d'herbes comprend plus de 2 000 remèdes classés dans le codex chinois, dont seulement 100 servent couramment. Nombre d'ingrédients courants de l'herboristerie se trouvent dans les cuisines occidentales, comme la cannelle, le gingembre, la réglisse, la rhubarbe, la noix de muscade, la peau d'orange... Les prescriptions à base d'herbes contiennent souvent une demi-douzaine de ces ingrédients, dont certains ne sont là que pour neutraliser les effets secondaires d'autres additifs plus puissants. L'adage selon lequel «il faut combattre

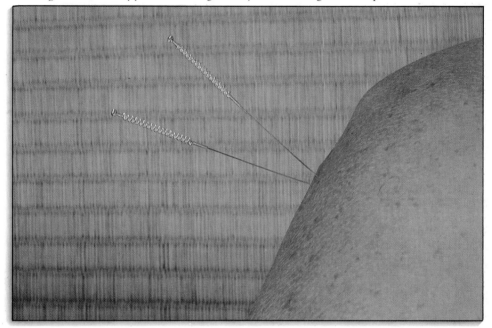

excès et de compenser la déficience en énergie en réchauffant l'énergie froide ou en refroidissant l'énergie chaude. En restaurant l'équilibre interne des énergies vitales et l'harmonie entre les organes vitaux du corps, un médecin peut aider son patient à rester en bonne santé.

La thérapie chinoise traditionnelle prend de nombreuses formes. Certaines se pratiquent en Occident, d'autres sont propres à la société chinoise.

A gauche, «Médecin de village pratiquant l'acupuncture», peinture de Li-tang de l'époque Sung ; ci-dessus, aiguilles d'acupuncture.

le mal par le mal» s'applique à cette branche de la médecine chinoise. On combat en effet certains maux virulents avec des toxines puissantes telles que le *Datura stramonium,* les scolopendres, les queues de scorpion ou le mercure. Les médicaments à base d'herbes prennent une grande variété de formes : pilules faites à partir d'un mélange d'herbes réduites en fine poudre avec du miel, décoctions, poudres qu'on dissout dans du jus de fruits ou dans de l'eau, pâtes pour les emplâtres, vins distillés à partir d'herbes qui ont macéré dans l'alcool, sérums fermentés à partir d'herbes, de farine et d'eau et concentrés raffinés selon une technique moderne à partir d'herbes séchées et non traitées.

Acupuncture et moxibustion

C'est probablement la thérapie chinoise à laquelle on a le plus largement recours en Occident. Les acupuncteurs fichent de fines aiguilles d'acier dans des «points vitaux» répartis le long du réseau « d'énergie vitale» du corps. Plus de 800 de ces points ont été identifiés, mais seulement 50 d'entre eux sont utilisés dans la pratique courante. L'insertion d'une aiguille dans chaque point produit un effet spécifique sur un organe, une glande, un nerf ou une autre partie du corps. Les points sont reliés aux organes et aux glandes internes par des canaux d'énergie appelés

Le massage *tui na* («pousser et frotter») se pratique sur les articulations, les tendons, les ligaments et les centres nerveux aussi bien que sur les points vitaux et les méridiens. Une pratique régulière du *tui na* peut soulager l'arthrite, le rhumatisme, la sciatique, la hernie discale, la paralysie nerveuse et la stagnation d'énergie.

On recourt également à une autre technique d'acupressure qui suppose l'emploi d'une cuillère ou d'une pièce au préalable plongées dans du vin ou dans de l'eau salée et qu'on frotte régulièrement sur les points vitaux ou sur la peau du patient, en général dans le dos ou dans le cou, jusqu'à ce qu'une

méridiens. Alors que les secrets de l'acupuncture intriguent toujours les médecins occidentaux, ces derniers reconnaissent toutefois que la méthode peut être efficace pour certaines maladies. L'acupuncture a aussi montré une certaine efficacité dans les anesthésies locales ou générales. Ces dernières années, des patients ont subi des appendicectomies, de grosses opérations et même des opérations à cœur ouvert tout en restant alertes et bien réveillés, sous une anesthésie par acupuncture.

La digitopression a recours aux mêmes points et aux mêmes principes que l'acupuncture. Elle s'applique toutefois par une forte pression des doigts et non avec des aiguilles.

marque rouge apparaisse. Dans des cas de coup de chaleur, de refroidissements, de fièvre, de coliques et de douleurs articulaires, cette pratique fait sortir du corps ce que les médecins chinois appellent «l'énergie de chaleur» qui, libérée par la peau, éliminera la cause du mal.

La saignée, à l'aide d'une grosse aiguille à pointe triangulaire, à l'emplacement d'un point vital lié à l'organe malade, fait couler le sang afin de conduire le «mauvais *chi*» et l'énergie de chaleur à travers les méridiens jusqu'au point piqué, d'où ils vont s'échapper.

Les ventouses s'appliquent à l'aide de gobelets en bambou ou en verre qu'on flambe avec un tampon d'alcool brûlant avant de les appliquer sur un point vital, en général le long de la colonne vertébrale. Elles adhèrent alors à la peau. La peau et la chair enflent dans les coupes, libérant les énergies mauvaises. La méthode s'est avérée efficace dans le traitement de l'arthrite, des rhumatismes, des contusions, des abcès et de tous les maux liés au vent ou à l'humidité.

Pour la moxibustion, on maintient directement sur la peau, au niveau d'un point vital, un bâton brûlant de *moxa*, fait à partir d'armoise et ressemblant à un gros cigare. L'énergie galénique irradie à partir de la pointe incandescente jusqu'à dans le réseau

de méridiens, qui la conduira à l'organe malade.

Synthèse de deux méthodes

Aussi bizarres qu'ils paraissent, des procédés tels que la moxibustion sont très prisés à Taiwan. Pour de nombreux maux courants, les Chinois trouvent leur médecine supérieure aux méthodes occidentales. Toutefois, la médecine chinoise ne se prétend pas supérieure à la médecine occidentale dans le traitement des traumatismes aigus, des blessures

A gauche, boutique d'herboriste à Lukang ; ci-dessus, herboriste de l'allée des Serpents.

ou des cas d'urgences. En fait, les médecins d'Extrême-Orient recourent aux théories et aux thérapies chinoises en même temps qu'à la technologie et au diagnostic de l'Occident. Cette synthèse a donné naissance à la «nouvelle médecine». Les praticiens orientaux emploient en effet les rayons X, l'analyse d'urine et de sang, les électrocardiogrammes, les techniques biochimiques pour améliorer leur diagnostic, tout en conservant les anciennes méthodes chinoises de traitement des maladies courantes.

Pour le voyageur qui souffre de maux de tête persistants, de rhumatismes et de fatigue chroniques, de douleurs lancinantes du dos ou du genou, d'indigestion ou d'autres ennuis de santé, une visite au praticien chinois pendant le séjour à Taiwan peut avoir un effet bénéfique. A cet égard, nombreux sont les témoignages de touristes soulagés. Par exemple celui d'un magnat libanais qui était à Taipei pour affaires et qui souffrait de douleurs au dos. L'un de ses clients chinois fit appel aux services d'un docteur spécialisé dans le traitement de ce type de maux. Avec une combinaison de massage *tui-na*, de cataplasmes d'herbes et de décoctions, l'homme d'affaires libanais fut remis sur pied en deux jours. Un an plus tard, il fut à nouveau immobilisé par son dos. Il appela alors du Liban et demanda au docteur chinois de venir à Beyrouth. Mais le praticien chinois ne pouvait se libérer. Aucunement ébranlé par le refus, le Libanais prit immédiatement l'avion pour Taipei. Après plusieurs visites de ce type, il fut complètement guéri.

Autre exemple, celui de deux femmes chinoises qui arrivèrent dans le dispensaire du docteur Tom Huang, à Taipei, soutenant une vieille dame de New York. Cette dernière, en larmes, souffrant horriblement du dos, refusait toutefois de se laisser examiner par le médecin chinois, tant elle était persuadée qu'il allait la sacrifier sur son autel païen. Elle était affligée d'une hernie discale depuis plus de vingt ans. Le docteur Huang remonta ses manches, fit mettre la femme sur le ventre et lui dégrafa sa jupe. Après un rapide examen, il trouva le disque défaillant et appliqua le massage *tui na* pendant une demi-heure, remettant doucement mais fermement le ligament entre les disques. Puis il appliqua un cataplasme d'herbes et lui demanda de revenir le lendemain. A la fin de ce second jour, la dame de New York était convertie à la médecine chinoise.

LES ARTS MARTIAUX

Il est trois heures du matin. La plupart des habitants de Taipei sont plongés dans le sommeil après une dure journée de travail. Mais, dans l'ouest de la ville, un vieil homme émerge des portes sombres d'une maison. Il s'éloigne à grands pas énergiques en direction du parc des Collines-Rondes, situé à la périphérie nord, comme il le fait depuis quatre-vingt-dix ans. Là, le vieil homme entame la danse qui va ranimer l'aube. Ses bras s'élèvent dans l'air, décrivant doucement un grand cercle et coupant symboliquement l'unité primordiale du cosmos en *yin* et en *yang*. Il remue les lèvres, étire le dos et les membres et entame le ballet mystique du *tai-chi* («boxe du faîte suprême»). Synchronisant ses mouvements et sa respiration abdominale, il absorbe la puissante énergie *yang*, qui atteint son maximum entre minuit et l'aube. Le soleil se lève. Le vieil homme, aussi vif que le nouveau jour, a terminé ses exercices quotidiens de *kung-fu*. Il est temps de rentrer pour prendre un petit déjeuner léger composé de plusieurs coupes d'une décoction d'herbes contenant du *ginseng* blanc et du jujube rouge, adoucis de sucre brut afin de maintenir le niveau d'énergie vitale qui bat dans ses jambes, dans sa colonne vertébrale et dans son système nerveux. Hung Wu-fan est le chef d'une famille renommée dans le domaine des arts martiaux.

Kung-fu à l'aube

A l'heure où Hung Wu-fan prend son petit déjeuner, Taipei s'anime de figures agiles qui courent au petit trot dans les rues, font des mouvements dans les parcs, se dégageant de l'étreinte de la nuit par une série d'exercices. Le nouveau parc de Taipei, derrière l'hôtel Hilton, est un lieu apprécié pour cette culture physique où les grands gestes lents du *tai-chi* alternent avec les bottes et les parades des combats à l'épée, les nouvelles méthodes de combat ainsi que les versions chinoises de la gymnastique rythmique.

Pages précédentes : apprentis en arts martiaux. A droite, le maître Hung Yi-hsiang ; à gauche, son fils Hung Tze-han dans une posture de «hsing-yi».

Nombre de ces mouvements accomplis dans le Nouveau Parc de Taipei, comme ceux de Hung Wu-fan, relèvent des arts martiaux chinois. Contrairement à une idée reçue, les arts martiaux chinois sont collectivement appelés *guo-shu*, c'est-à-dire «arts nationaux», et non pas *kung-fu*. Le terme *kung-fu*, qui n'est entré dans la langue courante qu'assez récemment, signifie littéralement «temps et énergie dépensés pour développer un art ou une technique». Ainsi le terme se réfère-t-il à n'importe quelle technique. Un grand calligraphe a un bon *kung-fu*, de même qu'un maître cuisinier ou un grand combattant.

Les secrets des arts martiaux se sont transmis de maître à disciple depuis les origines de la culture chinoise. Nombre de grands maîtres se sont joints à l'exode nationaliste vers Taiwan en 1949, apportant avec eux leurs secrets et leurs techniques. Certains dirigent encore les exercices des groupes qu'on peut voir dans le Nouveau Parc de Taipei.

Le dragon s'éveille

Parmi les maîtres venus du continent, Chang Chun-feng et Chen Pan-ling ont été accueillis alors qu'ils étaient sans ressources et sans famille, dans la propre maison de Hung Wu-fan. Par gratitude, maître Chang a commencé à former les cinq fils de Hung à la manière des anciens. Plus tard, Chen a livré les secrets de sa science dans le domaine du *shao-lin*, du *hsing-yi* et du *tai-chi* à la famille Hung. Parmi les fils de Hung, les deux maîtres découvrirent «un dragon endormi», terme qui décrit quelqu'un qui a un potentiel qu'il n'a pas exploité. Sous l'égide de Cheng, de Chang et de 15 autres maîtres, le dragon endormi s'est éveillé. Hung Yi-hsiang est en effet considéré de nos jours comme le plus grand maître vivant dans le domaine des arts anciens. Hung Yi-hsiang contredit toutefois l'image type d'un maître de *kung-fu* : il n'est en effet

L'aigle et le serpent

Les Chinois ont jadis inventé des formes de combat en imitant les postures des animaux. Le *tai-chi* fut inventé, dit-on, lorsqu'un maître de combat rencontra un aigle et un serpent engagés dans un combat mortel. Ainsi sont nées les positions du tigre, de la mante et de l'ours, pour n'en citer que quelques-unes. Au IVe siècle de notre ère, quand le pèlerin indien Bodhidharma, connu des Chinois sous le nom de Ta-mo, introduisit le bouddhisme en Chine, il perfectionna les formes de combat chinoises en enseignant à ses recrues les méthodes de respiration pro-

ni le vieillard ratatiné aux robes flottantes et à la longue barbe blanche ni l'enfant terrible du genre de Bruce Lee. Maître Hung pèse 91 kg et mesure 1,67 m. Il tient plus du débardeur que d'un maître en arts martiaux, dans la mesure où il a les cheveux jusqu'aux épaules, s'habille de vêtements informes et hétéroclites et ne se rase presque jamais. D'habitude, il répond aux questions par des grognements, mais quand on le regarde accomplir son *tai-chi*, c'est comme si l'on voyait un vent doux agiter les branches d'un saule. Désinvolte, il trace des pas qui paraissent impossibles. Chacun de ses mouvements est doux et fluide en même temps que rapide et soudain.

fonde du yoga, fournissant ainsi le modèle des tous les arts martiaux chinois. Ta-mo apprit aussi aux Chinois que les arts martiaux devaient se pratiquer en priorité en vue d'une élévation spirituelle, et non pour étaler sa force, et devaient servir pour la défense et jamais pour l'attaque.

Les arts martiaux se fondent sur les principes cosmiques du *yin* du *yang* et des cinq éléments : terre, eau, métal, bois et feu. Le concept fondamental qu'ils partagent avec les théories médicales chinoises est précisément le *chi*, qui traduit l'idée «d'énergie vitale» ou «de force de vie». Mais *chi* signifie aussi «air» et «respiration». Le *chi* est un élément invisible, contenu dans l'air, la nourriture, l'eau et toutes les choses vivantes de la terre. Les arts martiaux et les exercices comme le *tai-chi* cultivent le *chi* par la respiration qu'ils dirigent dans le corps grâce à des mouvements rythmiques.

Certes, le *chi*, force qui alimente la vie et les arts martiaux en Chine, est assez flou. Selon Hung Yi-hsiang, *«sans nourriture, on peut vivre deux mois, sans boisson, deux semaines, mais sans chi on peut mourir en cinq minutes»*. Une respiration correcte est en effet d'une grande importance dans toutes les formes de combat et doit se travailler correctement avant qu'un élève en arts martiaux ne se livre à des mouvements externes complexes. *«De toutes les formes d'exercice, la respiration est la meilleure»*, dit maître Hung.

Douceur et rondeur

L'essence des arts martiaux classiques peut se définir par deux mots : *rou*, c'est-à-dire «douceur», et *yüan*, c'est-à-dire «rondeur». En restant doux et relâché dans toutes les circonstances, une personne conserve son énergie vitale, tandis que l'opposant gaspille ses coups. En ayant recours à des mouvements ronds et circulaires, le maître combattant fera dévier les attaques directes linéaires de son opposant tandis que ses mouvements de parade emprunteront le «cercle complet» et se transformeront en contre-attaque. La respiration rythmique entretient et rehausse douceur et rondeur. Elle permet en effet au *chi* de traverser le corps pendant le combat, car il ne peut se répandre correctement dans un corps tendu. A cet égard, les durs mouvements linéaires qu'on voit dans les films de *kung-fu* sont contraires à la circulation du *chi*. Si le *karaté* japonais, le *tai-kwon-do* coréen et le *shao-lin* chinois sont mieux connus en Occident, les rythmes doux du *tai-chi*, du *hsing-yi* («former une idée») et des *ba-gua* («huit trigrammes») sont en revanche beaucoup plus traditionnels.

La maîtrise de son propre *chi* par Hung Yi-hsiang a atteint son apogée sous l'égide de son dernier grand maître, maître Peng, originaire du continent, qui n'avait jamais accepté de disciple après s'être réfugié à Taiwan. Mais il changea d'attitude avec l'âge et se rendit compte qu'il avait le devoir de révéler

A gauche, gymnastique matinale dans le Nouveau Parc de Taipei ; à droite, une habitante de Peitou cultive son «chi».

ses secrets à un disciple avant sa mort, sous peine de les voir se perdre à jamais. Quand la nouvelle de sa décision fut connue, un grand nombre d'adeptes se précipitèrent chez lui à Taichung, au centre de l'île. Maître Peng donna audience dans une pièce sombre, dépouillée, éclairée d'une seule bougie posée sur une table basse entre lui-même et ses visiteurs. Un par un, les adeptes impatients entrèrent, parlèrent brièvement, puis s'en allèrent. Un seul entra, s'approcha du maître respectueusement sans faire vaciller la flamme de la bougie. C'était là un homme qui avait le plein contrôle de son *chi*. Maître Peng avait trouvé son disciple. Il s'agissait de

Hung Yi-hsiang. Maître Hung ne reprit pas seulement la tradition de ses grands professeurs, il la compléta de son propre système et appela son école *Tang-shou-tao*, «voie des mains de Tang». C'était une synthèse des meilleurs éléments du *hsing-yi*, du *ba-gua*, du *tai-chi* et même du plus sévère *shao-lin*. Ce nom remontait à l'âge d'or de la culture chinoise et à l'époque de formation du *kung-fu* chinois : la dynastie des Tang, du VIe au VIIIe siècle de notre ère. Le *tang-shou-tao* est le meilleur *kung-fu* : il est interne, subtil, profondément ancré dans la philosophie taoïste. Ta-mo croyait que santé et longévité sont les véritables objectifs des arts martiaux. Il pensait que les techniques de défense peuvent en fait augmenter la longévité. Mais si les pouvoirs internes du *chi* sont forts et fermes, les brutes s'écarteront d'instinct car *«les plus accomplis des maîtres en arts martiaux sont ceux qui n'ont jamais à combattre, dans la mesure où personne n'ose les affronter»*, dit maître Hung. Citant Ta-mo, il ajoute : *«Concentrez-vous sur la signification intérieure et non sur la force extérieure.»*

Il développa l'apparente contradiction de la force qui réside dans la douceur. Hung notait que l'eau usait parfois le plus dur des rochers, que le *yin* était finalement plus puissant que le *yang* et que, correctement employés, *«quatre grammes de force suffisaient pour renverser une tonne»*.

Le plus fervent adepte du *tang-shou-tao* est le second fils de Hung, Hung Tze-han, qui ressemble à une vedette de film de *kung-fu*. Ah-han, comme le surnomment ses amis, pratique le *tang-shou-tao* de longues heures chaque jour et consacre le temps qui lui reste à dévorer des textes taoïstes et des manuels d'arts martiaux anciens. Il écrit et édite des scénarios pour la télévision et pour le cinéma sur le thème du *kung-fu*. Selon Ah-han, si les arts martiaux chinois sont des thèmes populaires du cinéma d'aujourd'hui, la plupart des scénaristes ne connaissent toutefois rien au sujet. C'est pourquoi le public a une vision déformée du *kung-fu*. En écrivant certains scénarios lui-même, il aide à corriger les idées fausses. C'est important, dit-il, si l'on veut que les traditions véritables survivent.

Preuve concrète

Mais quelles sont donc ces idées fausses ? Sont-ce les bagarres ou les coups de pied acrobatiques des vedettes comme Jackie Chan et le regretté Bruce Lee, qui connaissent le succès alors que des maîtres comme Hung ont une piètre opinion de ce genre de sport ? Hung Yi-hsiang reconnaît que le *karaté* permet de briser des briques et de casser des planches d'une seule main ou d'un seul pied, que le *tae-kwon-do* peut protéger des brutes et que le *shao-lin* actuel peut propulser quelqu'un vers le cinéma. Mais il met en garde contre ces formes de combat : de tels exercices, qui engagent trop physiquement, peuvent épuiser les réserves de *chi* du corps avant l'âge de quarante ans. Ces formes populaires traditionnelles des arts martiaux ne sont apparues en Chine qu'au XVIIe siècle, alors que les militaires mandchous lançaient une offensive contre la dynastie des Ming. Les loyalistes Ming avaient besoin de combattants entraînés aussi vite que possible ; ils renoncèrent donc aux styles «non violents» des arts martiaux chinois, simplifièrent les formes classiques et réduisirent l'entraînement à trois ans. C'est ainsi que certains adeptes devinrent aptes en *karaté* ou en *shao-lin*. D'après maître Hung, peu de maîtres de *karaté* ou de *tae-kwon-do* ont vécu très vieux. Et s'ils l'ont fait, dans certains cas, leur corps, raidi par toute une vie de coups contre des briques ou des planches, était alors presque paralysé. En revanche, les formes non violentes accroissent plus sûrement les réserves d'énergie vitale et, peu à peu, améliorent la qualité des muscles, des articulations et des tendons, les gardant souples et élastiques aussi longtemps qu'on pratique les exercices.

Hung vante la supériorité des formes non violentes depuis des décennies. Mais ses avertissements commencent seulement à être pris au sérieux, dans la mesure où des dizaines d'artistes d'autres écoles sont arrivés dans ses studios, en provenance de toute l'Asie, dans le but de retrouver leur forme grâce aux exercices non violents et aux techniques de respiration abdominale. Maître Hung a relevé le défi et a fait la démonstration des vérités du *tao* et des soudaines explosions de puissance auxquelles ses théories et sa pratique lui permettent de faire appel à tout moment. Mis au défi par un artiste japonais de prouver son pouvoir dans un tournoi à Taipei, à la fin des années 1960, Hung, d'ordinaire modeste et discret, accepta pour «sauver la face». Le Japonais mit maître Hung au défi de briser trois blocs de ciment d'un seul coup. Maître Hung se plongea dans une intense concentration, puis leva le poing au-dessus de sa tête. Il ne brisa pas les blocs, il les pulvérisa. On s'aperçut qu'au moment de l'impact, les poils du bras droit de maître Hung étaient complètement dressés. C'était le *chi* qui lui courait le long du bras, expliqua-t-il plus tard.

A Taiwan, le gouvernement et la population attachent une grande importance aux arts martiaux chinois, qui sont d'ailleurs une matière obligatoire dans tous les programmes d'éducation physique des cycles primaire, secondaire, voire supérieur.

Scène de combats d'arts martiaux pendant le tournage d'un film, à Peitou.

CALLIGRAPHIE ET PEINTURE

«L'écriture est née du besoin d'exprimer des idées, et la peinture du désir de représenter des formes. C'est ce que voulaient la nature et les sages...», dit un traité de peinture du IXe siècle de Chang Yen-yuan.

Un peintre chinois classique disposait d'outils spéciaux, d'un certain entraînement, d'une position dans la société, mais aussi d'un talent de calligraphe en même temps que de notions esthétiques et philosophiques. L'esthétique faisait en effet partie de la cosmogonie chinoise, car les Chinois attribuaient à la peinture et à l'art, complémentaires de la calligraphie, une place importante dans l'ordre naturel des choses.

Comme le notait Chang Yen-yuan : *«La peinture complète la culture, aide les relations humaines et explore les mystères de l'univers. Sa valeur est égale à celle des six classiques confucéens, et comme la rotation des saisons, elle est issue de la nature. Elle ne peut se transmettre par la tradition.»*

C'est en termes presque mystiques que Chang Yen-yuan décrit les origines de la peinture chinoise : *«Lorsque les anciens souverains ont reçu le mandat du Ciel, des inscriptions apparurent sur les carapaces de tortue et des dessins sur le corps des dragons... Ces événements ont été consignés dans des albums de jade et d'or. Fu-hsi a obtenu d'une rivière, le Yung, les trigrammes qui ont consacré le début des livres et de la peinture... et Tsang Chieh (qui était doté de quatre yeux) a observé les phénomènes célestes et copié les traces de pattes d'oiseaux et les marques sur les carapaces de tortue, fixant ainsi les formes des caractères écrits.»*

C'est donc dans la nature que Tsang Chieh vit les premières formes de l'écriture chinoise, et il les consigna pour que l'homme puisse s'en servir.

Les caractères chinois sont des idéogrammes, bien que de nombreuses formes en soient dérivées sur une base phonétique. Les formes originales des caractères sont difficiles à isoler parce qu'elles ont évolué. Mais

A gauche, le Dr Wang Shih-i, l'un des calligraphes les plus réputés ; à droite, gravure d'un temple montrant un usage inhabituel de la calligraphie.

l'écriture chinoise n'a jamais rejeté les anciennes formes. L'évolution des caractères était à peu près achevée à la fin du IVe siècle de notre ère.

Les quatre trésors du lettré

Dans la Chine ancienne, l'artiste était presque toujours un calligraphe. Ce dernier était généralement issu d'une classe élevée, sans quoi il n'aurait jamais eu le loisir de s'instruire pendant de longues heures et d'acquérir la technique du pinceau. Un certain degré de compétence avec le pinceau était l'un des talents obligatoires que confé-

rait l'instruction de la Chine ancienne. Si un jeune homme (il y avait peu de femmes dans ce cas, bien que certaines eussent reçu une instruction) visait les concours civils, voie royale vers un poste dans le gouvernement, on le jugeait autant sur la qualité de son écriture que sur ses réponses à l'examen.

Le pinceau est fait d'un manche en bois ou en bambou qui se termine par une touffe, ferme tout en étant souple, de poils de lapin, de loup, de daim, de chèvre ou de mouton.

L'apprenti calligraphe écrivait sur un papier qui aurait été inventé, dans sa forme actuelle, vers la fin du Ier siècle de notre ère. En l'absence de papier, il pouvait avoir recours à la soie. Toutefois, grâce à sa consistance extrêmement sensible, le papier dévoilait la célérité du pinceau, la manière dont celui-ci traçait les traits et aussi la densité de sa charge d'encre. Il ne permettait aucune correction.

L'encre a la forme d'un bâton sec fait à partir de noir de fumée mélangé à de la glu. On versait quelques gouttes d'eau dans un encrier de pierre et on y frottait longtemps et régulièrement le bâton à encre. Ce processus faisait partie du rituel de la peinture, dans la mesure où il calmait l'esprit avant le travail de composition proprement dit.

Les «quatre trésors du lettré» (pinceau, papier, encre et pierre à encre), outils du cal-

«quatre trésors», choisis avec grand soin, étaient entourés d'une véritable vénération. Toutefois, des matières plus ordinaires jouissaient, elles aussi, d'un grand respect de la part de l'usager, à telle enseigne que le calligraphe Chi-yong, de l'époque Sui, enterra ses pinceaux usés avec un rituel solennel.

Une fenêtre sur l'âme

Les outils du peintre et du calligraphe sont les mêmes. La différence entre les deux arts réside dans le fait que le peintre a recours à la couleur. Bien que le rôle de la couleur n'ait jamais été dans la peinture chinoise le

ligraphe, répondent à des normes strictes. Certains disent que le meilleur pinceau doit être fait par des artisans confirmés et que les poils doivent être prélevés sur la fourrure d'un animal capturé au cours des premières semaines du mois de mars. La meilleure pierre à encre, qui permet de fabriquer la meilleure encre, doit être assez «froide» pour maintenir le liquide humide un long moment. Elle doit provenir des parois de montagnes célèbres. Quant à l'encre, on dit que la plus fine est faite des plus petites particules de fumée recueillies à partir des restes de bois de pin calciné. Enfin, les papiers les plus fins proviennent des meilleurs ateliers, ceux qui ont accès aux sources les plus pures. Ces

même qu'en Occident, son rôle symbolique était important. Mai-mai Szu écrit dans le *Tao de la peinture chinoise* que «*lorsqu'elle use de la couleur, la peinture chinoise s'apparente à l'alchimie, dans la mesure où l'éventail de ses couleurs symbolise les cinq éléments, tandis que les méthodes de préparation évoquent la distillation et le brassage chimiques, et en dérivent peut-être*».

Le maniement du pinceau est de la plus grande importance. La maîtrise de l'instrument atteint son summum dans l'art subtil de la calligraphie, dans lequel lignes et points se défient à l'infini, dans un grand dépouillement. Les Chinois considèrent la calligraphie comme le plus élevé de tous les arts. Avec son esthétique abstraite, il est certainement le plus pur. C'est pourquoi jadis, un homme pouvait réussir les concours sur la seule force de sa calligraphie qui est, de fait, une fenêtre sur l'âme de son auteur.

La calligraphie historique

Il existe peu d'exemples de calligraphies antiques. Les spécimens les plus anciens que conserve le musée du Palais de Taipei sont les inscriptions oraculaires d'époque Shang gravées sur les carapaces de tortue et sur les os de bovidé. On y trouve également les œuvres de très célèbres calligraphes de l'anti-

nan, Yen Chen-ching et Liu Kung-chuan. En dépit des obstacles dressés par la société contre les femmes, l'une d'entre elles, Wu Tsai-luan, était devenue célèbre sous les Tang. Pendant dix ans, elle recopia chaque jour des calligraphies pour subvenir aux besoins de son mari malade. Elle acquit un si grand renom qu'elle fut consacrée «immortelle» et représentée volant aux cieux sur le dos d'un tigre.

La dynastie des Song vit l'émergence de calligraphes qui sculptaient aussi leurs œuvres dans le bois ou la pierre et qui réalisaient des estampes sur papier en vue de rassembler leurs calligraphies en recueils, pra-

quité, telles que celle intitulée *Ping-fu-tie (la Guérison)*, de Lu-chi, qui vécut de 261 à 303 de notre ère.

Les calligraphies des époques postérieures à la dynastie des Jin de l'Est (317-420) sont plus nombreuses. Et Wang Hsi-chi, qui vécut sous cette dynastie, est considéré comme l'un des génies de la calligraphie.

La prédominance de cet art s'est encore renforcée sous la dynastie des Tang. Parmi les hauts fonctionnaires qui étaient aussi des calligraphes de renom, on citera Yu Shih-

«Les couleurs de l'automne sur les monts Chiao et Hua», par Chao Meng-fu, maître sous la dynastie des Yuan, en 1295.

tique qui se répandit et permit d'étudier le style de chaque artiste.

Même la brève dynastie des Yuan connut plusieurs calligraphes de haut niveau.

Mais c'est celle des Ming qui, pendant trois cents ans, a connu le plus grand nombre de maîtres, qui sont à l'origine de rouleaux de calligraphie de la plus belle qualité.

La dynastie des Qing vit l'introduction de deux styles nouveaux : le premier marqua la période 1796-1820, le second la période 1851-1874.

Les œuvres les plus représentatives que conserve le musée national du Palais de Taipei datent des dynasties des Yuan, des Ming et des Qing.

Le rôle de la nature

Le trait caractéristique de la peinture chinoise est l'expression d'une qualité de vie enracinée dans le *tao*, c'est-à-dire dans la nature. Le concept de *tao* existait bien avant les enseignements formels de l'école du taoïsme, mais sans revêtir un sens métaphysique. C'est un terme fondamental de la cosmologie chinoise, qui exprime l'idée que toutes les choses ont une origine commune.

En fait, les confucianistes et les taoïstes ne différaient pas dans leur conception du *tao*. Dans les deux cas, il s'agissait de l'unité de l'homme avec la grande harmonie de la natu-

célébration. C'est aussi un acte de respect et, pour ainsi dire, une façon de faire descendre le ciel sur la terre en réglant les actes sur les transformations rythmiques du cosmos, dans l'espoir qu'un ordre semblable puisse prévaloir dans la société».

Le «tao» des artistes

La préoccupation du peintre à propos du *tao* intervient à la fois sous un aspect rituel confucéen et sous un aspect mystique taoïste. Le peintre chinois était traditionnellement un pilier de la société. Instruit, il occupait en général une position au sein de l'administra-

re. L'univers chinois était un tout harmonieux et ordonné dans lequel les individus devaient trouver leur place. C'est pourquoi le rite, très important, impliquait une participation réelle plutôt qu'une participation symbolique. Comme le disait Mai-mai Szu, «... *la peinture et d'autres aspects de la vie chinoise continuent d'être gouvernés par la valeur de cette approche rituelle. Il est bon de noter, par conséquent, que le but original du rituel est d'ordonner la vie de la communauté en harmonie avec les forces de la nature (tao), dont dépendent subsistance et bien-être. Il ne suffit pas d'être pieux et convenable pour accomplir régulièrement et correctement les rituels de propitiation et de*

tion et avait des devoirs vis-à-vis de sa famille. A cet égard, la littérature et la poésie chinoises abondent en références à ce conflit entre la responsabilité du citoyen et la retraite dans laquelle l'artiste devait se tenir. Lorsqu'il se retire, l'artiste est en effet à même de consacrer beaucoup de temps à la philosophie taoïste. Celle-ci convient à l'effort individuel de la peinture parce qu'elle met l'accent sur la relation entre l'individu et la nature, et sur l'art lui-même. Entre le peintre et son sujet, il y a un lien magique, son art.

«Le tao ne doit pas se comprendre, il doit s'apprécier. L'assujettir revient à le perdre. Il n'est pas hors de connaissance, mais on ne

peut l'expliquer. Connaître le tao, c'est ne faire qu'un avec lui, agir selon ses principes ou leur permettre d'agir à travers l'Un.»

Le père de l'école du taoïsme, Lao-tseu (Laozi), écrivait dans son grand traité, le *Tao Te Ching* : *«Le tao qu'on peut exprimer n'est pas le tao éternel. Le nom qu'on peut prononcer n'est pas le nom éternel. Le sans-nom est l'origine du ciel et de la terre. Le nommé est la mère de toutes choses.»*

Chuang-tzu (Zhuangzi), disciple de Lao-tseu, a étudié de tels mystères : *«Le tao a une réalité et une évidence, mais ni action ni forme physique. Il peut se transmettre mais ne peut se recevoir. On peut l'obtenir mais on*

Accroupi torse nu

La pensée taoïste a un effet profond non seulement sur ce que l'artiste peint, mais aussi sur la façon dont il le peint. Sa position quand il peint fait partie intégrante de son art, tout comme ses outils.

Cette approche a un rapport avec ce que les surréalistes européens, qui s'inspiraient des théories de Sigmund Freud, appelleront «automatisme», et qui donnait libre cours à l'inconscient. Chez le peintre chinois, le terme *tao* peut se traduire par «la voie». Le peintre est un réceptacle pour le *tao* ou un auxiliaire du *tao*. Étant en accord avec les

ne peut le voir.» De tels concepts s'appliquent également au peintre, comme l'écrivit plus tard Chang Yen-yuan : *«Celui qui réfléchit et manie son pinceau dans l'intention de faire un dessin, passe complètement à côté de l'art de la peinture, tandis que celui qui médite et manie son pinceau sans une telle intention atteint l'art de la peinture. Ses mains ne seront pas raides, son cœur ne sera pas froid. Sans savoir comment, il accomplira son œuvre.»*

A gauche, «le Plaisir des antiquités», de Tu-chin, époque Ming ; ci-dessus, «Cailles et Chrysanthèmes», de Li-anchung, époque Song (1131).

forces de la nature, il devient le véhicule de leur expression. Étroitement lié au mouvement dada, le surréalisme avait une saveur anarchique. Freud maintenait que la créativité jaillissait de la sublimation des énergies de l'inconscient. Si on ne peut considérer l'artiste chinois cherchant l'unité avec le *tao* comme un anarchiste, sa voie évite toutefois souvent les conventions sociales, comme le disait avec vigueur Chuang-tzu (Zhuangzi) : *«Quand le prince Yuan, de la dynastie Song, voulut qu'on fasse son portrait, tous les peintres officiels vinrent, saluèrent, et à la commande royale, se tinrent debout, préparant leur pinceau et leur encre. L'un de ces peintres arriva plus tard que les autres. Il entra nonchalamment, sans hâte, s'inclina devant la personne royale, mais refusa de rester debout. On lui donna donc une pièce à part. Le prince envoya un homme voir ce qu'il faisait. Il avait enlevé ses vêtements et était accroupi torse nu. Alors le prince dit : "C'est lui qui le fera. C'est un vrai peintre !"»* Depuis lors, la phrase «être accroupi torse nu» exprime la liberté d'un peintre au travail.

Notes historiques sur la peinture

La peinture chinoise s'est épanouie sous la dynastie des Tang (618-907). La représentation de la figure humaine et du cheval est raf-

suggérant l'infini, le ciel ou une brume enveloppante. Des chefs-d'œuvre comme *la Promenade de printemps*, de Ma Yuan, peint entre 1199 et 1225, et la *Conversation avec un invité près de la falaise aux pins*, de Hsia Kuei, peint entre 1180 et 1230, sont des exemples typiques de leurs œuvres.

La brève dynastie des Yuan ne vit naître que peu d'œuvres importantes dans le domaine de la peinture. Le musée du Palais conserve toutefois le chef-d'œuvre intitulé *Couleurs d'automne sur les monts Hsiao et Hua*, daté de 1295 et dû au peintre lettré Chao Meng-fu, membre de la famille impériale des Song, qui eut une profonde influen-

finée à cette époque. Peu d'entre elles, malheureusement, ont survécu. Le musée du Palais de Taipei conserve 65 peintures qui datent de la dynastie des Tang et des années qui l'ont précédée.

Les fleurs, les oiseaux et les paysages étaient les sujets favoris des artistes qui peignaient sous les «cinq dynasties» et sous les Song. Parmi les plus grands maîtres de l'Académie impériale de peinture des Song du Sud, on citera Ma Yuan et Hsia Kuei. Leurs styles, qui sont très appréciés au Japon, sont typiquement asymétriques. Tous les éléments peints du paysage, ainsi que les figures humaines, sont en effet placés dans un coin du tableau, les surfaces vierges qui restent

ce sur les générations ultérieures de calligraphes et de peintres. Ce tableau est supposé représenter une scène autour de la maison natale de son ami, dans la province du Shandong. Mais elle s'avère plus une démonstration de la grande connaissance des styles antiques et de la virtuosité de Chao Meng-fu qu'une représentation d'un lieu.

La dynastie des Ming fut le témoin d'une renaissance des institutions traditionnelles chinoises, y compris la peinture, après près d'un siècle de domination étrangère. Le gouvernement fonda une académie de peinture, et la cour fit appel à des artistes qu'elle chargea de peindre en leur conférant des titres officiels. Dans la myriade de ces notables, on peut citer Wu Wei, taoïste ardent qui comprit si bien les mystères du *tao* qu'il fut consacré immortel, Wen Cheng-ming, qui excellait dans les représentations de vieux arbres, et Tung Chi-chang, l'un des artistes les plus importants de la fin des Ming. Chiu Ying, l'un des quatre grands maîtres Ming, donna *Une scène sur le bac en automne*, œuvre qui illustra un timbre de la République de Chine.

Bien que les souverains de la dernière dynastie impériale des Qing fussent originaires de Mandchourie, ils tenaient en haute estime la culture chinoise et s'adaptèrent aux coutumes locales. Sous les Mandchous, l'administration resta ouverte aux indigènes

ment pour avoir fait la synthèse du naturalisme européen et de la composition chinoise.

Le peintre et le calligraphe

Il est peut-être impossible, en tout cas ici, de discuter en termes généraux de ce qui donne vie à la peinture. Mais il est possible d'en examiner certains aspects. Comme on l'a noté, un peintre chinois était presque toujours un calligraphe de talent, un maître des subtilités du pinceau. Et la calligraphie était l'art suprême, l'art du pinceau nu, sans artifice. La peinture chinoise, plus que celles d'autres civilisations, se fonde sur le travail

chinois et de nombreux peintres eurent des charges gouvernementales. La période Qing connut l'épanouissement d'individualistes comme Chu Ta, Tao Chi, Kung Hien, Kun Tsan et Hung Jen. Un prêtre jésuite nommé Giuseppe Castiglione, qui se rendit en Chine en tant que missionnaire et fut appelé à la cour impériale, devint célèbre comme peintre de figures humaines, de fleurs, d'oiseaux et de chevaux. Lang Shih-ning (qui est le nom chinois de Castiglione) était connu précisé-

A gauche, peinture traditionnelle chinoise sur un éventail ; ci-dessus, «Lotus agité par le vent», de Feng Ta-yu (1127-1178), époque Song.

du trait. La couleur est surtout symbolique et décorative. La nuance est plus importante mais joue un rôle secondaire. Soit elle remplit les formes définies par le trait, soit elle le remplace aux endroits où les traits seraient trop forts, dans la brume ou dans les lointains, par exemple.

Les traits, par contraste, sont si importants qu'on leur a même attribué une désignation propre. Il y a par exemple le trait «en fibre de chanvre», le trait «en gros coups de hache», le trait en «veine de feuille de lotus», le trait «en corde effilochée», et bien d'autres encore. Il est important que chaque trait, que chaque point soit vivant, et constitue une part du tout sans pouvoir toutefois en être séparé. Chaque crissement du pinceau peut ainsi être jugé sur ses propres mérites et une peinture doit être «*parfaite dans son tout et dans ses parties*».

Ce qui est moins évident, mais beaucoup plus important dans l'histoire, est la dette de la peinture à l'égard de la calligraphie. L'isolement des traits, leur beauté individuelle dans la peinture et les qualités propres de la ligne en calligraphie en sont la preuve.

La ligne vivante a toujours été au centre de l'art du peintre. Des années d'entraînement en tant que calligraphe l'empêchent de produire des traits qui ne montrent pas leur beauté propre. Quelle meilleure façon

Su Tung-po et Huang Ting-chien, contemporains des Song, et deux des plus grands peintres, poètes et calligraphes que la Chine ait produits, étaient de très grands amis qui se critiquaient mutuellement en manière de plaisanterie. Pour Su Tung-po, les traits osseux et énergiques de Huang ressemblaient à «*une grenouille assise sur une pierre*», tandis que Huang décrivait les traits charnus de la calligraphie de Su comme «*des serpents morts pendus à un arbre*».

Pour citer Lao-tseu, «*le tao qui peut se dire n'est pas le tao éternel*». En d'autres termes, le *tao* ne peut s'exprimer, il peut seulement s'évoquer. Il en est de même de la

d'atteindre l'harmonie du tout que de le suggérer avec des éléments harmonieux en eux-mêmes ? Saisir l'harmonie des parties a conduit le peintre chinois à saisir l'harmonie du *tao*.

L'art subtil de la calligraphie chinoise reste obscur pour ceux qui ne voient pas qu'un point peut être plein de vie et qu'une ligne peut respirer ou vibrer d'énergie. Comme la branche de l'arbre ou le rameau de la vigne, il y a une logique organique dans la forme d'une ligne. C'est ainsi que les Chinois se servent toujours d'images naturelles pour parler de la calligraphie. Ils évoquent des «*dragons enroulés dans les nuages*», des «*chevaux au galop*», des «*vignes entremêlées*».

peinture chinoise et des autres quêtes spirituelles. L'artiste chinois évoque ce qui ne peut se dire, créant une magie qui s'inspire de la magie de la nature. On peut dire par métaphore d'une peinture qu'elle «contient la vie», car cette qualité d'émotion contenue dans les meilleures peintures est la vie. C'est le génie de l'artiste qui fera apparaître le *tao* dans son œuvre, donnant vie à sa peinture, semblable à la vie de la nature.

Ci-dessus, artiste peignant des lotus ; «Une rivière en automne», peinture de Chiu Ying, sous la dynastie des Ming.

5 中華民國郵票 REPUBLIC OF CHINA 明仇英 山水畫 | 明仇英 山水畫 中華民國郵票 REPUBLIC OF CHINA 5

5 票郵國民華中 REPUBLIC OF CHINA 英仇明 畫水山 | 英仇明 畫水山 中華民國郵票 REPUBLIC OF CHINA 5

ITINÉRAIRES

Si vous avez emprunté les routes habituelles, vous êtes arrivé en République de Chine par l'aéroport international Tchang Kaï-chek flambant neuf, et c'est tout naturellement à Taipei, capitale et centre nerveux de l'île, que vous vous apprêtez à passer vos premières journées dans l'île de Formose, autrement dit Taiwan.

A Taipei, vous allez vous retrouver plongé au sein d'une foule dense, et les bousculades ne seront pas rares, mais le flegme chinois font qu'elles ne débouchent jamais sur des bagarres ! Si vous avez des achats à faire, c'est l'endroit idéal, et soyez sûr que tout est prévu en vue de vous faciliter la tâche.

Vous aurez ensuite envie de partir pour des excursions à travers l'île au milieu de paysages étonnants qui, parfois, semblent prendre modèle sur ceux des estampes chinoises...

Mis à part l'inévitable musée du Palais national, les principaux monument qui sont à visiter sont les pagodes et les temples, qu'ils soient bouddhiques, taoïstes, confucianistes... voire les trois à la fois ! Là, l'architecture et l'ambiance sont typiquement chinoises, et assez déroutantes pour un Occidental habitué à une atmosphère plus recueillie dans les lieux de culte.

Dans les temples chinois, ce sont les pratiques divinatoires qui semblent surtout attirer les fidèles, qui restent relativement indifférents aux questions philosophiques et métaphysiques, d'autant plus que les religions orientales ne reposent guère sur des dogmes ni sur des croyance clairement délimitées. Mais la tradition de fréquenter les temples demeure, surtout en République de Chine où les Taiwanais conservent et entretiennent — avec une piété que certains pourraient presque qualifier d'obsessionnelle — tout ce qui se rattache de près ou de loin aux traditions chinoises, qu'elles soient patriotiques, religieuses, culinaires, familiales ou sociales.

On se rend également vite compte que la notion de conservation des monuments n'est pas comprise de la même manière qu'en Europe. Même s'il existe des temples anciens, les plus récents n'en diffèrent pas foncièrement par l'architecture, et on n'hésite pas à les repeindre des couleurs les plus vives lorsqu'ils ont besoin d'un coup de jeune.

Pages précédentes : la pagode de la Piété Filiale se dresse au-dessus des brumes du lac du Soleil et de la Lune ; un autocar émerge d'un tunnel dans les impressionnantes gorges de Taroko. A gauche, le pavillon du Printemps et de l'Automne, sur les eaux du lac du Lotus.

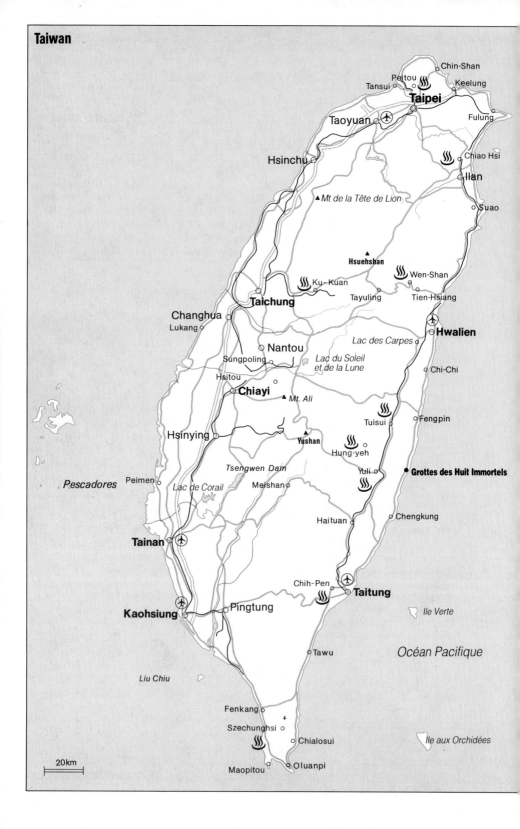

Taiwan

Chin-Shan
Peitou
Tansui
Keelung
Taipei
Taoyuan
Fulung
Hsinchu
Chiao Hsi
Ilan
▲ Mt de la Tête de Lion
Suao
▲ Hsuehshan
Wen-Shan
Ku-Kuan
Taichung
Tayuling
Tien-Hsiang
Changhua
Lukang
Hwalien
Nantou
Lac des Carpes
Sungpoling
Lac du Soleil
et de la Lune
Chi-Chi
Hsitou
Chiayi
▲ Mt. Ali
Tuisui
Fengpin
Hsinying
▲ Yushan
Hung-yeh
Tsengwen Dam
Yuli
• **Grottes des Huit Immortels**
Meishan
Pescadores
Peimen
Lac de Corail
Haituan
Chengkung
Tainan
Chih-Pen
Taitung
Ile Verte
Kaohsiung
Pingtung
Tawu
Océan Pacifique
Liu Chiu
Fenkang
Szechunghsi
Ile aux Orchidées
Chialosui
20km
Maopitou
Oluanpi

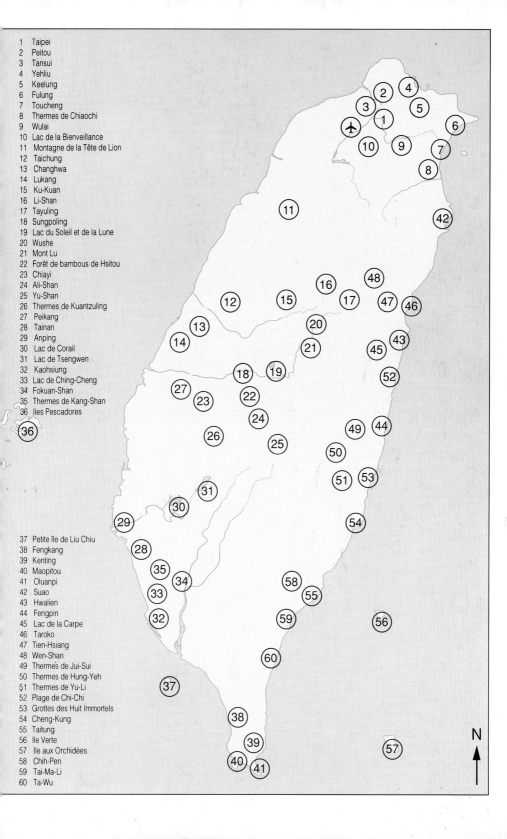

1 Taipei
2 Peitou
3 Tansui
4 Yehliu
5 Keelung
6 Fulung
7 Toucheng
8 Thermes de Chiaochi
9 Wulai
10 Lac de la Bienveillance
11 Montagne de la Tête de Lion
12 Taichung
13 Changhwa
14 Lukang
15 Ku-Kuan
16 Li-Shan
17 Tayuling
18 Sungpoling
19 Lac du Soleil et de la Lune
20 Wushe
21 Mont Lu
22 Forêt de bambous de Hsitou
23 Chiayi
24 Ali-Shan
25 Yu-Shan
26 Thermes de Kuantzuling
27 Peikang
28 Tainan
29 Anping
30 Lac de Corail
31 Lac de Tsengwen
32 Kaohsiung
33 Lac de Ching-Cheng
34 Fokuan-Shan
35 Thermes de Kang-Shan
36 Iles Pescadores

37 Petite île de Liu Chiu
38 Fengkang
39 Kenting
40 Maopitou
41 Oluanpi
42 Suao
43 Hwalien
44 Fengpin
45 Lac de la Carpe
46 Taroko
47 Tien-Hsiang
48 Wen-Shan
49 Thermes de Jui-Sui
50 Thermes de Hung-Yeh
51 Thermes de Yu-Li
52 Plage de Chi-Chi
53 Grottes des Huit Immortels
54 Cheng-Kung
55 Taitung
56 Ile Verte
57 Ile aux Orchidées
58 Chih-Pen
59 Tai-Ma-Li
60 Ta-Wu

N

TAIPEI

Lorsque le gouvernement de la République de Chine a établi son quartier général dans le nord de l'île en 1949, Taipei était au milieu de rizières et de marécages. Dans les années 1960, elle n'avait que peu de rues pavées, et les cyclo-pousses étaient le principal moyen de locomotion. Mais, au cours des années 1970, la ville s'est emplie du bruit des marteaux piqueurs et des innombrables véhicules, camions, autobus et taxis qui encombraient les rues au milieu d'une forêt de gratte-ciel aux parois de verre. Si l'apparence de la ville a évolué, ses 3 millions d'habitants n'ont pas été épargnés. Ces derniers, remisant la mode utilitaire des années 1950, se sont laissés gagner par les dernières tendances de Paris, de Hong Kong ou de Tokyo. Les plus jeunes se sont mis à fréquenter des établissements qui servent du café de la Jamaïque et des pâtisseries françaises, ou des boîtes de nuit qui diffusent les derniers airs en vogue à New York ou à Londres. Et les hommes d'affaires munis de mallettes se sont mis à déjeuner dans des pubs anglais et à prendre régulièrement l'avion pour aller à leurs rendez-vous à l'autre bout du monde, tandis que leurs femmes, au volant de leurs Honda, allaient faire leurs courses dans des supermarchés à air conditionné. Mais Taipei demeure l'une des villes asiatiques les mieux ancrées dans la tradition orientale. Car la ville n'a pas succombé à l'occidentalisation excessive qui a modifié le tissu social de Hong Kong ou de Singapour. Dans leur course en avant, ni la cité ni ses habitants n'ont abandonné leur héritage. Le cœur qui bat dans Taipei est résolument chinois et c'est précisément ce qui confère à la ville tout son charme.

Une expansion vertigineuse

Le nouveau visage de Taipei est dû à deux changements de la politique gouvernementale qui ont eu lieu en 1978. Cette année-là, le pouvoir a mis fin à l'interdiction de construire de nouveaux hôtels et immeubles à Taiwan. Des dizaines de permis de construire des gratte-ciel ont été par conséquent délivrés. Hôtels et bureaux sont sortis de terre comme des champignons, tandis que les résidents aisés se ruaient vers les salons des grands hôtels, les bars panoramiques et les boutiques chic pour paraître dans le vent.

La seconde mesure administrative qui fut un catalyseur pour l'introduction dans l'île des tendances internationales, fut le relâchement des restrictions concernant les voyages à l'étranger. Avant 1978, les Taiwanais ne pouvaient en effet quitter le pays, sauf pour rendre visite à des membres de leur famille, pour affaires ou pour raison d'études. La nouvelle politique a ainsi permis aux habitants de l'île d'obtenir plus facilement passeports et visas de sortie. Les demandes ont alors afflué plus vite qu'on ne pouvait les traiter, dans la mesure où de nombreux Taiwanais économisaient depuis des années dans la perspective d'avoir enfin accès à ces merveilles à l'étranger, tant convoitées. Ils se sont ainsi rendus en masse à

Pages précédentes : vue de Taipei ; le mémorial de Tchang Kaï-chek. A gauche, deux visages de la Chine ; à droite, un sage de la Chine ancienne devant le complexe Asiaworld.

Tokyo, Hong Kong, Singapour et Séoul, et pour quelques-uns en Europe et aux États-Unis.

C'est ainsi que, conjointement à de nouvelles habitudes alimentaires, de nouveaux biens de consommation et de nouveaux loisirs, les touristes insulaires ont introduit de nouveaux problèmes dans leur société, impuissante désormais à synthétiser tant de variété. Les récentes lois sur la construction ont en effet donné naissance à de nombreux immeubles mal conçus, dans une absence totale de respect pour l'architecture et l'esthétique locales. Et, malheureusement, la construction de nouvelles voies de communication s'est révélée incapable d'endiguer le flot sans cesse croissant de véhicules, alors que 1 million de motocyclettes, soit une par famille, était enregistré à Taipei. Inévitablement, les embarras de la circulation qui en ont résulté ont entraîné l'anarchie sur les routes. Par ailleurs, les fumées d'échappement, combinées aux nuages de pollution émanant des usines qui étouffent la ville, ont suscité un malaise supplémentaire. Le flot constant de nouveaux arrivants venus chercher fortune dans la grande ville n'a fait qu'aggraver les difficultés. L'essor économique de l'île a en effet attiré chaque mois des milliers de ruraux, car, malgré leur philosophie proche de la terre et leur amour de la nature, les Chinois ont toujours préféré la vie citadine à la vie rurale, à plus forte raison durant les périodes de prospérité économique.

Ces nouveaux maux n'ont toutefois pas tari la source fondamentale de la culture chinoise, qui continue à faire de Taipei une destination appréciée des voyageurs. Il n'est donc pas surprenant que la grande masse des visiteurs soit constituée de Chinois d'outre-mer, venus en particulier de Hong Kong et d'Asie du Sud-Est. Mais Taiwan attire aussi les Japonais, qui vouent une grande admiration à la culture chinoise classique, dans laquelle leur propre culture a largement puisé, tandis que tous ceux qui ont visité l'île ont aimé la nature chaleureuse de sa population, qui leur donne toujours envie de revenir.

La rue Heng-Yang vers 1910.

L'édification de la ville

Du point de vue historique, les faubourgs de Taipei sont plus intéressants que le centre. Quand Koxinga eut chassé les Hollandais de Taiwan en 1661, il nomma le général Huang An à la tête des forces terrestres et navales stationnées à Tanshui, à l'embouchure du fleuve du même nom, au nord-ouest de l'actuelle Taipei. De nouvelles méthodes agricoles furent dès lors introduites sur les berges du fleuve, et des soldats envoyés jusqu'à Chihlansanpo pour défricher de nouvelles terres. Dès le XVIIIᵉ siècle, ces terres s'étendaient de Hsinchuang au quartier moderne de Wanhua, cœur du vieux Taipei. Wanhua, connu alors sous le nom de Mengchia ou de Banca, devint un port important dans les années 1850. Par la suite, il s'opéra un glissement de ses activités portuaires vers Tataocheng. L'empereur Guang-xu, de la dynastie des Qing, fut le premier à faire de cette région un centre administratif. En 1875, il établit le district de Taipei Fu sur le site de l'actuel quartier

de Chengchung, et fit également édifier une ceinture protectrice de 5 km autour de la ville. En 1885, de nouvelles rues furent construites et, en 1886, la dynastie des Qing fit de Taiwan une province de la Chine. Les Japonais contribuèrent à améliorer les structures administratives de cette région lorsqu'ils occupèrent Taiwan en 1895. Ils changèrent le nom de Taipei Fu en Taipei Chou, puis fondirent les zones suburbaines en district administratif connu sous le nom de Taipei Ting. En 1920, Taipei fut officiellement reconnue comme une ville. Pendant les douze années qui suivirent, sa population passa de 150 000 à 600 000 habitants, tandis que d'une surface de 19 km², on était passé à 67 km². Lorsque la République de Chine reprit possession de Taiwan en 1945, Taipei fut déclarée capitale du gouvernement provisoire de la nation et divisée en 10 districts administratifs. Elle devint une municipalité spéciale par décret en 1966, confirmant son rôle de centre militaire, économique, culturel et politique. Les villes de Chingmei, Mucha, Neihu, Nanking,

Le quartier de la porte de l'Ouest vers 1983.

Taipei

500m

CKS International Airport

Grand Hotel

Temple confucéen

Kulun St.

Taipei A
Exhibiti
Hall

Mintsu E

Yenping N. Rd. Sec. 3

Chung Ching N. Rd. Sec. 3

Mintsu W. Rd.

Chungshan N. Rd. Sec. 3

President H

Teh

Hui

Quartier "Papa-Gâteau"

Teh-Hui St.

Linsen
N.

Taipei Bridge

Minchuan W. Rd.

Shuang-Che

Yenping N. Rd. Sec. 2

Chung Ching N. Rd. Sec. 2

Liang chou St.

Chengte Rd.

Fortuna Hotel

Chungshan N. Rd. Sec. 2

Chinch
St.

Tanshui

Minsheng
W. Rd.

Mackay Memorial
Hospital

Minshe
E. Rd

Yenping
N. Rd. Sec. 1

Chung
N. Rd. Sec. 1

Ambassa
Hotel

Chunghsing Bridge

Nanking

Chengteh Rd.

W. Rd.

Chungshan N. Rd. Sec. 1

Nanking E
Sec. 1

Hsining N. Rd.

Tien

Prima Hotel

Changan

Chengteh Rd.

W. Rd.

Changan E.

Chengchou St.

Chungshan
Rd.

Gare routière

Gare ferroviaire

Peiping Rd.

Huachiang Bridge

Loyang St.

Kaifung St. Sec. 2

Bazar

Chunghsiao W. Rd.

Chunghsiao E. Rd.

Taoyuan

Kaifung St. Sec. 1

Taipei Hilton

Lai Lai Hotel

Ching Tao E. Rd.

Wuchang St. Sec. 2

Chung-Hwa Rd.

Chinan Rd. Sec. 1

Chungshan S. Rd.

Linsen
S. Rd.

Hsuchou
Rd.

Ting
Rd.

Hsining S. Rd.

Kunming St.

Musée provincial

Kungyuan Rd.

Nouveau Parc

Kuei

Kang

Chiehshou Rd.

Jenai Rd. Sec. 1

"Allée des Serpents"

Lung Shan

Yang
St.

Presidential Square

Hsinyi Rd. Sec. 1

Kuangchou St.

Aikuo W. Rd.

Mémorial de
Tchang Kaï-ch

Hoping W. Rd. Sec. 3

Aikuo E. Rd.

Roosevelt Rd. Sec. 1

Hsiyuan Rd.

Musée national
d'Histoire

Chung Ching S. Rd. Sec. 2

Hoping W. Rd. Sec. 2

Changchou St.

Hsien

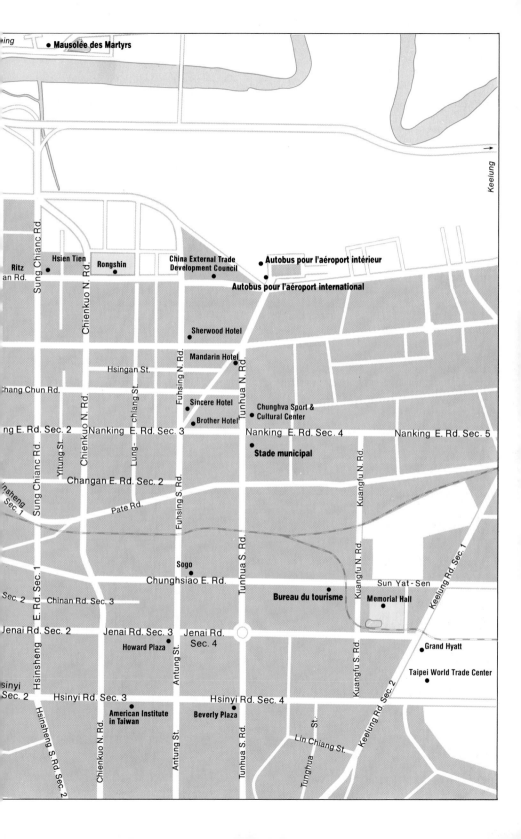

Peitou et Shihlin furent incorporées à Taipei en 1968.

Arrivée à Taipei

A leur arrivée, les visiteurs font d'abord l'expérience des faubourgs de la ville. **L'aéroport international Tchang Kaï-chek** est situé à **Taoyuan**, à 40 km au sud-ouest de la capitale. Son terminal de verre et de béton, l'un des plus grands d'Asie, a été conçu pour faciliter les procédures d'immigration et de douane. Des autocars et des taxis emmènent rapidement les nouveaux arrivants par la voie express nord-sud, qui relie l'aéroport à Taipei.

La première démarche, à l'arrivée à Taipei, consiste à choisir un lieu de résidence parmi la myriade d'hôtels qui ont vu le jour depuis 1978. La ville était jadis connue des voyageurs et des agences de voyages pour l'insuffisance de ses structures hôtelières. Le gouvernement considérait alors avec méfiance le commerce hôtelier, qu'il associait à la quête des plaisirs matériels tels que l'alcool et les femmes qui avait caractérisé Shanghai avant-guerre. Les hôtels existants étaient en effet soumis à d'implacables inspections, taxations, règlements et autres tracasseries. Le relâchement des règles de construction a coïncidé avec l'allégement des restrictions à l'égard de l'industrie hôtelière. La pénurie de logement a alors fait place à une pléthore d'hôtels qui vont de petits établissements bon marché aux palaces. A présent, pour faire face à la compétition, certains hôtels consentent des rabais intéressants.

Le précurseur des hôtels de classe internationale, toujours très prisé, est le **Hilton** de Taipei. Complètement transformé en 1990, cet hôtel a conservé une qualité de service élevée en dépit d'une compétition croissante de la part de nouveaux venus, le Lai-Lai Sheraton par exemple. La direction veut allier un cadre moderne à une ambiance chinoise traditionnelle. C'est par ailleurs en faisant appel à un personnel très qualifié qu'il a remporté à trois reprises un prix de cuisine internationale, tandis qu'une

Ponts et tunnels dans le quartier des administrations.

profonde rénovation lui donnait un visage neuf.

Plus récents, des hôtels tels que le **Ritz** ou le **Beverly Plaza** veulent rester dans la tradition du Hilton. Ouvert en 1978, le Ritz dispose de 218 chambres seulement, ce qui lui permet d'assurer un service intime et personnalisé. S'il est très prisé des hommes d'affaires, il n'est pas très indiqué en revanche pour les groupes. Le Beverly Plaza est encore plus petit, avec 118 chambres. Situé dans la section sud-est nouvellement bâtie, il donne sur une avenue à trois voies.

Le **Lai-Lai Sheraton** compte, au contraire, 705 chambres et occupe tout un pâté de maisons. On ne le décrit qu'avec des superlatifs. En effet, il dispose des plus grandes chambres, du plus grand nombre de restaurants et de bars de tous les hôtels de la ville.

Parmi les nouveaux venus, on citera le **Sherwood**, à l'élégante atmosphère familiale, ainsi que le magnifique **Grand Hyatt**, commodément situé à côté du World Trade Center ou encore le **Howard Plaza**, qui affiche sa richesse

dans un mobilier chinois traditionnel et dans un travail de décoration original.

Mais le plus célèbre de loin, et certainement l'un des plus marquants de Taipei est le **Grand Hotel**, situé sur une butte au nord de la ville. Cet établissement, qui évoque un palais chinois ancien, a été construit dans le plus pur style classique impérial sous l'œil attentif de Mme Tchang Kaï-chek. L'aile ancienne originale a été édifiée dans la colline, derrière le bâtiment massif récent à plusieurs étages couronné d'un gigantesque toit chinois classique. D'une certaine manière, le Grand Hotel, digne et serein, à l'écart des bruits de la ville, est hors du temps. Ceux qui y résident peuvent se rendre à l'élégant **club Yuan Shan**, à proximité.

Taipei était jadis considérée comme le «vilain petit canard» des villes asiatiques. Cette impression est née dans les années 1960 du fait des bâtiments gris, des rues poussiéreuses, des caniveaux et des cyclo-pousses cabossés qui la caractérisaient. Le nouveau visage que la ville a commencé à arborer ces dix dernières

Le toit du Grand Hotel dans la brume du matin.

années a presque effacé cette réputation. En effet, de spacieuses avenues ombragées par des bosquets d'arbres tropicaux ont ménagé un espace respirable entre les gratte-ciel.

A travers la ville

Le Grand Hotel et ses voisins du nord de la ville sont bien placés pour commencer la visite de Taipei, dans la mesure où, à de courtes distances, on trouve plusieurs lieux d'intérêt. A l'est du Grand Hotel s'élève le **mausolée national des Martyrs de la Révolution**, rue Pei-An. Ce monument, construit dans le style des palais de la dynastie des Ming, est dédié aux héros chinois tombés sur le champ de bataille. Chaque structure tente de reproduire un bâtiment ou un pavillon de Pékin, tandis que les portiques voûtés de l'entrée principale découvrent une vaste cour avec des pavillons pour les visiteurs. Deux gigantesques portes s'ouvrent sur le tombeau principal, où sont inscrits les noms des héros à côté de peintures décrivant leurs exploits. L'ancien président Tchang Kaïchek faisait de ce lieu sa retraite favorite ; il y passait souvent des après-midi entières à flâner. La relève de la garde se fait toutes les heures.

Une courte course en taxi vers l'ouest du Grand Hotel, derrière le jardin zoologique, permet de se rendre au **temple de Confucius**, rue Ta-Lung. C'est un endroit tranquille comparé aux autres lieux de culte de la ville. Et on n'y trouve ni la foule de croyants adressant à leurs divinités prières et offrandes, ni la cacophonie des gongs et des tambours, ni les idoles voyantes. On n'y trouve pas non plus de statue de Confucius. La tranquillité y est de mise. Le grand sage n'a-t-il pas en effet prêché les vertus de paix et de tranquillité ? L'architecture du temple est raffinée et élégante, soulignée de toits spectaculaires.

Par contraste, le **temple de Bao An**, rue Ha-Mi, tout près du temple de Confucius, est un monument un peu criard, typique de la religion chinoise populaire. Ce temple taoïste, vieux de deux cent trente ans, arbore des dragons contorsionnés sculptés dans la roche dure des colonnes principales, tandis

qu'à l'intérieur abondent les statuettes de nombreuses divinités. Les éléments bouddhistes qui apparaissent dans l'architecture attestent la nature syncrétique de la religion chinoise.

Le **jardin zoologique municipal**, rue Chung-Shan-Nord, est principalement fréquenté par les Taiwanais, bien qu'il expose des animaux indigènes à l'île, tels que le rare daim tacheté formosan. Le zoo a été construit en 1914 par les Japonais sur un site dont on a exhumé quelque 5 000 outils de pierre, objets façonnés, restes de squelettes humains et tessons de poterie d'une très grande valeur archéologique, qui ont permis d'identifier la culture Yuanshan (aux environs de 1500 av. J.-C.).

Le musée du Palais

Niché dans les collines, derrière le Grand Hotel, se trouve le lieu de visite le plus fréquenté de Taipei et probablement de tout Taiwan. Un complexe imposant de bâtiments de brique beige couronnés de toits de tuiles vertes ou

A gauche, la relève de la garde au mausolée des Martyrs de la Révolution ; à droite, petite fille en tenue de promenade.

jaunes, abrite la collection du **musée du Palais national**. Situé dans la banlieue de Waishuanghsi, à 20 mn en taxi du Grand Hotel, l'édifice est impressionnant. C'est là que, dans de gigantesques chambres à la température et à l'humidité contrôlées avec soin, sont exposées 11 000 pièces qui évoquent cinq mille ans de civilisation chinoise, mais qui ne représentent qu'une fraction des 600 000 peintures, porcelaines, bronzes, tapisseries, livres et autres objets entreposés dans près de 4 000 caisses gardées dans des souterrains inviolables creusés à même la montagne, derrière le musée.

Le musée du Palais a ouvert en 1965, mais l'histoire de ses trésors, qui se lit comme un roman, peut se retracer sur plus de mille ans, jusqu'aux débuts de la dynastie des Song (960-1279), dont le fondateur, l'empereur Tai-zu, fonda l'académie de Hanlin afin d'encourager la littérature et les arts. Son frère et successeur, Tai-zong, ouvrit plus tard la galerie Taiching, qui conserva tout d'abord certaines pièces de la collection. L'empereur Tai-zong institua ensuite la Galerie impériale en tant que département du gouvernement pour la préservation des livres rares, des peintures et des calligraphies anciennes. La Galerie impériale, prototype de la collection de Taipei, est devenue le musée du Palais des Song du Nord. La collection des Song fut transportée de Pékin à Nankin sous la dynastie des Ming, puis revint à Pékin, ce qui, d'une certaine façon, préfigurait les nombreux déplacements qui allaient avoir lieu au XXᵉ siècle.

La collection a été principalement rassemblée sous la dynastie des Qing (1644-1911). Ces empereurs, en particulier Gao-zong (1736-1795), furent des collectionneurs passionnés. La plupart des pièces de la collection actuelle sont le résultat de leurs efforts pour rassembler le patrimoine de leur pays. Mais les choses ont commencé à se compliquer en novembre 1924, lorsque le gouvernement nationaliste provisoire de Pékin donna deux heures au dernier empereur mandchou Pu-yi et à son entourage d'eunuques et de femmes pour évacuer la Cité interdite. Après quoi il envoya 30

Le musée national du Palais.

jeunes lettrés chinois et experts en art faire l'inventaire de l'énorme collection que les empereurs de Chine avaient amassée en plus de cinq cents ans. Il fallut deux ans à ces derniers pour opérer une sélection et organiser la collection. Dans l'intervalle, le gouvernement avait fondé le musée du Palais national de Peiping et commença à exposer certaines pièces.

Lorsque l'inventaire fut achevé en 1931, les Japonais avaient attaqué la Mandchourie et menaçaient Pékin. La collection avait, et a toujours d'ailleurs, une considérable valeur symbolique pour son propriétaire, auquel elle octroyait une part de sa légitimité politique. Pour empêcher les Japonais de s'en emparer, les nationalistes emballèrent soigneusement tous les objets dans 20 000 caisses qu'ils expédièrent dans cinq trains vers Nankin, dans le sud. Ce fut le début d'une odyssée de seize ans pendant laquelle ces inestimables trésors ont été ballottés dans une Chine déchirée par la guerre, transportés par des trains, des camions, des charrettes, des

radeaux et même à pied, avec toujours sur leurs traces les Japonais ou les troupes communistes. Il est incroyable, à cet égard, qu'aucune pièce n'ait été perdue ou endommagée.

Une sélection des plus belles pièces fut expédiée par bateau à Londres pour une exposition qui devait avoir lieu en 1936, ce qui fit du bruit dans la communauté des intellectuels chinois, qui craignaient que les étrangers ne restituent jamais les objets prêtés, ce qui ne fut pas le cas. L'année suivante, les Japonais occupaient Pékin et menaçaient Nankin. De nouveau, la précieuse collection fut chargée sur des camions et transportée en trois expéditions à travers collines, rivières et fleuves jusqu'aux montagnes occidentales de l'ouest de la Chine. Après la Seconde Guerre mondiale, le gouvernement nationaliste rapporta les objets à Nankin.

Mais en 1948, lorsque la prise du continent par les communistes était imminente, 4 800 caisses furent extraites des 20 000 caisses d'origine et envoyées jusqu'au bastion nationaliste de Taiwan.

Les 79 coupes en bois de l'époque Qing, au musée du Palais.

On les remisa à titre temporaire dans un entrepôt de sucre de Taichung jusqu'à ce que le musée Sun Yat-sen (Chung-Shan) ouvre ses portes en 1965 à Waishuang-hsi. Parmi les pièces mises à l'abri, on compte 4 389 bronzes anciens, 23 863 porcelaines, 13 175 peintures, 14 223 calligraphies, 4 636 jades, 153 094 livres rares de la bibliothèque impériale et 389 712 documents, journaux et archives du palais. Nombre de ces objets sont toujours dans leurs caisses d'origine. Des portes d'acier massif rouge conduisent aux catacombes, pourvues de déshumidificateurs et à température constante de 18 °C, où des coffres d'acier sont empilés.

Peu à peu, le musée du Palais a révélé les secrets de ses souterrains. Les peintures sortent à l'occasion d'expositions, tous les trois mois, tandis que d'autres objets, comme les jades d'Hindoustan et les bronzes Ting, sont exposés tous les deux ans. La collection permanente du musée comporte, au second étage, des objets de la tombe 1 001 exhumée dans la province du Hunan, accompagnés de bronzes, d'os oraculaires, de céramiques, porcelaines et peintures. Émaux cloisonnés, jades, sculptures, laques et peintures sont exposés au troisième étage, tandis qu'au quatrième étage un atelier de lettré a été reconstitué.

Les peintures sont d'un grand intérêt. Il s'agit de paysages ou de portraits réalisés sous les dynasties Song, Yuan, Ming et Qing du Xe au XVIIe siècle. Les porcelaines Yuan, Ming et Qing dévoilent les célèbres pièces Ju, Kuan, Ko, Ting, Chun, Chien-yang, etc. Des bronzes coulés entre le XVIIe et le Ve siècle av. J.-C., des calligraphies de la main de célébrités telles que Wang Hsi-chi et Lu Chi, des pièces de jade inestimables, faites pour la plupart sous l'œil attentif de l'empereur Qian-long, de la dynastie Qing, font aussi partie de la collection. On peut aussi y admirer les fameux jades *feicui*, de la dynastie Qing, en forme de chou, qui abritent des sauterelles ainsi qu'une collection unique de 79 coupes de bois si fines qu'elles s'emboîtent les unes dans les autres. Il y a enfin une extraordinaire collection de miniatures en bois ou en

A gauche, coupe en jade d'époque Song ; ci-dessous, jarre en porcelaine d'époque Qing.

ivoire, dont un minuscule bateau de 5,3 cm de long sur 3 cm de haut comportant l'équipage et les passagers. Il est interdit de prendre des photographies dans le musée, mais il est possible de se procurer des diapositives de la plupart des pièces dans la boutique du musée ainsi que des reproductions de peintures, de porcelaines et d'autres objets.

La **cité de Cathay**, située dans la banlieue de Waishuanghsi, sur la route du musée, reproduit l'atmosphère d'un marché chinois antique, avec ses boutiques, ses échoppes et ses artisans vêtus à la manière traditionnelle, tandis que des orchestres de musique chinoise classique, des acrobates et des danseurs animent les rues de cette ville reconstituée. On peut y faire des achats ou y goûter des mets préparés par les meilleurs chefs de Taipei.

Les autres musées

Après la visite du Musée national, les visiteurs qui aiment les musées auront de quoi se réjouir. En effet, les passion-

nés de l'armée pourront voir quelque 10 000 objets dans le **musée des Forces armées chinoises**, situé dans le centre de la ville, rue Kuei-Yang. Le **musée national d'Histoire**, rue Nan-Hai, conserve 10 000 objets qui couvrent la période de 2000 av. J.-C. à nos jours, avec un bon échantillonnage de monnaie chinoise. Après la visite, on peut flâner dans les **jardins botaniques**, à proximité, où poussent des centaines d'espèces d'arbres, arbustes, palmiers et bambous. Le **musée provincial de Taiwan**, rue Hsiang-Yang, présente les tribus aborigènes de l'île et expose des pièces de leur artisanat, de leur habillement et des objets usuels. Derrière le musée, le **Nouveau Parc**, orné de pagodes et de pavillons, présente une statue dédiée à un étranger, le général américain Claire Chennault, décoré des plus hautes distinctions pour l'action de son aviation lors de la Seconde Guerre mondiale, et qui est une figure de l'histoire de Taiwan. Le crépuscule est le meilleur moment pour se promener dans le parc, lorsque des milliers de citadins pratiquent la danse, la gym-

i-dessous, assiette en laque gravée, collection de Chienlung, vers 736-1795 ; à droite, souterrains du musée du Palais.

nastique ou d'autres exercices de *tai-chi*, *shao-lin* et autres arts martiaux.

Les monuments commémoratifs

En plus des musées, Taipei revendique d'autres monuments d'intérêt, dont le plus impressionnant est le **mémorial de Tchang Kaï-chek**, dédié à l'ancien président, situé rue Chung-Shan-Sud, au sud de l'hôtel Hilton et à proximité du Nouveau Parc. Inauguré le 5 avril 1980, à l'occasion du cinquième anniversaire de la mort de Tchang Kaï-chek, cet énorme bâtiment domine de ses 76 m de hauteur un joli jardin paysager. A l'intérieur trône une imposante statue de bronze de 25 t représentant le défunt président. L'entrée principale est une magnifique arche dans le style traditionnel Ming qui fait 30 m de haut sur 76 m de large. L'originalité de ce lieu réside dans les 18 différents styles de fenêtres chinoises traditionnelles qui ont été percées tout le long de l'enceinte à la hauteur des yeux. Un **Théâtre national** et une **salle de concert** ont été ajoutés sur un terrain

de 25 ha. Le mémorial de Tchang Kaï-chek ferme à cinq heures, mais le parc reste ouvert toute la soirée.

Un autre monument a été dédié au guide de Tchang Kaï-chek et fondateur de la République de Chine, le docteur **Sun Yat-sen**. Situé à l'extrémité orientale de la ville, dans la section 4 de la rue Jen-Ai, le bâtiment principal arbore un toit gracieusement recourbé et couvert de tuiles jaunes vernissées. Une statue de bronze de Sun Yat-sen se trouve dans la salle principale. Il faut souligner que cet homme est resté le seul dénominateur commun entre les régimes nationaliste et communiste, qui considèrent tous deux Sun Yat-sen comme le fondateur de la Chine moderne.

Le centre administratif du gouvernement nationaliste, c'est-à-dire le **Palais présidentiel**, est situé au nord de la rue Po-Ai. La place qui s'étend devant ce palais est le siège de célébrations spectaculaires pendant la fête du Double-Dix, qui a lieu le 10 octobre. Le Palais présidentiel et le Grand Hotel brillent à cette occasion de mille feux.

Le mémorial de Tchang Kaï-chek.

Religion et dragons

Sur la place, devant le Palais présidentiel, se trouve la **porte de l'Est**, plus grande des cinq portes appartenant au mur d'enceinte de la ville construit au XIXᵉ siècle. Toutefois, la plupart de ces portes ont été abattues par les Japonais lors d'un programme de rénovation urbaine.

Le plus ancien et le plus célèbre de tous les temples de Taipei est le **temple de Lung-Shan** (de la Montagne des Dragons). Ce nom est une allusion à la drôle de collection de créatures qui en animent le toit. Situé rue Kuang-Chou, au cœur du vieux Taipei et au sud-ouest du centre actuel, il a été construit dans la première moitié du XVIIIᵉ siècle en l'honneur des divinités gardiennes de l'île : Kuan-yin et Ma-tsu. Malheureusement, ce monument a été touché par un raid allié, le 8 juin 1945. Les flammes qui l'ont embrasé ont été si intenses qu'elles ont fait fondre les grilles de fer qui se trouvaient autour de la grosse statue en bois de camphrier de Kuan-yin. Le bâti-

ment a été totalement détruit, à l'exception de la statue, qui a remarquablement résisté au feu, puisqu'on n'a trouvé qu'un peu de cendres et de débris autour de ses pieds. Le temple actuel fut reconstruit en 1957 autour de la statue, qui contemple les croyants du haut de son autel avec une grande sérénité. Ces derniers attribuent sa survivance aux pouvoirs surnaturels de la divinité. Outre cette magnifique sculpture de Kuan-yin, le temple est célèbre pour ses sculptures sur pierre, ses bois gravés et ses bronzes. Seuls les plus grands professionnels de la sculpture, soigneusement sélectionnés, sont en effet autorisés à entretenir et à restaurer le temple de Lung-Shan. On remarquera les 12 colonnes de soutien de la salle centrale, qui semblent vibrer du mouvement des dragons ciselés dans la pierre. Le temple de Lung-Shan, qui est généralement très fréquenté par les croyants, est l'endroit idéal où observer les rites chinois traditionnels.

Il faut aussi visiter le **temple de Hsing-Tien**, au 261, rue Min-Chuan-Est, dans le

Cour du temple de Lung-Shan.

quartier nord-est de la ville. Dédié à Kuan-kung (Guangong), l'homme au visage rouge et à la barbe noire, ce temple taoïste est également fréquenté jour et nuit. Un jardin miniature édifié autour d'un minuscule bassin est un parfait exemple de la manière dont les Chinois incorporent symboliquement des éléments de la nature dans l'architecture religieuse. Dans ce temple et dans bien d'autres, des dizaines de femmes vêtues de blouses bleues s'activent à nettoyer les locaux, entretenir les icônes et aider les fidèles à accomplir leurs dévotions. Ces femmes, qui ont toutes subi quelque traumatisme au cours de leur vie, sont entrées au service du temple comme en thérapie. Et ce fut si efficace que la plupart d'entre elles ont recouvré leur équilibre et continuent à servir le temple par gratitude.

L'allée des Serpents

Taipei est coupé en deux sections, nord et sud, par la longue **rue Chung-Hsiao**, dans laquelle on trouve le Hilton et le Sheraton, ainsi que la gare ferroviaire. Les rues **Chung-Shan-Nord** et **Chung-Shan-Sud** découpent la ville en quartiers est et ouest. Cela aide à se repérer lors des déplacements en ville. Mais pour le visiteur, il faut tenir compte du fait que nombre de rues affichent leurs noms en caractères chinois et que les avenues et les boulevards sont découpés en sections qui peuvent faire plusieurs kilomètres de long. En dépit de ces complications topographiques, s'il se promène librement, le voyageur est assuré de surprises que les visites touristiques classiques n'auraient pu lui procurer. Une autre manière de capter l'atmosphère de la ville consiste à fréquenter les marchés, qui sont ouverts toute la journée. On y trouve une grande variété de légumes, fruits, viandes et poissons, volailles, épices et condiments. Dans la soirée, les vendeurs de produits frais cèdent la place à des gargotes ambulantes qui servent toutes sortes de repas à des prix très bas.

Le plus exotique de tous ces marchés de nuit est incontestablement celui de

Un devin de l'allée des Serpents.

l'allée des Serpents (c'est le nom que les étrangers lui ont donné), dans le district de Wanhua, à seulement quelques minutes de marche du temple de Lung-Shan. Les Chinois connaissent ce lieu sous le nom de **rue Hwa-Hsi**. Ce sobriquet «d'allée des Serpents» vient de la nature même des affaires qu'on y traite. Les boutiques exposent en effet un grand nombre de cages remplies de reptiles souvent venimeux qui sont proposés à la vente. L'acheteur, son choix fait, regardera son serpent pendu vivant à un fil de fer, tendu, étripé et ouvert de la tête à la queue au moyen d'un petit couteau. On recueille le sang et la bile qui s'écoulent du corps contorsionné dans un verre contenant un alcool puissant et des herbes chinoises. Pour ceux qui souhaitent un «coup de fouet» supplémentaire, le vendeur ajoutera quelques gouttes de venin au mélange. La carcasse de l'animal étripé continuera de pendre et de se tortiller tandis que l'acheteur dégustera sa décoction, fermement persuadé qu'elle a le pouvoir d'améliorer la vue, de renforcer la colonne vertébrale,

d'éliminer la fatigue et, bien entendu, d'accroître la puissance sexuelle. La viande de l'animal sera ensuite découpée en morceaux pour faire une succulente soupe. L'allée des Serpents offre aussi les services de diseurs de bonne aventure, d'herboristes, de tatoueurs, de vendeurs de fruits et autres camelots. On y trouve aussi plusieurs restaurants spécialisés dans les fruits de mer.

Le **marché de Ching-Kuang**, situé près de l'intersection des rues Nung-An et Shuang-Cheng, à proximité de l'hôtel Président, est conseillé aux noctambules qui cherchent quelque chose à se mettre sous la dent lorsque les pubs et les cabarets ferment, à minuit.

Un peu plus loin, il y a le **marché de Shih-lin**, l'un des plus grands de Taipei, qui s'étend sur plusieurs arpents au nord du Grand Hotel, dans la banlieue de Shih-lin. On citera également celui de **Kung-kuan**, près de l'université nationale de Taiwan, celui de **Tung-hwa**, près du Centre de commerce international, ou celui de **Tsing-kouang**, non loin de l'avenue Chung-Shan-Nord.

dessous, un [t]oueur, et [à] droite un [ve]ndeur de [li]queur de serpent [da]ns l'allée des Serpents.

LES MAGASINS DE TAIPEI

Taipei offre de nombreuses distractions, dont la première est sans doute le lèche-vitrines. Si tous les pays ont plus ou moins préservé leurs arts traditionnels, Taiwan a beaucoup à offrir dans ce domaine, tant ses boutiques abondent en marchandises, dont les étals débordent d'ailleurs dans les rues et sur les trottoirs, ce qui rend souvent les allées et venues difficiles dans certains quartiers commerçants. Les meilleurs achats seront donc les produits locaux, car les produits de marque importés sont lourdement taxés, et donc chers. Mais, il n'y a pas si longtemps, les visiteurs pouvaient trouver d'habiles copies de produits de luxe à des prix séduisants. Il faut, à ce sujet, signaler que, de nos jours, les nouvelles lois sur la protection des marques ont tenté de mettre un frein à ces pratiques.

La clef des achats consiste, en Orient, à savoir où trouver ce qu'on veut, puis à savoir négocier. En ville, tout se vend : peintures de paysages classiques, calligraphies, jades finement sculptés, bois durs anciens, et à des prix relativement raisonnables. La rue Chung-Shan-Nord est une grosse artère commerciale de Taipei spécialisée dans la porcelaine, les sculptures sur bois, les cuivres, les marbres, l'or, les laques, les antiquités, le mobilier et la bijouterie. Les commerçants prétendent que leurs prix sont «fixes», mais il faut toujours marchander. Voici à présent quelques points de repères pour les amateurs.

La porcelaine

Si Taipei demeure un centre international de production et de vente de porcelaine, les boutiques locales disposent également d'un fonds important de porcelaines antiques. Toutefois, les acheteurs inexpérimentés devront rester vigilants devant ces prétendues antiquités, dans la mesure où même les experts ont parfois du mal à distinguer d'authentiques pièces de musée de copies élaborées par des artisans contemporains et

peaufinées jusqu'à la dernière craquelure. A cet égard, il est beaucoup plus facile de se procurer de véritables reproductions de modèles anciens, dont les usines taiwanaises conservent avec fidélité les formes, les motifs, les couleurs et le vernis pour chaque époque. Certaines pièces sont d'ailleurs saisissantes. Les grands magasins comme les boutiques offrent un bon choix de porcelaines chinoises.

A l'**usine de céramiques de Peitou**, dans la banlieue de Taipei, les visiteurs pourront assister à la fabrication d'une pièce de porcelaine. Après la visite, il est possible d'en acheter dans la salle d'exposition de l'usine.

Le pinceau et l'encre

Taipei est un véritable paradis pour ceux qui sont tombés sous le charme des paysages noyés dans la brume des peintures chinoises et des élégantes volutes de la calligraphie, car les artistes contemporains produisent aussi bien des copies des plus grands chefs-d'œuvre du passé

Pages précédentes : magasin de chaussures. A gauche, les enseignes des petits commerces du quartier de la porte de l'Ouest ; à droite, grands magasins du même quartier.

que des œuvres originales. Indépendamment du conseil de l'expert, le seul critère de choix pour une peinture ou une calligraphie est le coup de foudre. Toutefois, les œuvres anciennes au pinceau et à l'encre découragent la plupart des acheteurs, car souvent, du fait de l'usure des siècles, elles ne sont pas aussi séduisantes que certaines créations contemporaines.

Le **musée du Palais national** offre une superbe sélection de reproductions de peintures et de calligraphies anciennes. Les visiteurs qui portent un intérêt particulier à ces arts trouveront aussi de splendides pinceaux, pierres à encres, encriers de pierre, pots à eau et autres accessoires au **Bazar chinois** de la rue Chung-Hwa ainsi que dans d'autres boutiques spécialisées de la ville.

Les bois sculptés

Les artisans et les architectes chinois maîtrisent parfaitement la sculpture et la gravure sur bois : ils semblent comprendre d'instinct comment mouler chaque spirale dans un morceau de bois. La plupart de ces pièces empruntent leurs thèmes au folklore, à la mythologie et à la religion chinoises. Leur précision leur confère une vie extraordinaire. Qu'elles soient dorées, laquées ou simplement polies, ces sculptures sur bois sont de magnifiques pièces décoratives. Une large sélection vous sera proposée dans le magasin d'État **China Handicraft Mart**, rue Hsu-Chow.

Le corail et le jade

Les bijoutiers de Taiwan sont connus pour être les plus grands producteurs de bijoux de corail et de jade du monde, grâce aux ressources des eaux locales. Ces coraux, roses, rouges ou blancs, se transforment en bijoux très appréciés : bagues, bracelets, colliers et pendentifs dont le prix varie en fonction de la qualité et de la couleur du corail lui-même, tout en demeurant inférieur à celui des pierres précieuses. La bijouterie locale recourt à un autre matériau dont le prix est très raisonnable. Il s'agit de la

A gauche, un calligraphe ; ci-dessous, sculpteur sur bois achevant une statuette de divinité.

néphrite. Cette pierre vert foncé extraite sur place ne peut toutefois rivaliser avec la qualité, la variété et la finesse des jades anciens du continent, qu'on peut également se procurer dans les magasins d'antiquités.

L'opaline est un autre bon achat local. Des marchands proposent en effet la pierre brute, tandis que des artisans la sertissent. Le cloisonné qu'on trouve en bagues, bracelets, pendentifs et autres bijoux aussi bien qu'en vases, assiettes, récipients, est une autre spécialité de l'île. Le visiteur trouvera des dizaines de bijouteries dans les rues Chung-Shan-Nord et Heng-Yang aussi bien que dans les grands hôtels.

L'or

L'or a toujours été très apprécié en Asie comme investissement, mais aussi comme ornement. A Taipei, on trouve des bijoutiers spécialisés dans l'or. D'habitude, les Chinois n'apprécient pas beaucoup les articles à 14 carats importés de l'étranger. Ils leur préfèrent ceux à 18 carats (comme c'est la norme en France) et, plus encore, l'or pur à 24 carats, qui ne coûte d'ailleurs pas plus cher que l'or européen, ce qui s'explique par le fait que les bijoutiers chinois indexent leurs prix sur le cours international de l'or. Mais il est recommandé de vérifier le prix de l'or au poids avant d'acheter, tout en tenant compte du fait que ces bijoux en or pur font l'objet d'un travail délicat qui en accroît forcément le coût.

La magie du marbre

De toutes les ressources naturelles de l'île, seul le marbre semble inépuisable. On l'extrait et on le traite sur la côte est, à proximité de Hwalien, où se trouve une très grosse usine placée sous l'égide de l'**Agence technique des militaires à la retraite** (R.S.E.A.). Des visites sont prévues qui montrent aux touristes comment le marbre se travaille sous la main de talentueux artisans qui arrivent à suggérer des crêtes montagneuses élevées, des vagues de nuages, des vallées embru-

Vases et objets en marbre.

mées et d'épaisses forêts à partir du grain et des motifs naturels de la pierre, et qui fabriquent des socles de lampes, des plaques, des nécessaires de bureau, cendriers, montures de briquet, boîtes à cigarettes, bougeoirs, bols, assiettes, tasses, échiquiers, etc. L'usine de Hwa-lien a une succursale à Taipei : le **centre d'exposition R.S.E.A.**, rue Chung-Shan-Nord, section 2. Mais on peut aussi se procurer des articles en marbre dans toutes les boutiques de souvenirs de la ville.

Les laques et les cuivres

Depuis que les artisans chinois fabriquent le laque, leurs créations telles que paravents, coffres sculptés, boîtes, bols, assiettes marquetées et objets divers sont très appréciées dans tout l'Extrême-Orient. Le **Bazar chinois** et les boutiques le long de la rue Chung-Shan Nord, sections 2 et 3, disposent d'assez beaux spécimens de laques.

Taipei est aussi le bon endroit où acheter des cuivres, qu'on pourra obte-nir pour une fraction de leur prix en Occident. Taiwan ayant le plus grand centre mondial de démolition et de récu-pération de vieux bateaux (Kaohsiung), le visiteur pourra se procurer certains accessoires classiques des anciens paque-bots de luxe à un prix très bas, dans les boutiques spécialisées de la rue Chung-Shan-Nord.

Mobilier et ustensiles

Le mobilier chinois traditionnel est élé-gant et fonctionnel : sculptés, incrustés de nacre, de marbre ou d'autres maté-riaux précieux, recouverts de couches de laque ou dorés, les meubles chinois, aux lignes parfaitement proportionnées, séduisent toujours. Pour acheter de beaux meubles anciens, il est recomman-dé de se rendre à la maison de commer-ce **Bai-Win** (Bai-Win Mercantile House), en banlieue, à Tien-Mou, et à l'**Unicorn**, au nord de Peitou. Pour le mobilier contemporain en bois, rotin, bambou et métal, les magasins de la sec-tion 5 de la rue Chung-Shan-Nord à

Bijoutier spécialisé dans les bijoux en or.

Shih-lin, juste avant le pont de Tien-Mou, sont tout indiqués.

Pour donner une touche asiatique à leur cuisine, ceux qui le souhaiteront pourront trouver un échantillonnage complet des instruments culinaires chinois au Bazar chinois, qui propose des baguettes, poêles chinoises, récipients à vapeur en bambou, louches, bols à riz, paniers à légumes. Par ailleurs, les rayons alimentation des grands magasins offrent tout un assortiment de champignons séchés, champignons noirs et blancs (connus sous le nom d'«oreilles d'arbre»), œufs en conserve, fruits secs, graines de lotus, boutons de chrysanthèmes, bœuf et porc séchés, condiments en boîte. Certains magasins spécialisés dans l'épicerie de luxe exposent dans leurs vitrines jambons, boîtes de conserve diverses et aliments lyophilisés.

Enfin, Taiwan regorge de toutes sortes d'articles électriques dont le contrôle de qualité s'est amélioré de manière appréciable depuis l'époque à laquelle le label *made in Taiwan* était synonyme de «travail sans soin». De nos jours, Taiwan produit des montres, des calculatrices, des automobiles, des motocyclettes, des jouets et des articles de sports, des appareils ménagers et autres gadgets sous un contrôle très strict afin de respecter les normes des marchés internationaux.

L'industrie du livre

Taipei est un véritable rêve pour les passionnés de lecture et un cauchemar pour les éditeurs étrangers. Du fait d'une pression mondiale croissante, Taiwan a désormais adhéré aux lois internationales sur les droits d'auteur. Jusqu'à ces dernières années, les éditeurs locaux «pirataient» encore beaucoup d'ouvrages étrangers, qu'ils vendaient pour le quart de leur prix d'origine, car ces publications ne pouvaient être importées dans l'île du fait de leur coût élevé. L'effort récent de Taiwan pour reconnaître les droits de la propriété intellectuelle a mis les lois de protection des droits de la propriété intellectuelle de Taiwan en accord avec les normes internationales définies par le G.A.T.T.,

Au bonheur des dames...

les conventions de Berne et de Paris. Si la mise en vigueur de ces droits est loin d'être achevée, les changements en cours traduisent une appréciable réforme de la philosophie des affaires et du comportement culturel de Taiwan, et ce, pas seulement dans le domaine du livre mais, plus largement, dans celui de l'informatique, de la musique ou du cinéma.

Livres, dictionnaires, guides de cuisine et romans s'achètent à Taipei pour des sommes modiques. On trouvera principalement des librairies en langues occidentales dans la rue Chung-Shan Nord. La plus connue et la mieux fournie des librairies de la ville est **Caves Book**, au 107, rue Chung-Shan-Nord, section 2.

Les soies et les satins

Le tailleur traditionnel est toujours une figure familière de Taipei, comme de toutes les localités chinoises d'Extrême-Orient. Il faut préciser qu'à Taiwan on produit la plupart des tissus avec lesquels on confectionne des vêtements pour un coût très abordable. On trouve en effet des gammes complètes de tissus conçus pour l'exportation aussi bien que des modèles chinois de type traditionnel. L'île produit des soies, des satins et des brocarts qui constituent un excellent achat et avec lesquels les femmes pourront se faire faire une *chipao* (en cantonais *cheongsam*), la fameuse robe chinoise traditionnelle fendue plus ou moins haut sur le côté, et pour laquelle il faut au moins deux essayages pour qu'elle tombe parfaitement, tant elle moule le corps. Les meilleurs détaillants de textile de Taipei se concentrent dans les rues Heng-Yang et Po-Ai, à quelques pâtés de maisons du Hilton.

Pour le prêt-à-porter, on pourra jeter un coup d'œil aux grands magasins et aux boutiques du côté de la porte de l'Ouest et dans la rue Chung-Shan-Nord.

La sémantique du thé chinois

Le thé est une partie intégrante de la culture chinoise. Subtilement parfumé et physiquement fortifiant, délicat et

De magnifiques pots à thé dans une boutique.

tonique, le thé reflète l'équilibre cosmique et l'harmonie spirituelle qui sont si importants dans l'esprit chinois. Quelques tasses d'un bon thé chinois, prises après un repas copieux, agiront comme émulsifiant pour dissoudre les graisses et les protéines. Le thé encourage la digestion et facilite l'effort métabolique du foie qui, autrement, aurait la charge de digérer les graisses et les protéines. En même temps, le thé stimule l'esprit. C'est ce mélange rafraîchissant de bienfaits physiques et «spirituels» qui en a fait le succès en Orient. Mais les Chinois boivent le thé d'une manière très différente de celle qu'on connaît en Occident. Ils n'ajoutent en effet ni lait ni citron, car ils préfèrent en savourer le bouquet subtil et le goût unique sans ajouter une quelconque substance étrangère. C'est pour cela que la qualité et la cueillette de la feuille sont si importantes.

Les connaisseurs chinois ont une approche du thé qui est sensiblement du même type que celle des Occidentaux vis-à-vis du vin. Ils hument et goûtent pareillement pour identifier le type et l'origine de la feuille. Parfois, ils peuvent payer une fortune pour quelques grammes d'une bonne récolte.

Taiwan est spécialisé dans trois sortes de thés. Il y a tout d'abord les thés verts, dont les feuilles sont étuvées immédiatement après la collecte pour stopper la croissance des bactéries, puis roulées à la main pour extraire l'excès d'humidité et libérer le goût. Les feuilles sont enfin séchées et empaquetées. Lorsqu'elles infuseront, elles prendront une teinte vert lumineux et un goût délicat caractéristique. Les thés verts sont riches en vitamine C. Et les connaisseurs affirment qu'ils stimulent l'esprit beaucoup mieux que ne le fait tout autre mélange. Ils sont particulièrement prisés par les religieux ou les lettrés, qui prétendent qu'ils améliorent leur capacité à penser et à méditer pendant de longs moments sans fatigue. Le *lung-ching*, ou «puits du dragon», est considéré comme l'un des meilleurs thés verts de Taiwan. Les thés de la catégorie *wulung*, ou «dragon noir», fermentent à des degrés divers

La maison de thé Wisteria.

après la collecte, ce que justifie leur couleur sombre et leur saveur plus forte. Leur goût est fruité et le bouquet quelque peu épicé. A Taiwan, le *wulung* est considéré comme l'un des meilleurs thés, avec une nette supériorité pour celui qui pousse sur les monts Tung-Ting, dans la chaîne centrale de Taiwan. Ce dernier est réputé dans le monde entier pour son parfum et son corps. Offrir un bon *tung-ting* équivaudrait en France à offrir une bonne bouteille de cognac.

Le *tie Kuan-yin* (ou «déesse Kuan-yin de fer») est un autre *wulung* très apprécié des étrangers. Ce thé est fermenté à 50 %, ce qui lui donne une plus forte constitution que le *tung-ting*. Il est bon pour la digestion, et les gens lui attribuent également d'autres bienfaits dans le domaine de la santé.

Le troisième type de feuilles produites à Taiwan est celui du thé noir, inexplicablement appelé «thé rouge». Ce thé se consomme beaucoup plus en Occident qu'en Chine. Le thé noir est fermenté à 100 %, ce qui lui donne une couleur sombre et un goût fort lorsqu'il est infusé. Il n'a pas le subtil bouquet ni l'équilibre délicat de saveurs que les connaisseurs chinois apprécient tant. Les thés noirs servent souvent à faire des mélanges avec des fruits séchés comme les *lichees*, des peaux d'orange, des fleurs de jasmin, des épices ou simplement avec d'autres variétés de thés. Si Taiwan produit d'excellents thés noirs, il faut reconnaître que les meilleurs mélanges proviennent d'Inde.

Il y a à Taipei de nombreuses boutiques qui vendent du thé. Elles offrent en général une large sélection de feuilles locales qui vont de la feuille «simple», pour les puristes, à de savoureux mélanges parfumés pour les plus aventureux. S'ils le vendent au poids et au détail, les magasins le proposent aussi en boîtes décoratives.

Dans la cérémonie chinoise du thé, on bourre de feuilles un pot d'argile rouge, puis on le remplit d'eau bouillante ; on laisse alors infuser quelques minutes. On verse ensuite le mélange dans des tasses minuscules et on le déguste brûlant. Le processus se répète cinq ou six fois, et il se produit une saveur subtile différente à

chaque fois, jusqu'à ce que les feuilles aient complètement épuisé leur arôme. On pourra expérimenter l'art traditionnel du thé à Taipei dans d'excellentes maisons comme **Lu Yu**, rue Heng-Yang, **Cha Tao**, rue Min-Chuan-Est, et **Wisteria**, rue Hsin-Sheng-Sud. La première maison propose des cours de dégustation, tandis que la maison Cha Tao offre un décor traditionnel dans de petites salles privées.

L'alcool et les cigarettes

Même si les vins et alcools chinois ne conviennent pas toujours au palais occidental, on peut en faire l'acquisition auprès de la **Régie du vin et du tabac de Taiwan**, rue Chung-Shan-Nord, section 2. A l'occasion des congés nationaux, cette régie vend des alcools chinois présentés de très jolies bouteilles décoratives.

La cigarette locale la plus populaire est la Long Life. Mais la meilleure qualité, vendue dans des boîtes rondes de 50, est la Prosperity Island. Taiwan produit

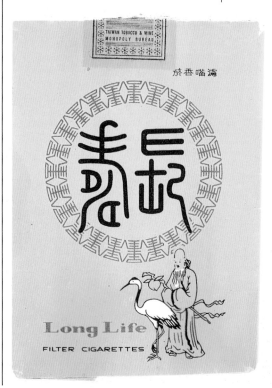

«Longue Vie» : un nom original pour des cigarettes.

aussi du tabac Liberty et des cigares Gentleman. Outre les vins et tabacs locaux, la Régie contrôle aussi l'importation et la vente à Taiwan des alcools et des tabacs étrangers.

Les quartiers commerçants

Deux de ces quartiers commerçants animés se trouvent à proximité des magasins de textiles. Le premier, qui s'appelle **porte de l'Ouest** (West Gate), est l'équivalent des Champs-Élysées à Paris. Théâtres, grands magasins et boutiques de toutes sortes animent ce quartier. C'est là que le voyageur se sentira complètement immergé dans la vie locale. Aux heures de pointe, le quartier grouille de monde, et il est alors difficile de lutter contre ce flot qui vous emporte. Le nom de ce quartier lui vient d'une importante porte de briques qui se dresse incongrûment au milieu des bretelles d'autoroutes qui encombrent cette partie de la ville.

A proximité, la rue Chung-Hwa traverse le cœur du district du Bazar chinois. Des passages piétonniers aériens relient entre eux les niveaux commerçants. Le **Bazar chinois** (Chung-Hwa shangshang) occupe quatre gros pâtés de maisons. C'est l'un des rares endroits de la ville où le marchandage n'est pas seulement possible, mais obligatoire.

Malgré tout, les grands magasins permettent d'acheter des produits manufacturés à des prix fixes officiellement approuvés par le gouvernement. Parmi ceux-ci, on citera le **Far Eastern**, le **Sesame**, le **Shin Shin**, l'**Evergreen**, le **Cathay**, le **Jen Jen**, le **Hsinkuang**, le **First**, le **Lai-Lai** et le **Today's**. L'un des plus luxueux est l'**Asiaworld**, dans la rue Nankin, quartier d'affaires de Taipei. Outre ses installations ultramodernes, ce magasin comporte un ensemble de restaurants qui a une capacité de 10 000 couverts.

Pour ceux qui s'intéressent aux fabricants et fournisseurs taiwanais, il est conseillé d'aller faire une visite au **centre d'exposition des Produits d'exportation,** situé à l'aéroport intérieur Sung-shan, dans le nord-est de Taipei.

Atelier de peinture d'éventails.

LE NORD

Si la visite de Taipei et le lèche-vitrines dans la capitale risquent de monopoliser une grande partie de votre temps, une escapade en dehors de la ville permet d'apprécier les ressources de la vie rurale locale.

L'extrémité septentrionale de Taiwan est en effet un résumé de l'île, dans la mesure où l'on y trouve des montagnes, des sources chaudes, des plages, des rizières, des villages, des temples et aussi des tribus aborigènes.

Échappée en montagne

Pour échapper à la foule et à l'humidité de Taipei, le visiteur pourra se réfugier sur la **montagne Yangming** (Yangming-Shan), qu'on atteint après une demi-heure de voiture sur une route tortueuse, au nord de Taipei. Riches industriels, célébrités et imprésarios, hommes d'affaires, expatriés y vivent dans de luxueuses villas nichées dans les hauteurs fraîches qui surplombent la capitale. Le nom primitif de «montagne des Herbages» fut modifié en l'honneur de Wang Yangming (1472-1529), philosophe favori de l'ancien président Tchang Kaï-chek, lequel avait une villa dans la montagne.

A mi-chemin de la route principale, un panneau indique la **villa des Nuages-Blancs**, second fournisseur mondial d'orchidées, dont les serres et les jardins, qui comptent plus d'un million de plantes, se visitent. Il est possible d'y prendre un repas rapide dans un restaurant panoramique qui permet d'avoir une large vue sur Taipei. Quant aux orchidées, il vaut mieux les acheter à l'aéroport Tchang Kaï-chek, prêtes pour le voyage.

Tout en haut de la montagne Yangming se trouve l'important **parc national**, bien entretenu, dont les allées serpentent à travers des jardins colorés, cas-

Pages précédentes : kiosque au bord d'un lac. Ci-contre, méditation taoïste sur la montagne du Phénix, à proximité de Taipei.

cades, rocailles, lacs et rizières pittoresques. La fête du Printemps Fleuri s'y tient de mi-février à fin mars chaque année. A ce moment-là, la montagne entière est un immense bouquet de cerisiers et d'azalées.

Pour une somme modique, on peut se promener à pied dans le parc. Pour les automobiles, c'est un peu plus cher. On peut y déjeuner et y dîner. Il est préférable de ne pas visiter le parc le dimanche ou pendant les vacances de printemps et d'été.

Les sources chaudes

A quelques minutes de Taipei, dans la banlieue de Peitou, se trouvent les **sources chaudes de Peitou**, nichées douillettement dans les collines verdoyantes du nord de la ville. On peut y accéder depuis la montagne Yangming par une route tortueuse, ou depuis Taipei par une route pittoresque qui passe par la banlieue de Tien-Mou.

Peitou signifie littéralement «séjour du nord». La ville a gardé un air japonais depuis l'époque où ces derniers l'ont transformée en charmant lieu de séjour pour leurs officiers et leurs hauts fonctionnaires.

Plus récemment, Peitou est malheureusement devenue célèbre comme lieu d'évasion de groupes de touristes masculins, souvent japonais, pas uniquement attirés par ses sources chaudes, mais aussi par ses femmes, car la prostitution y était légale. Elle prit fin, en théorie, en 1979, lorsque le conseil municipal de Taipei adopta une résolution, souvent ajournée jusqu'alors, qui interdisait la pratique du plus vieux métier du monde. Bien que cette mesure n'ait pas eu tout le succès escompté, elle a grandement amélioré l'ambiance et la réputation de Peitou et mis fin aux visites touristiques d'un genre particulier qui jusque-là prédominaient. A présent, familles et couples viennent profiter de ce bourg unique.

Ce sont les vieilles auberges à l'atmosphère japonaise qui illustrent le mieux le charme ancien de Peitou, car les immeubles modernes ont été édifiés à la

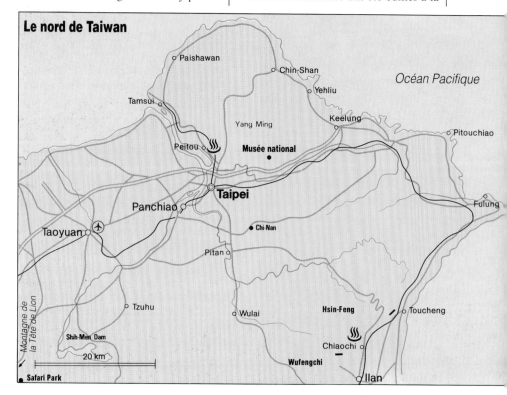

Le nord de Taiwan

hâte en vue d'accueillir les convois de Japonais des années 1970.

Parmi les auberges traditionnelles, on citera l'**In-Song-Ger**, connue des Occidentaux sous le nom d'**auberge des Pins Murmurants**, au 21, rue Yu-Ya. Son propriétaire, M. Johnny Wu, séduit ses clients par un savant dosage d'hospitalité et de service personnalisé. On peut y résider une nuit ou plusieurs jours dans le plus grand repos, dans un univers de tatamis, de tables basses, de jardins, de fleurs fraîches et d'élégantes calligraphies. L'auberge originale, construite il y a un siècle, a été rénovée et agrandie depuis.

Dans l'auberge d'In-Song-Ger et d'autres de ce district, l'eau chaude des sources coule directement du robinet dans les baignoires carrelées. Certains établissements ont même une piscine alimentée de la même manière. Après un moment passé dans ces bains chauds, un massage professionnel, effectué selon la tradition par un aveugle, vous revigorera pour environ 500 NT (100 F) pour trois quarts d'heure.

Peitou

Peitou est facile à visiter à pied. Juste après l'**hôtel Dragon Gate**, on arrive directement dans la **vallée de l'Enfer**, où se trouvent les puits de soufre fumants. Les habitants du voisinage ont l'habitude de faire cuire des œufs dans ces eaux qui bouillonnent à travers les roches colorées par le soufre. Vous pourrez acheter des œufs ou d'autres mets préparés de cette manière dans les étals ambulants qu'on trouve facilement dans la vallée.

Après le centre de la ville, son jardin original et son pavillon chinois, une route conduit à gauche à l'auberge d'In-Song-Ger, à droite aux **hôtels New Angel** et **Hilite**. C'est par la rue Chi-Yen qu'on accède à la tranquille **montagne du Phénix**. Un large escalier, gardé par deux énormes «chiens de la chance», mène au **jardin du mémorial Chen**, dont l'attrait principal est la tranquillité. Le chemin pavé derrière le jardin est le point de départ d'une rude ascension à l'issue de laquelle on peut admirer

Cerf-volant au-dessus de la montagne Yangming.

Taipei, Peitou et ses environs. Les randonneurs trouveront quatre pistes bien marquées qui conduisent toutes du sommet vers les routes principales, il n'est pas possible de se perdre.

Après le jardin du mémorial Chen, les pavillons, salles, arcades, mausolées, statues et jardins du **monastère bouddhiste de l'Harmonie Centrale** constituent un havre de paix au cœur même de la nature. Si elles sont prévenues, les nonnes de ce monastère pourront préparer un délicieux repas très élaboré, typique de la cuisine végétarienne bouddhique. Mais il faudra arriver entre onze heures et demie et midi afin de ne pas gêner la méditation et le travail des nonnes, qui n'apprécieraient sûrement pas une intrusion intempestive.

En suivant la route qui monte à l'auberge d'In-Song-Ger, au 32, rue Yu-Ya (juste derrière l'hôtel Insula) se trouve la **maison des Arts antiques et folkloriques de Taiwan**, magasin-musée hétéroclite construit dans les murs et les colonnades d'une vieille villa japonaise. On peut y faire des achats avant de se reposer dans une charmante maison de thé traditionnelle, se promener dans plusieurs jardins chinois et se tremper dans des bains minéraux chauds.

Vous pourrez aussi voir le **temple de Hsing-Tien**, qui est situé entre Peitou et la ville côtière de Tansui. Il porte le même nom qu'un temple du centre de Taipei, mais il a une situation beaucoup plus pittoresque puisqu'il est agrémenté d'un jardin paysager qui occupe toute la colline au-dessus de lui. La salle de prière principale et les chapelles sont tout aussi somptueusement décorées, mais beaucoup mieux entretenues toutefois. La divinité maîtresse est ici Kuan-kung à la face rouge.

A l'ouest, on fait face à une montagne de 475 m. C'est la **montagne de Kuan-yin** (de la déesse de la Miséricorde). On l'appelle ainsi parce que, à une certaine distance, son profil évoque le corps de la déesse couchée. Ceux qui en feront l'ascension seront récompensés par une extraordinaire vue de la côte nord, du détroit de Taiwan et des environs de Taipei.

Concert en plein air dans le parc national de la montagne Yangming.

De Taipei, on se rendra en autocar ou en taxi jusqu'à une petite ville au pied de la montagne. Des plantations de thé, d'orangers et de bambous couvrent les pentes inférieures. A mi-chemin, il y a deux temples bouddhistes : les **temples du Vol-vers-les-Nuages**. Dans le temple du haut, on peut goûter de bons repas végétariens.

Tansui

Un circuit en voiture le long des côtes septentrionales de Taiwan séduira le voyageur par ses paysages naturels, ses charmants bourgs de campagne et ses villages de pêcheurs. On peut faire ce circuit en un seul jour à partir de Taipei.

Il y a en fait deux routes principales qui longent la côte et qui se rencontrent à Keelung pour former un large demi-cercle autour de Taipei. Il est recommandé de procéder vers le nord-ouest à partir de Taipei, soit vers Tansui, puis vers le nord-ouest en passant par Paishawan, Chinshan, Wanli et Yehliu jusqu'à Keelung. Dans ce dernier port, le voya-geur aura alors la possibilité d'emprunter une voie rapide pour retourner à Taipei.

A partir de Keelung, il est également possible de continuer le long de la côte sud-est jusqu'à Pitouchiao, Fulung et sa superbe plage, puis Toucheng et enfin par les chutes d'eau au nord de Taipei et Pitan.

Le terminus de la grande voie de circulation septentrionale est une ville qui a un riche héritage historique : **Tansui**. Elle fut en effet, au XIXe siècle, le port principal et le point de rencontre entre Chinois et marchands étrangers. Et avant cette époque, les Espagnols, qui avaient occupé Keelung, revendiquaient Tansui, où ils construisirent, sur une colline, une forteresse appelée **fort San Domingo**. Mais les résidents ont un autre nom pour l'endroit, qu'ils appellent «fort des Barbares-aux-cheveux-rouges».

De nos jours, on peut encore voir l'ancien **quartier général britannique**, construit en 1876, dont la présence fut rendue célèbre par l'un de ses consuls, le

La vallée de l'Enfer... lieu très fréquenté !

naturaliste Robert Swinhoe. Les Chinois ont repris possession de ce lieu quand les Britanniques ont fermé le consulat, en 1972. Des canons et des murailles épaisses de huit pieds sont tout ce qui reste de ce passé.

Outre les Espagnols et les Britanniques, Tansui avait été occupée par les Hollandais au XVIIᵉ siècle. Elle subit un bombardement de la marine française en 1884 et fit l'objet d'une revendication par les Japonais, qui s'en emparèrent en 1895. Avant leur départ en 1945, les Japonais construisirent le **Country Club** de golf. Ouvert en 1919, le club a toujours été très apprécié des visiteurs comme des résidents.

Stratégiquement située au confluent de la Tansui et du détroit de Taiwan, Tansui a une spécialité : les fruits de mer. Les pêcheurs y prospèrent et les restaurants y abondent.

Au nord de la ville, à une courte distance, la **plage de Paishawan** («plage de sable blanc») draine d'énormes foules les samedis et les dimanches d'été. On y trouve des bars et un hôtel.

Tête de Reine et œufs de serpent

La grande route de la côte nord décrit une large boucle après Paishawan en direction du nord-est et de **Chin Shan**, plage jadis fréquentée avant d'être abîmée par les ouragans et par l'action de la marée.

A **Yehliu**, dont le nom signifie littéralement «peupliers sauvages», des phénomènes géologiques montrent les forces de la nature en action : on y voit en fait des promontoires coralliens travaillés par l'érosion au point d'avoir gardé des formes extravagantes. Le site, qui donne l'impression de se trouver sur une autre planète, attire des foules de curieux des villes.

Les Chinois, laissant libre cours à leur imagination poétique, ont donné des noms à ces formations rocheuses. Il y a par exemple la «Tête de Reine», rocher qui évoque le profil d'une souveraine d'Égypte, peut-être Néfertiti. Il y a aussi un rocher en forme de dinosaure, un autre qui évoque un griffon, un encore un poisson et même la pantoufle perdue

Ci-dessous, paysage de bord de mer ; ci-contre, la «Tête de Reine» à Yehliu.

de Cendrillon. Les volutes et les bosses de certains rochers évoquent parfois des œufs qui auraient été pondus par quelque antique serpent des mers, comme le racontent les légendes aborigènes.

Pour accueillir la cohue de visiteurs, le **parc de l'Océan** a été ouvert tout près de l'entrée de Yehliu. Là, comme il se doit, des dauphins, des phoques et d'autres mammifères aquatiques paradent, comme le font leurs cousins du monde entier.

La route traverse **Wanli** avant de se diriger vers le port de Keelung. Sur le chemin, on trouvera un autre lieu de détente : le **Green Bay Seashore Recreation Club**, ouvert au public pour une somme modique. L'attraction principale de ce site est la plage, mais on peut y pratiquer toutes sortes de sports nautiques et y louer les équipements nécessaires. Il y a aussi un parc pour les enfants et des dizaines de bungalows le long de la plage. Mais si l'on souhaite passer la nuit sur place, il faut réserver à l'avance.

Keelung et la côte nord

Keelung, ville la plus septentrionale de l'île et plus grand port du nord, est à la jonction de la route du nord et de celle du nord-est. C'est aussi le terminus de la voie express nord-sud. Son port naturel dispose de 33 quais en eau profonde et de quatre coffres d'amarrage capables d'accueillir des vaisseaux de 30 000 t. Il traite environ 34 millions de tonnes de fret chaque année. Il n'y a que Kaohsiung, dans le sud, qui dispose d'installations portuaires plus importantes.

Comme à Tansui, les Chinois y ont, par le passé, été en contact avec le reste du monde. Brigands locaux, pirates japonais, conquistadores espagnols, soldats hollandais, marchands américains et militaires japonais ont tous fait de Keelung leur port d'attache, au cours de ces trois cents dernières années. Les 350 000 habitants de la ville sont, pour une grande part, des travailleurs manuels attachés au port ou aux industries annexes.

La plage de Green Bay.

L'une des curiosités de Keelung est la volumineuse **statue de Kuan-yin**, édifiée sur les hauteurs du **parc de Chung-Cheng**, haute de 22,50 m, reposant sur un socle de 4,30 m de haut, depuis lequel elle contemple toute la ville. Deux pavillons aux proportions harmonieuses décorent un tertre à proximité de la statue. A l'intérieur de la statue de la déesse, des escaliers mènent à un belvédère d'où l'on a une vue panoramique.

Il y a de l'autre côté de la ville de nombreuses tavernes de marins au coin des rues Chung-Yi et Hsiao-Sun, près du port et du dépôt ferroviaire. On citera parmi les plus fréquentées le **Hollywood**, le **New York** et le **Hong Kong**, qui ouvrent à neuf heures du matin et offrent un cadre typique.

Pour rentrer à Taipei, on peut emprunter une route étroite mais pittoresque qui serpente de Chin Shan jusqu'aux montagnes de Yangming et des Sept Étoiles.

La route de la côte nord-est mène de Keelung à des enclaves côtières comme **Juipin** et **Pitouchiao**. Ce dernier site est situé sur un pic rocheux surplombant l'océan Pacifique. Comme Yehliu, à l'ouest de Keelung, ses formations rocheuses exotiques en font un site spectaculaire entre la terre et la mer.

A quelques minutes au sud de Pitouchiao, on peut visiter **Yenliao**. Un monument y a été édifié à la mémoire des soldats et des civils chinois qui ont perdu la vie en tentant de résister à l'invasion japonaise de 1895.

Fulung

Fulung, étape suivante, contredit l'idée selon laquelle les plus belles plages de l'île sont au sud : le bourg a une magnifique plage de sable blanc qui longe la côte nord et forme un cap qui s'avance dans le Pacifique. Pour rehausser la beauté du lieu, la baie est ceinte de collines vertes ondoyantes que les randonneurs sauront apprécier.

A 100 m vers l'intérieur des terres, une rivière coule parallèlement à la plage de Fulung, formant une seconde plage. Un pont y conduit. On pourra

Le port de Keelung.

louer sur place voiliers et planches à voile.

A Fulung, un hôtel offre des chambres simples ou des bungalows à des prix raisonnables. Il est possible de réserver en appelant le Centre de service et d'information ferroviaire.

Toucheng et Chiaochi

La route sud, de Fulung à Toucheng, passe devant un temple taoïste magnifiquement décoré qui fait face à la mer. On l'appelle **temple du Palais Céleste**. **Toucheng** est un petit village côtier qui possède une modeste plage, d'ordinaire moins fréquentée que celles de Fulung par exemple. Comme la route longe la côte, on aperçoit l'**île de Kueishan**, «montagne de la Tortue», ainsi appelée en raison de sa forme.

Le principal attrait du lieu n'est pas la mer, mais les collines derrière Toucheng. A 5 km du village se trouvent les **sources du Nouveau Pic**. Cette station balnéaire est l'un des rares endroits de l'île où il est possible de nager et de plonger dans les eaux fraîches d'une chute d'eau naturelle. Les chutes, connues localement sous le nom de **Hsin Feng**, sont à 500 m de l'entrée principale de la station, à l'intérieur d'un canyon. Un pont et un chemin rocailleux conduisent à un tertre qui surplombe cette piscine idyllique. Il faut descendre avec précaution la corniche avant de se glisser dans ces eaux rafraîchissantes qui tombent de 50 m. On trouve également des piscines ordinaires, des bars et des restaurants à proximité du site, ainsi qu'une dizaine de bungalows familiaux pour ceux qui veulent passer la nuit sur place.

Les **sources thermales de Chiaochi** sont un autre attrait de cette jolie région. Des dizaines d'hôtels et d'auberges alimentent directement les baignoires de leurs chambres avec l'eau chaude des sources. Celle-ci, très claire, contient de l'acide borique, du carbonate de calcium, du bicarbonate de sodium, du silicone, du magnésium et d'autres minéraux. Cette eau a non seulement des propriétés curatives externes, mais elle peut aussi, quand on la boit, soulager les

Vue de Keelung.

troubles digestifs. On trouvera sur place de confortables hôtels, comme le **Hill Garden**, le **Jen-I** et le **Lucky Star**, ainsi que de nombreux petits restaurants, dans la ville, spécialisés dans les fruits de mer.

Chiaochi compte deux temples. Les tuiles dorées et les avant-toits incurvés de l'un d'eux occupent tout l'horizon en face de l'hôtel Hill Garden. Plus loin, en bas de la rue principale, s'élève le **temple de l'Accord Céleste**.

A moins de 10 mn en voiture, dans les collines derrière Chiaochi, se trouve le site de **Wu-Feng-Chi** (région panoramique des cinq pics), où l'on pourra acheter champignons séchés, prunes séchées, nèfles et autres fruits, gingembre frais et herbes médicinales dont la «fourrure de chien dorée», sorte de poupée velue avec quatre pattes formées par les racines. Il s'agit d'une plante qui pousse dans les pierres de falaises reculées, qui arrête les saignements des coupures, écorchures, égratignures et soulage rapidement la douleur sans laisser de cicatrice. Les chutes d'eau de Wu-Feng-

Chi forment une adorable cascade de 60 m, émaillée de fougère et de vigne. Il y a un belvédère en face des chutes, de l'autre côté de la rivière, ainsi qu'un escalier en béton qui suit un côté du canyon, permettant de voir la fameuse cascade de plus près.

La route 9 continue vers le sud à partir de Chiaochi jusqu'à la jolie petite ville animée d'**Ilan**, où elle devient la «rue principale», bordée de temples et de boutiques.

A une demi-heure au sud d'Ilan se trouve le port maritime de **Su'ao**, terminus méridional de la route côtière nord-est, et terminus septentrional de la spectaculaire route de Su'ao à Hwalien.

Le monde des rêves

Une agréable promenade de retour vers Taipei est réservée aux randonneurs, qui feront un crochet par la route nord-est jusqu'à **Erh-Cheng**. La route 9 serpente en effet à travers la spectaculaire chaîne des montagnes centrales, permettant d'embrasser des sites inoubliables.

La montagne de la Tortue, à Kueishan.

Près de la ville de **Pitan**, on peut visiter le **temple de Chih-Nan**, l'un des plus importants de tout le nord. Ce temple «des Immortels» est en construction depuis cent ans. Perché sur une colline luxuriante, il justifie la conception du temple en tant que pic montagneux magique. On dit qu'il faut gravir 1 000 marches pour y accéder. Le temple héberge 50 moines bouddhistes.

Au sud de Pitan se trouve la retraite montagnarde de **Wulai**, où l'on verra quelques aspects de la culture aborigène de l'île. Au-delà de la ville, il faut emprunter un pont suspendu qui enjambe une rivière, puis un sentier pour piétons, ou bien un petit train pour aller jusqu'au **jardin du Courant Clair**, où une chute d'eau dévale une gorge profonde. On peut également y voir des danses aborigènes.

Un funiculaire installé dans la gorge permet d'accéder au parc du **Pays des Rêves**, où l'on voit des danses aborigènes et où s'étend un lac dans lequel il est possible de pêcher et de se promener en barque. Il y a aussi des endroits où se restaurer et un parc récréatif pour les enfants. Les sources chaudes, toutes proches, autorisent également les bains thérapeutiques.

On peut se procurer, dans les boutiques du village de Wulai et des parcs, des pièces de l'artisanat local, des champignons sauvages de montagne, des herbes, épices et autres souvenirs. Les nombreux restaurants de Wulai proposent des plats locaux tels que sanglier sauvage, daim, faisan, fourmi, serpent et anguille d'eau douce.

Au sud de Taipei

Au sud de Taipei et tout près de la capitale, il y a d'autres sites intéressants qui attireront les randonneurs. A 50 km, par la route provinciale 3, près de la ville de **Ta-Hsi**, se trouve le **lac de la Bienveillance**, lieu de repos provisoire de feu le président Tchang Kaï-chek. Le corps de celui-ci repose dans un immense sarcophage de granite gardé dans une villa qui fut jadis l'une de ses maisons de campagne, dans l'attente du jour où les

Le Pays des Rêves, à Wulai.

conditions politiques permettront un retour dans son pays natal, la province du Zhejiang (Tse-kiang), sur le continent.

Ce lieu, couvert de forêts de camphriers et de bosquets de bambous, reflète la beauté bucolique des paysages de Taiwan. Chaque année, 6 000 personnes se rendent au lac de la Bienveillance pour honorer la mémoire de l'ancien président. Si la villa et les terres qui l'entourent ne sont ouvertes que sur demande préalable, les visiteurs sont libres de se promener autour du lac à toute heure.

Non loin de là, le **lac artificiel de Shihmen** propose des promenades en bateau et dispose d'un restaurant. La retenue d'eau a été mise en construction en 1955 et achevée en 1964 avec l'aide d'ingénieurs et d'experts des États-Unis.

Plus au sud se trouve une réserve d'animaux sauvages de 75 ha : le **Safari Park**, situé dans le village de **Leofoo**, à 60 km de Taipei. Avec un grand nombre d'animaux sauvages originaires d'Afrique, d'Asie et d'Amérique, ce parc animalier est l'un des plus beaux d'Asie, et il reçoit plus d'un million de visiteurs par an. Le paysage y est spectaculaire. Contrairement à d'autres parcs qui ont des difficultés à voir les animaux se reproduire, la population animale de Leofoo ne connaît pas ce problème. Les lions, par exemple, sont passés de 25 à 84 en un an par la simple reproduction naturelle. Le climat de Taiwan et le régime alimentaire semblent convenir parfaitement aux hôtes du parc. Alors que les habitats naturels disparaissent dans le monde entier à une vitesse alarmante, des parcs comme celui-ci deviendront peut-être sous peu les rares endroits où les animaux pourront survivre et se reproduire. La réserve dispose d'un endroit où les visiteurs peuvent venir caresser lionceaux et bébés animaux de toutes sortes.

La Tête de Lion

Au sud de la réserve se dresse la **montagne de la Tête de Lion**. Si on la regarde sous le bon angle, elle a en effet une

Le Safari Park de Leofoo.

certaine ressemblance avec le roi des animaux. C'est un important centre bouddhiste, dont nombre de temples ont été édifiés à partir de grottes naturelles au cours des soixante-quinze dernières années. A partir de l'arche d'entrée située au-dessus du parc de stationnement, on peut faire l'ascension de la montagne jusqu'à la fameuse «tête de lion» et redescendre le long de l'épine dorsale de la bête en visitant les temples, nombreux sur ce chemin. Cette promenade prend environ deux heures. Le premier temple qu'on rencontre est le **Chung-Hwa Tang**, où l'on peut goûter un succulent repas végétarien préparé par les nonnes bouddhistes et servi dans la salle à manger du temple pour 100 NT (20 F) par personne. La salle principale du temple, située juste au-dessus de la salle à manger, repose sur de magnifiques colonnes sculptées qui évoquent des animaux célestes et des légendes bouddhiques anciennes.

Le bâtiment massif à plusieurs étages qui s'élève à côté du temple est le **monastère de Kai-Shan**, centre d'étude et d'activité pour les moines et les nonnes.

Par un sentier escarpé qui serpente autour de la «crinière du lion», on arrive au **Pavillon-d'où-on-contemple-la-lune**, dont le nom prend tout son sens lors des nuits étoilées ou de pleine lune. De là, un sentier qui redescend permet de voir plusieurs de ces temples rupestres, la **pagode de l'Inspiration**, des ponts ou des belvédères. Les mausolées rupestres du **monastère de l'Écran d'Eau** sont parmi les derniers sites que les randonneurs rencontrent sur leur chemin en revenant au parc de stationnement.

Quatre temples locaux offrent un hébergement. Les installations y sont simples mais commodes. Les chambres ont un plancher en tatami et il y a à proximité un endroit où se laver. Le prix, très bas au demeurant, est de 200 NT (50 F) par personne mais en général les visiteurs donnent plus.

La montagne de la Tête de Lion est à 20 km à l'est de la voie express nord-sud, environ à mi-chemin entre Taipei et Taichung.

Ci-dessous, à gauche, crypte funéraire de Tchang Kaï-chek, au lac de la Bienveillance ; à droite, statue de Bouddha. Ci-contre, pagode sur la montagne de la Tête de Lion.

LE CENTRE

A moins d'une heure de Taipei, les voyageurs qui empruntent la voie express en direction du sud voient le paysage changer brutalement. Il y a en effet moins d'usines et plus de fermes prospères, tandis que les teintes grises de la capitale laissent place à une campagne bigarrée de rizières, de vergers et de potagers.

La région centrale de l'île s'étend approximativement de Miaoli à Chiayi, à l'ouest de la chaîne centrale, et présente le paysage le plus varié de l'île. Le sommet enneigé du **mont Yu** (la montagne de Jade) culmine à 3 997 m, surplombant le port maritime de **Taichung**. La plaine alluviale qui sépare la montagne du détroit de Taiwan n'est qu'une succession de rizières et de plantations de bananiers, d'ananas, de papayes, de canne à sucre, de thé. Cette région d'une grande richesse et d'une grande variété compte deux centres industriels : Taichung et Chiayi, l'ancien port de Lukang, adorable lieu de vacances avec le lac du Soleil et de la Lune, le site alpin d'Ali-Shan, des forêts de bambous, des sources chaudes et nombre d'autres lieux séduisants.

Taichung la nonchalante

Taichung, dont le nom signifie «centre de Taiwan», est un centre urbain dans lequel la vitesse et la pression de Taipei se voient substituer une approche plus douce de la vie. Taichung ressemble à ce que Taipei devait être avant les années 1970.

Troisième grande ville de l'île, Taichung a une population de 747 000 habitants. Elle est située dans la plaine, à environ 17 km de la côte et à 100 km de Taipei. Elle profite d'un microclimat d'où sont absents les grosses chaleurs et les grands froids qui affectent le nord et le sud de Taiwan.

Taichung fut fondée en 1721 par des immigrants du continent chinois, qui lui donnèrent à l'origine le nom de Ta-Tun («Grosse Butte»). Aujourd'hui, les 25 ha du parc de Chung-Shan occupent la butte sur laquelle la ville a été fondée.

Le nom actuel de la ville a été adopté par les Japonais quand ils ont pris possession de l'île, en 1895.

Un événement important dans l'histoire récente de Taichung a été l'ouverture en 1975 de son port, qui lui a permis de développer des activités d'exportation vers le monde entier. Une route à 10 voies relie la ville au port.

Bien que Taichung ne soit pas aussi spectaculaire que Taipei, elle présente toutefois de nombreux points d'intérêt. Le **mausolée des Martyrs**, rue Li-Hsing, a été érigé en 1970. C'est un bon exemple de l'harmonie et de l'équilibre inhérents à l'architecture chinoise classique. Plusieurs diront même qu'il est de loin le plus impressionnant de tous les mausolées de Hwalien ou de Taipei. Protégé par deux lions de bronze, le mausolée des Martyrs commémore le sacrifice de 72 patriotes chinois décapités en 1911 par la dynastie mandchoue chancelante, à la veille de la révolution républicaine.

A proximité du mausolée des Martyrs se trouve le paisible **mausolée de**

Pages précédentes : passeurs de papillons dans la chaîne centrale ; les toits du temple de Wen-Wu, près du lac du Soleil et de la Lune. A gauche, vue de la route trans-insulaire est-ouest ; à droite, le repiquage du riz.

Confucius. Il est vrai que le décor criard et les allées et venues bruyantes qui caractérisent les temples bouddhistes et taoïstes sont absents des temples confucéens. Si toutes les grandes villes de l'île ont un mausolée dédié à ce sage, celui de Taichung est remarquable par ses toits dont les avancées s'incurvent en douceur vers le sol au lieu de s'évaser audacieusement vers le ciel, car la préoccupation principale du sage était la terre et non le ciel. Sur l'autel, il y a une simple stèle en pierre noire portant le nom de Confucius, sans autres ornements. Il est à noter que, bien qu'il ait cru en l'existence d'esprits et de divinités, Confucius insistait sur le fait que l'homme doit se tenir aussi loin d'eux que possible. Chaque année, le 28 septembre, jour anniversaire de la naissance du sage, ce temple s'anime d'un spectacle coloré de rites en costumes anciens et d'une musique vieille de deux mille ans que les musiciens jouent sur des instruments antiques.

Le **temple de Pao-Chueh**, à l'extrémité nord de la ville, 140, rue Chien-Hsing, possède l'un des plus gros bouddhas de l'île. Il s'agit de Milofo, le «Bouddha heureux» (dans d'autres traditions bouddhiques, on le connaît sous le nom de Maitreya : le Bouddha du futur). Milofo est assis, souriant, sur un socle massif dans un coin de l'enceinte du temple et s'élève à 31 m au-dessus du sol. Des statues plus petites du même Bouddha sont éparpillées dans les cours adjacentes où l'on retrouve les motifs iconographiques classiques du bouddhisme. Dans la salle principale, il y a trois statues de Bouddha protégées par deux gardiens féroces. Dans le socle creux de la statue géante et ventrue se trouve un musée d'art populaire.

A 20 mn en voiture de Taichung se trouve l'**université de Tunghai**, qui occupe un campus de 150 ha, construite dans le style de la dynastie des Tang, âge d'or de la culture et des arts chinois. Ce style subtil et sobre diffère radicalement du style plus voyant qui a prévalu en Chine après la période Ming. Presque toutes les constructions du campus sont édifiées dans le style carré, ramassé et à colon-

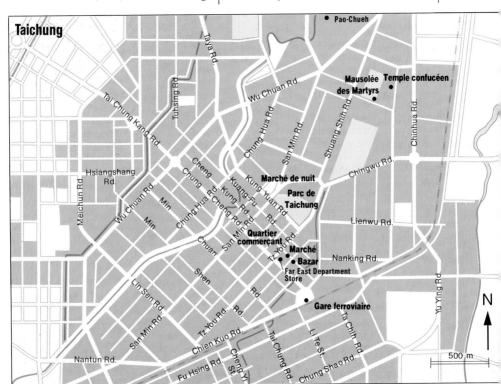

nades avec des toits de tuiles plates caractéristiques des Tang. La seule exception est la **chapelle chrétienne** moderne, abstraite, conçue par Pei Ieoh Ming (auteur de la pyramide du Louvre, et qui réside aux États-Unis) symbolisant deux mains jointes pour la prière.

Le **quartier commerçant** principal de Taichung se situe **rue Chung-Cheng**, entre la gare et la rue Wu-Chuan. On y trouve des magasins de soie et de satin, des marchés de produits frais et des herboristeries exhalant les arômes piquants de plantes médicinales. La rue Tsu-Yu, qui coupe la rue Chung-Cheng, est l'artère principale de la ville et le quartier des restaurants et des cafés. Le **marché en plein air** se situe dans les ruelles, à un pâté de maisons de la gare. Le soir, un marché de fruits coloré s'anime au coin des rues San-Min et Kuang-Fu.

On trouve dans tout ce quartier un grand nombre de coiffeurs et de salons de beauté. Un shampooing, une coupe et un bon massage coûtent autour de 450 NT (100 F) pour deux heures d'un agréable traitement.

La vie nocturne de Taichung n'est pas celle de Taipei, mais on y trouve tout de même plusieurs lieux de divertissement. Au bas de la rue Taichung-Kang et à partir de l'**hôtel National**, on trouve le **Bali Hai**, la **Ship's Tavern**, le **Lisa's Pub** et le **club Las Vegas**. Au coin du **Park Hotel**, il y a le **club Nobel**, connu pour avoir les plus jolies hôtesses et le meilleur orchestre de la ville.

Les gourmets ont coutume de dire que la meilleure cuisine chinoise du centre de l'île est servie au **Pond Garden Spring**, restaurant shanghaïen à plusieurs étages situé au 71, rue Chung-Cheng, où les gambas, les anguilles, le poulet et le canard sont magnifiquement préparés. Le **Peking Duck**, rue Kung-Yuan, à proximité du parc Chung Shan, est également recommandé, ainsi que le **National Glory Pavilion**, à côté du Park Hotel, pour ses repas de *dim sum*. On pourra aussi prendre un repas rapide dans le marché de nuit. Enfin, le **Red Carpet**, rue Ping-Teng, est spécialisé dans le bifteck à l'occidentale et dans les fruits de mer.

Le mausolée des Martyrs Taichung.

Montagne des Huit Trigrammes

A une demi-heure de voiture au sud-ouest de Taichung se trouve **Changhwa**, ville rurale typique, remarquable pour la statue de Bouddha édifiée sur la fameuse **montagne des Huit Trigrammes**, la Bagua-Shan. La construction de cette statue de 30 m de haut, bâtie sur un socle de 5 m en forme de lotus, a pris cinq années et nécessité 300 t de béton. Elle est entourée de tout un décor bouddhique : des mausolées, des pavillons, des pagodes et des statues qui décrivent tous les aspects de l'histoire du bouddhisme mahayana. Une galerie de jeux pour les enfants a été ajoutée dans les colonnades laquées en rouge du complexe. Le Bouddha lui-même est creux et compte six étages. Des dioramas en taille réelle du Bouddha Sakyamuni ont été fixés dans les murs. Le second étage est consacré à l'histoire de sa naissance, le troisième à son éveil sous l'arbre *bodhi*, le quatrième à ses discours et à son enseignement et le cinquième à sa mort et à son accession au nirvana.

Derrière la statue du Bouddha se dresse un **temple** grandiose à trois étages, l'un des plus grands de Taiwan. Il abrite une impressionnante accumulation de statuettes dorées. Dans la salle de prière, au dernier étage, trône une grosse statue dorée de Bouddha flanqué de deux disciples. A côté du bâtiment principal, il y a une **pagode** octogonale traditionnelle à huit niveaux et un pavillon à trois niveaux comportant un décor classique.

Ce nom de «montagne des Huit Trigrammes» lui vient de la combinaison des traits et des lignes que les Chinois utilisaient dans leur procédure divinatoire traditionnelle, conformément au classique *Yijing (Livre des Mutations)*.

Lukang : le port et ses temples

Au-delà de Changhwa, à 20 km de Taichung, le vieux port de **Lukang** (le port du Daim) s'étend, engourdi, sur les rives du détroit de Taiwan. C'était un port que fréquentaient, sous la dynastie des Qing, des vagues d'immigrants chi-

Le mausolée confucéen de Taichung.

nois de la province du Fujian. Mais les Japonais ont fermé Lukang en 1895, après quoi la vase et le sable l'ont rendu impraticable à la navigation commerciale. La pêche en est alors devenue la principale activité. Les étroites ruelles de Lukang ont peu changé depuis l'époque des Qing, tandis que les artisans continuent de façonner des meubles avec des techniques et des outils d'antan. Tables d'autel, étagères, décorations, poutres, toitures et autres pièces sont taillées et finies avec soin et précision dans les nombreuses échoppes de la rue principale, où l'odeur du camphre fraîchement scié et du vernis humide se répand dans l'air. Lukang produit aussi de l'encens, et il est intéressant à cet égard de voir fabriquer les énormes serpentins qui pendent du plafond des temples et brûlent pendant des jours.

Le Bouddha de la montagne des Huit Trigrammes.

Le **temple de la Montagne du Dragon** est le plus vieux temple de Lukang, et aussi l'un des plus vieux de Taiwan. Il date du XVIIIᵉ siècle et il est situé rue San-Min, non loin de l'avenue principale Chung-Shan. Il a été construit par les premiers colons chinois, qui exprimaient ainsi leur gratitude à l'adresse de Kuanyin, déesse de la Miséricorde, qui les avait protégés pendant le voyage. La déesse y est en effet représentée dans le bâtiment principal. La structure du temple, dans le style classique du continent, diffère sensiblement du style en vigueur à Taiwan.

Une promenade de 200 m à travers les **allées Orientales** au charme suranné conduit au **temple de la Montagne du Phénix**, petit édifice bâti au début du XIXᵉ siècle par des émigrants de la préfecture de Quanzhou, dans la province du Fujian. Les gardiens peints sur les portes principales sont tout à fait intéressants.

En redescendant la rue Chung-Shan, à partir du temple de la Montagne du Dragon, on peut voir un vieux **temple de Ma-tsu**. La statue de cette divinité qui se trouve sur l'autel principal est supposée avoir été apportée ici en 1684. Elle viendrait du mausolée original dédié à Ma-tsu qui se trouve sur l'île de Mei-Chou. C'est l'amiral Shih qui l'aurait apportée

lorsqu'il prit Taiwan au nom de l'empereur Qing. Si elle est vraie, cette histoire corrobore la version des gens de Lukang, qui prétendent que ce serait le premier lieu de culte de l'île dédié à Matsu. On y trouve par ailleurs une multitude d'autres statuettes, dont celle de l'empereur de Jade, dans un temple personnel édifié sur le site.

Bien d'autres temples et mausolées animent les rues de Lukang. Ils sont tous bien indiqués.

Le **musée de la Culture autochtone de Lukang** mérite une visite. Il s'agit d'une villa de 30 pièces, conçue au départ pour être une résidence privée par un architecte japonais, dans un style edwardien orientalisant. C'est l'une des résidences les plus originales de l'île. On y trouve par ailleurs une intéressante collection de vieux mobiliers, de photographies, de peintures, de vêtements, de livres, d'instruments de musique et d'autres objets qui évoquent le style de vie des Taiwanais.

Il y a plusieurs auberges à Lukang, bien que la ville fasse d'ordinaire l'objet d'une excursion d'une journée à partir de Taichung. Un restaurant mérite toutefois une visite : le **New Lukang Seafood House**, à la jonction des routes 142 et 143. Comme le suggère son nom, on y sert d'excellents fruits de mer. Personne n'y parle anglais, mais ce n'est pas vraiment nécessaire dans la mesure où l'on peut montrer du doigt ce qu'on veut prendre.

L'aller et retour en taxi depuis Taichung coûte environ 1 000 NT (250 F) et seulement 500 NT (125 F) depuis Chunghwa. Il y a aussi des autocars et des trains qui font le trajet de Taichung à Lukang via Changhwa.

Le paradis sur terre

La **voie transinsulaire est-ouest** (route 8) relie **Tung-Shih**, à l'ouest, aux gorges de Taroko, 200 km plus loin sur la côte est. Cette route est d'une beauté spectaculaire, avec ses vallées tropicales luxuriantes, ses pics enneigés, ses forêts et ses ravines, ses sources d'eau fumante et ses rivières grondantes, ses lacs de mon-

Vue de Changhwa.

tagne et sa mer miroitante. Cette route, achevée en 1960, a coûté 450 vies humaines. Des dizaines de milliers d'ouvriers, pour la plupart d'anciens soldats qui avaient combattu sur le continent dans les années 1940, ont lutté quatre ans pour cette grande œuvre.

La voie bifurque à deux endroits : tout d'abord à **Li-Shan** (le mont de la Poire), où elle traverse l'arête supérieure de la chaîne centrale pour se diriger vers Ilan et la côte nord-est sur 112 km, et à **Tayuling**, où elle coupe au sud la **montagne du Bonheur Harmonieux** (Hohuan-Shan) jusqu'à Wushe et au mont Lu, sur 42 km. Cette dernière route peut éventuellement ramener à Taichung ou au lac du Soleil et de la Lune. A 4 km se trouve le **village des Cultures aborigènes**, établi en vue de préserver la culture, les traditions et l'histoire des groupes ethniques de l'île.

La moitié occidentale de la chaîne centrale entre Ku-Kuan et Li-Shan évoque parfois la Suisse. Il faut veiller à avoir les vêtements adéquats, car il fait frais en altitude, même en plein été.

Ku-Kuan

Les vingt premiers kilomètres à partir de Tung-shih conduisent à travers une série de rizières et de vignobles jusqu'à **Ku-Kuan** (le col de la Vallée), qui est le premier arrêt. C'est une station thermale située à 1 000 m d'altitude. Ayant pris son essor touristique au milieu des années 1980, Ku-Kuan dispose à présent d'une bonne infrastructure hôtelière et de boutiques. Une rivière qui charrie de gros blocs de pierre traverse le village. Comme dans d'autres stations, l'eau minérale est amenée directement jusqu'aux baignoires des hôtels, mais ces derniers n'ont pas de piscine extérieure. Bien que cette eau ne soit pas aussi chaude que celle des sources de la côte est, elle a les mêmes vertus.

L'attrait principal de Ku-Kuan est la promenade de 1,7 km qu'on peut faire dans la **vallée du Dragon** jusqu'à de spectaculaires chutes d'eau de 76 m. La promenade commence par la traversée d'un pont de teck suspendu au-dessus de la rivière. La route traverse ensuite un

Divinités dans le temple de l'Empereur de Jade, à Lukang.

parc zoologique qui abrite des ours noirs de l'Himalaya, des singes, des grues de Mandchourie.

Au-delà de bosquets et de massifs de bougainvillées, on parvient à la **terrasse de Mah-jong des Huit Immortels**, sur un rocher en surplomb de la rivière, et à la **grotte de la Déesse de la Miséricorde**. Ce mausolée est édifié dans un méandre de la gorge dans lequel repose une statue de Kuan-yin en céramique blanche, dans sa posture méditative habituelle, c'est-à-dire assise sur un rebord de la surface rocheuse de la gorge. Les mains jointes dans un geste bienveillant, la déesse est accompagnée du grondement de la rivière comme un chant sacré. Une porte et un autel sont placés juste au-dessous d'elle, afin qu'on puisse brûler de l'encens en son honneur. Tout près, il y a un petit pont et, de l'autre côté, deux petits pavillons de bois, au ras de la falaise, qui sont un havre de paix.

La gorge se termine par un étroit canyon jonché de gigantesques blocs de pierre. C'est là que les **chutes de la vallée du Dragon** se déversent dans la riviè-re. Même les jours de soleil, la cascade qui s'écrase sur les blocs de pierre soulève une bruine fine. Plusieurs belvédères faciles d'accès ont été édifiés à 30 m de hauteur, en face des chutes.

De retour vers le village, la piste bifurque à gauche vers la rivière, où l'on trouve un enclos de paons et de gros oiseaux à plumes. Tout près de là s'étend un charmant jardin rocaille chinois avec des étangs, des fontaines et des montagnes en arrière-plan. De là, on a accès à un pavillon construit sur une butte rocheuse d'où on contemple la **rivière de la vallée du Dragon**, qui se jette dans la rivière principale. Il faut au moins une demi-journée pour bien profiter de ce lieu.

Sur la route principale qui conduit à Ku-Kuan, on trouve des restaurants spécialisés dans la truite arc-en-ciel. La **boutique de truites vivantes**, qui se trouve presque en face du nouvel **hôtel Dragon Valley**, est recommandée pour d'authentiques spécialités telles que bœuf frais, champignons de montagne, carpes et autres poissons.

La station thermale de Ku-Kuan.

Le mont de la Poire

Au-delà de Kukuan, la route monte abruptement à travers la chaîne centrale. A la hauteur du lac artificiel de Teh-Chi, un agréable hôtel accroché à une colline verte escarpée surplombe un second lac. Des tonnes d'eau jaillissent dans ce réservoir situé au-dessous d'une impressionnante centrale hydroélectrique.

A deux heures de voiture de Kukuan, on atteint le **mont de la Poire** (Li-Shan), situé sur une crête de la chaîne centrale, à peu près au milieu de la voie transinsulaire. C'est de là que part la route pour Ilan. Balayés en permanence par des brises alpines et auréolés de brumes traînantes, des pavillons et des restaurants émaillent les pentes de ce village de montagne. Le plus imposant d'entre eux, la **Li-Shan Guest House**, est la version montagnarde du Grand Hotel de Taipei, avec ses terrasses, ses pavillons, ses bosquets travaillés qui embellissent le terrain spacieux qui l'entoure. Le meilleur restaurant de la station est le **Pear Garden**, qui se situe au centre du village.

La station de ski de Pine Snow.

Il est spécialisé dans la cuisine du Sichuan.

A partir du village de Li-Shan, il est possible d'entreprendre une excursion à la **ferme de la Longévité Fortunée**, connue localement sous le nom de **Fushou-Shan**. Ce vaste verger perché sur les hauteurs est plus européen qu'asiatique. L'entrée de la ferme se trouve à moins de 1 km à l'est du village de Li-Shan.

Des terrasses de pommiers ou de poiriers ceignent des bâtiments de style occidental, tandis que les arbres sont abrités des vents au moyen d'échafaudages de bambou. Les fruits sont protégés des insectes et des oiseaux dans des sachets individuels. On peut acheter des fruits de saison dans cette ferme. Un petit musée d'objets d'artisanat local se trouve à l'entrée. En chemin, on peut admirer l'**étang Céleste**, au bord duquel le président Tchang Kaï-chek possédait un pavillon de vacances. La route se termine à **Hwa-Gang**, butte verdoyante gardée par des arbres géants couchés par les vents.

Le Li-Shan est une étape pour les alpinistes qui se rendent au **Hsinglung-Shan**, également connu sous le nom de **mont Sylvia**, point culminant de Taiwan (3 950 m). Les grimpeurs pourront passer la nuit à la **ferme de Wuling** avant l'ultime ascension vers le sommet. L'expédition complète de quatre jours suppose une autorisation de la préfecture de police et une permission préalable de l'Association alpine de Taipei.

Tayuling

A 30 km du mont de la Poire se trouve **Tayuling**, village qui chevauche le point le plus élevé de la route, à 2 600 m. A l'est, la route descend rapidement jusqu'aux sources thermales de Wen-Shan, aux gorges de Taroko et à Hwalien, sur la côte est.

Tayuling est sur la route 14, qui se dirige vers le sud à partir de **Hohuan-Shan** (la montagne du Bonheur Harmonieux), et continue vers les sources du mont Lu et de Wushe. Le mont Hohuan-Shan, qui culmine à 3 420 m et se trouve à 9 km au

sud de Tayuling, est la seule station de sports d'hiver de Taiwan. Pendant deux mois de l'année, en effet, de janvier au début de mars, de grosses chutes de neige blanchissent la montagne. Un télésiège fait faire aux skieurs un dénivelé de 400 m. Il est possible de loger à l'**hôtel Pine Snow**, de louer sur place des équipements et de prendre des leçons de ski. Même au plus fort de l'été, la température monte rarement au-dessus de 15,5 °C. Randonnées et bains de sources sont des activités qu'on peut pratiquer toute l'année.

Au sud de Taichung

La route la plus pittoresque au sud de Taichung est la route 3, qui longe les collines basses. A 10 km du centre de la ville, un Bouddha heureux trône dans le **temple de Wufeng**, situé sur une hauteur boisée. De longs dragons colorés, taillés dans de la pierre dure, agrémentent les rampes des marches conduisant au Bouddha.

Dans la ville de **Tsaotun**, à 20 km de Taichung, le **Centre d'exposition d'artisanat régional** offre une grande variété d'objets locaux et manufacturés. Ce bâtiment de quatre étages abrite des meubles de bambou et de rotin, des lanternes chinoises, des laques, céramiques, objets en pierre ou en bois, antiquités, bijoux, cloisonnés, textiles et autres produits traditionnels.

A 2 km de Tsaotun se trouve le village de **Chung-Hsing**, siège du gouvernement provincial de Taiwan.

Le thé de Sungpoling

A 8 km de **Nantou**, qui est un chef-lieu de comté, au village de **Mingchien**, la route 16 rejoint le route 3 et se dirige vers l'est en direction du lac du Soleil et de la Lune. Puis, 7 km plus loin, la région productrice de thé de Sungpoling (la falaise des Pins) s'étend sur un plateau accidenté.

Contrairement à ce que le nom de cette falaise semble indiquer, il n'y a pas beaucoup de pins dans cette région, mais plutôt des bosquets de palmiers et de bambous géants qui abritent d'importantes plantations de thé. Plusieurs fois

A gauche, grotte de Kuan-yin, déesse de la Miséricorde dans la vallée du Dragon. A droite, sous la pluie dans une rue de Sungpoling.

par jour, des jeunes filles portant chapeaux de paille et foulards viennent ramasser les feuilles tendres de ces arbustes verts et les mettre dans de gros paniers qu'elles portent sur leur dos. Des champs d'ananas et des bananiers, intercalés entre les plantations de thé, donnent au plateau une teinte verte miroitante.

La rue principale du village de **Sungpoling** est bordée de boutiques de thé qui offrent un service connu sur place comme le «thé des anciens», parce que seuls les gens âgés et les touristes semblent avoir le temps d'en profiter. On peut acheter plusieurs variétés de thé en vrac ainsi que tous les accessoires nécessaires à sa préparation.

Le thé *tung-ting*, jeunes feuilles des plus hautes plantations de Sungpoling, est considéré comme le meilleur thé de Taiwan. Il a une superbe saveur, un arôme subtil et pratiquement aucun goût «piquant». Le thé en vrac de Sungpoling se vend au même prix que chez les détaillants de Taipei, soit à 300 NT (75 F) par *cattie* (1,3 livre) selon la qualité, le plus cher étant bien entendu, en toute hypothèse, le meilleur.

En plus de son thé, Sungpoling présente un autre attrait : un temple taoïste connu sous le nom de **palais du Mandat Céleste**. C'est là que se trouvent quelques-unes des plus belles sculptures sur pierre du centre de l'île. Elles illustrent les légendes taoïstes et le folklore chinois. On remarque en particulier deux énormes fenêtres sculptées en relief dans une pierre dure. L'une d'elle représente le dragon céleste, l'autre le tigre céleste, duo omniprésent dans les temples taoïstes. On admirera le travail élaboré des plafonds dans le bâtiment principal et les portes en bois dur de 4,50 m de haut, finement peintes.

Le lac du Soleil et de la Lune

L'endroit le plus apprécié pour passer sa lune de miel est le **lac du Soleil et de la Lune**, situé à 762 m d'altitude dans les contreforts occidentaux de la chaîne centrale. Ceint de montagnes et de végétation tropicale, le lac a la forme du disque

Le lac du Soleil et de la Lune.

solaire ou bien d'un croissant de lune, selon l'endroit d'où on le contemple. Par beau temps, les collines verdoyantes et les brumes traînantes viennent se fondre dans les eaux turquoise. Ce site enchanteur accueille de nombreux visiteurs. Jadis lieu d'évasion favori du président Tchang Kaï-chek, le lac a été aménagé dans les années 1920 par les Japonais afin d'alimenter une centrale électrique. Auparavant, il y avait autour du lac un peuplement aborigène dont il reste quelques représentants, qui se sont maintenant installés sur les rives méridionales. Mais le lac est si apprécié que ses rives sont malheureusement surpeuplées. De nombreuses pistes feront le bonheur des randonneurs qui veulent un peu d'intimité. La meilleure façon d'apprécier le lac du Soleil et de la Lune est de se lever à l'aube et d'emprunter la route qui en fait le tour. Il y a par ailleurs des services d'autocars qui débutent à huit heures du matin. Si on sort quand la plupart des gens sont encore endormis, on a le lac presque pour soi seul.

Arche du temple de Wen-Wu.

L'hôtel **Sun Moon Lake** est un bon point de départ pour explorer les abords du lac parce qu'il est perché sur une hauteur d'où l'on a une vue d'ensemble du site.

Une route conduit au majestueux **temple de Wen-Wu**, temple des Arts martiaux et littéraires. Ce mausolée taoïste, dédié à Confucius et aux deux grandes divinités guerrières Kuan-kong et Yueh-fei, s'accroche à même la pente en trois niveaux. L'entrée, gardée par les deux plus gros lions de pierre de toute l'Asie, est un portique sur lequel ont été sculptées deux fenêtres en relief qui présentent les motifs du dragon et du tigre célestes. A l'arrière du temple, un belvédère offre une vue dégagée tandis que les vagues de tuiles dorées illustrent le style architectural des temples chinois. Le mausolée dédié à Confucius occupe le bâtiment de derrière le plus élevé. Les motifs décoratifs s'inspirent du folklore chinois pré-bouddhique.

Symbole de la soumission ultime de l'épée au pinceau, le mausolée dédié aux arts martiaux est légèrement en dessous

du mausolée dédié à la littérature. On y trouve en effet Kuan-kong au visage rouge, qu'on appelle parfois le dieu de la Guerre, et Yueh-fei à la face blanche, militaire patriote de la dynastie des Sung, qui tenta sans succès de reprendre l'empire aux tribus barbares. Le plan du temple, compliqué, a prévu plusieurs pavillons et bâtiments latéraux reliés par des passages ou des escaliers décorés. Sur tout le domaine, il y a des bonsaïs en pot, des fleurs tropicales, des arbustes sculptés en forme d'animaux. A l'entrée, des figures de 4,50 m de hauteur, rutilantes de couleur et de dorure, sculptées dans le camphrier, comptent parmi les plus beaux dieux gardiens de portes de Taiwan.

Plus loin, sur la route, une statue de bronze de Tchang Kaï-chek fait face à la **pagode de la Piété Filiale**, de l'autre côté du lac. De là, on peut voir le **jardin des Paons**, et plus loin, au bord du lac, un village aborigène malheureusement trop axé sur le tourisme.

Perché sur une colline à l'extrémité sud du lac, le **temple de Hsuan-tsang** abrite des reliques bouddhiques parmi les plus précieuses de Chine. C'est Tchang Kaï-chek lui-même qui avait demandé que l'on construise ce temple afin de garder et de préserver ces reliques, connues sous le nom de *ssu-li-tze.*

Les fidèles bouddhistes croient en effet que ces petits noyaux, trouvés dans les cendres de moines bouddhistes accomplis et d'adeptes taoïstes après leur crémation, se sont formés sous l'action de l'esprit et de l'énergie après une vie d'intense méditation et de pratique de disciplines spirituelles. Les cendres du Bouddha historique Sakyamuni ont produit 12 coupes de ces cailloux noirs et blancs, dont certains sont gardés dans le temple de Hsuan-tsang. Aucune flamme, dit-on, ne peut en venir à bout, aucun marteau les briser. En réalité, il s'agit de rognons de silex ou de pierres de verre. Ce type de légende est courant : c'est ainsi qu'un moine chinois, incinéré à Taiwan dans les années 1950, aurait laissé plus de 10 000 de ces petites pépites dans ses cendres,

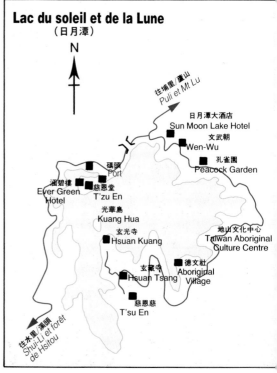

A gauche, la pagode de la Piété Filiale.

assez pour remplir un sac de farine, et que le corps d'un autre moine aurait résisté à la décomposition après sa mort, tandis que ses cheveux ont continué à pousser. Enfermé dans une caisse d'or, le corps a été déposé dans son propre temple. Les *ssu-li-tze* ont d'autres propriétés inhabituelles. Celles des deux moines en question, apportées dans ce lieu par des moines lors de l'exode de 1949, se sont dilatées, contractées au cours des années et ont même engendré d'autres noyaux en proportion du nombre de prières et d'offrandes faites dans le temple. On conserve toujours sur place plusieurs petites pépites, et on dit qu'une d'elles rapetisse depuis que les fidèles fréquentent moins le temple. Ces reliques sont exposées dans une pagode miniature en or, incrustée de joyaux, posée sur l'autel de la salle principale où l'on voit aussi un bouddha doré couché et une jolie statue de Hsuan-tsang. Ce dernier moine de la dynastie des Tang a fait un pèlerinage en Inde qui fut immortalisé dans le roman chinois classique *Voyage en Occident*. Après dix-sept ans

d'étude bouddhique, d'enseignement et de voyages en Inde, il revint dans la capitale de la Chine, Chang An, en 645 apr. J.-C. Au cours des vingt ans qui suivirent, il traduisit 1 335 soutras du sanscrit en chinois, jouant ainsi un rôle de première importance dans la propagation du bouddhisme en Chine.

Au deuxième étage du temple, on voit un mausolée de Kuan-yin, déesse de la Miséricorde, et au troisième étage une autre petite pagode dorée qui protège un fragment du crâne de Hsuan-tsang, dérobé en Chine par les Japonais pendant la Seconde Guerre mondiale. En 1955, un moine japonais fut envoyé pour restituer la relique, à la demande de Tchang Kaï-chek. Le moine mourut peu après et ses cendres furent conservées dans une pagode de bois derrière le fragment d'os de Hsuan-tsang. L'âge et l'authenticité de ce fragment d'os ont été vérifiés.

Sur une colline au-delà du temple de Hsuan-tsang, la **pagode de la Piété Filiale** a été érigée par Tchang Kaï-chek à la mémoire de sa mère. Une petite

Le lac artificiel de Wushe.

ascension à travers des clairières ver-doyantes et fraîches de bambou et de fougères, d'érables et de pins, conduit au pied de la pagode, d'où l'on a une vue spectaculaire sur le lac et ses environs.

La dernière étape de l'excursion autour du lac est le **temple du Mystère de la Gloire**, un petit mausolée sur le rivage. Tout près, il y a un embarcadère où l'on peut louer un canot à rames ou à moteur pour de petites traversées jusqu'à l'**île de Kuang-Hua** (de la Gloire de Chine). Sur cette île charmante, un pavillon est ouvert au public.

Les meilleurs restaurants du lac sont le **Moon Terrace**, de l'hôtel Sun Moon Lake, et celui de l'**hôtel Evergreen**. Ces restaurants servent une délicieuse cuisi-ne du Hunan dans une ambiance de bon goût et avec une vue magnifique. Leur spécialité est la carpe braisée, à la vapeur ou très épicée. On trouve en effet dans ce lac une carpe unique appelée «le poisson du président», pleine d'arêtes mais délicieuse.

Des autocars mènent au lac à partir de Taichung toutes les demi-heures, entre 7 et 14 heures. En taxi, le trajet coûte 1 000 NT (250 F) l'aller, ce qui n'est pas cher si on partage la course avec d'autres passagers.

Le **mont Lu** (Lu-Shan) est un autre but de promenade pittoresque qu'on peut faire à partir du lac du Soleil et de la Lune.

Vers le mont Lu

Une route conduit à **Puli**, village connu pour être le centre géographique exact de Taiwan.

Le **monastère des Esprits Illuminés**, fondé en 1924, se trouve à l'extérieur du village, au milieu d'une plantation de palmiers. A 3 km, dans une très jolie val-lée, se trouve le **lac de la Carpe**, lieu de pique-nique agréable et peu fréquenté si ce n'est par les agriculteurs des environs. Les horticulteurs de la région sont spé-cialisés dans la culture de champignons médicinaux et comestibles.

Wushe, village que ceignent les pics élevés des montagnes centrales, se trou-ve à 24 km de Puli, au cœur de paysages

A gauche, rizière à Puli ; à droite, tenue de travail dans les champs.

exotiques qui rappellent un peu ceux qu'on peut voir à Guilin, sur le continent chinois. Bien que son nom signifie «la communauté des brumes», ce lieu est renommé pour son air montagnard aussi clair que du cristal, aussi bien que pour la profusion de fleurs de pruniers et de cerisiers sauvages qui inondent le village, au début du printemps, tandis que les montagnes abruptes alentour se mirent dans les eaux émeraude du lac artificiel. Cela illustre parfaitement le mot chinois qui traduit «paysage» : *shan-shui*, qui signifie littéralement «montagnes et eau». Une piste conduit du village au lac, où il n'est permis de pêcher que sur les berges. Wushe compte plusieurs auberges et des boutiques d'artisanat aborigène. En 1930, les tribus aborigènes de Wushe ont fomenté un soulèvement contre les Japonais qui fut écrasé. Les Japonais tuèrent 1 000 autochtones, mais ils perdirent également 200 hommes. Une plaque érigée dans le village commémore ce conflit.

La **station thermale du mont Lu** se niche dans la vallée, en contrebas de Wushe. Pour y parvenir, il faut franchir un pont suspendu au-dessus d'une rivière grondante, dans la dernière partie de la route 14, puis un tunnel. Un croisement indique, à gauche, la direction du **mont Lu** (Lu-Shan). Il faut une autorisation pour entreprendre cette ascension. A droite, la route descend sur 1 km vers la station. Le village de Lushan est au bord de la rivière. Il y a des auberges sur les deux rives. Une piste conduit vers deux chutes d'eau, puis à la source des eaux chaudes de la station, où des flaques frémissantes qui se sont formées dans des crevasses sont suffisamment chaudes pour qu'on puisse y faire cuire des œufs.

Lushan

Le village de Lushan est célèbre pour son thé, ses herbes médicinales ainsi que pour la venaison, les cannes en bois pétrifié, le miel sauvage et les champignons sauvages séchés. On peut aussi s'y procurer des produits qui sont très onéreux ou bien introuvables à Taipei : des

La station thermale du mont Lu.

peaux de daim tannées et des rognures de bois de daim, qui sont considérées comme un puissant médicament. Le meilleur endroit où loger est la **Mount Lu Garden Guest-House**, auberge située de l'autre côté de la rivière, et seul établissement qui comporte de grandes baignoires de style japonais, assez grandes pour accueillir une famille entière.

La forêt de Hsitou

Il y a trois forêts expérimentales importantes dans les montagnes centrales de Taiwan. La **forêt de Hueisun**, avec ses arbres démesurés et ses bosquets en fleurs, entretenue par l'université Chung Hsing, est sur les hauteurs, au nord de Puli. La forêt de cyprès, de pins et de cèdres d'**Ali-Shan** est accessible à partir de Chiayi.

Mais la **forêt de bambous de Hsitou**, située à 22 km sur la route de Taichung à Chiayi, est la plus intéressante des trois. En effet, 40 % de la réserve de bambou brut et de produits en bambou de Taiwan proviennent de cette station de recherche forestière de 2 500 ha gérée par l'université nationale de Taiwan. On y trouve de nombreuses variétés de bambous ainsi que de vastes étendues de cyprès, cèdres, pins et autres arbres à feuilles persistantes. Le site cultive et distribue plus de 1 million de pousses par an, qui sont destinées au reboisement de l'île.

On peut se promener à **Hsitou** sur des chemins ombragés d'une épaisse voûte de feuillages. A 1 150 m d'altitude, c'est un lieu privilégié des randonneurs et des campeurs. Il faut noter que les véhicules à moteur sont interdits dans les zones récréatives. L'une des promenades les plus fréquentées conduit à l'**arbre sacré**, âgé de trois mille ans et qui mesure 40 m de haut. Par ailleurs, l'**étang de l'Université** comporte un pont de bambou gracieusement arqué sur des eaux regorgeant de carpes. Une marche de 7 km conduit à un ravin isolé où se trouve une délicieuse cascade. Pour les intrépides, le mont Ali est à un jour de marche, mais cette excursion nécessite un permis et un bon équipement.

a forêt de bambous e Hsitou.

Dans les magasins de souvenirs de Hsitou, on trouve des produits en bambou et d'autres tels que champignons, thé et herbes. Il y a deux *guest-houses* gérées par le bureau forestier de Taiwan et un hôtel alpin qui dépend du Corps de la jeunesse chinoise, entièrement construit en bambou et en bois de la région. Les pousses de bambou sont la spécialité du seul restaurant du lieu.

Chiayi

La ville de **Chiayi** est sur la route 3, entre Taichung et Tainan. Cette ville industrielle située sur la fertile côte occidentale ne présente pas d'intérêt particulier. C'est un point de départ vers d'autres lieux, notamment les temples de Peikang et de Wufeng, la station de Kuantzuling et le mont Ali.

A l'est de Chiayi, le **mont Ali** (Ali-Shan) et la **montagne de Jade** (Yu-Shan) émergent des brumes de la chaîne centrale. La montagne de Jade, avec ses 3 950 m, est la plus haute de toutes les montagnes qu'on peut trouver entre l'est

de l'Himalaya, le sud du Kamchatka soviétique et le nord du mont Kinabalu de Sabah.

Ali-Shan

Le mont Ali, beaucoup plus fréquenté que la montagne de Jade, est la station préférée des Taiwanais.

Ce succès d'Ali-Shan est dû en partie aux fameux levers de soleil qu'on peut admirer depuis le **parc de la Célébration**. C'est là que les visiteurs attendent, malgré le froid de la nuit à 2 490 m d'altitude, les yeux braqués sur l'horizon d'où le soleil poindra quelques heures plus tard, traversant la couche épaisse de nuages qui enveloppe la vallée à l'est. Cette fameuse mer de nuages évoque un filtre d'argent à travers lequel les rayons dévient dans un halo de rouge, d'orangé et de doré. Puis, en quelques minutes, tout s'efface et les nuées se dispersent. Mais, tandis que l'astre monte dans le ciel, les vallées lointaines s'illuminent alors que le parc de la Célébration est toujours au cœur des brumes. Ce

Lever de soleil sur Ali-Shan.

contraste entre le jour d'en bas et la nuit qui règne toujours en haut est tout simplement féerique !

A 4 heures et quart chaque matin, un autocar quitte Ali-Shan House, chargé de visiteurs en provenance de Taipei, de Hong Kong, du Japon ou d'Amérique, pour le **parc de la Célébration**. Avant 7 heures, ils seront de retour à leur hôtel pour le petit déjeuner. Même si le temps se gâte à Ali-Shan, même si pluie et nuages règnent, le visiteur n'est jamais déçu de l'excursion. Les légendes apportent une explication à cela. Jadis, bien avant que les concepts du *yin* et du *yang* n'aient été formalisés, nuages et pluie symbolisaient l'union du ciel et de la terre. On dit qu'un roi du Sichuan fit une excursion au mont Wu, la montagne des Sorcières, où il s'endormit, épuisé, au milieu de la journée, et rêva qu'une femme s'approchait de lui et se présentait comme la dame du mont Wu. Elle lui dit : «*J'ai entendu dire que vous étiez en ce lieu. Je souhaiterais partager votre couche.*» Quand les amants se séparèrent, la femme dit au roi : «*Je vis sur la pente sud du mont Wu, sur une hauteur. A l'aube, je suis les brumes matinales, le soir, je suis la pluie qui tombe. Chaque matin et chaque nuit, je rejoins ces collines.*» La légende de la fée du mont Wu est une référence pour les écrivains chinois, qui se servent des nuages et de la pluie comme métaphore poétique pour signifier l'acte sexuel. Les nuages symbolisent en effet l'essence vitale de la femme, et la pluie celle de l'homme.

Cet engouement pour les retraites montagnardes, où les Chinois se rendent plusieurs fois par an, s'explique par le fait que les brumes à la dérive sont considérées comme ayant des pouvoirs curatifs extraordinaires du fait de leur forte concentration en *chi*. L'énergie vitale *chi* est le concept fondamental de la médecine chinoise ; c'est la force qui anime toutes les formes de vie. Le puissant *chi* croît dans l'atmosphère et s'accroche aux sommets comme la brume. La légende du mont Wu exprime ce concept d'une autre manière en suggérant que les brumes de montagne sont l'essence vitale qui est émise pendant

Spectateurs du lever de soleil à Ali-Shan.

l'union du ciel et de la terre sur les sommets élevés.

Les Chinois cultivent depuis des temps immémoriaux la tradition du *deng-gao* («se hisser sur les hauteurs»). Ils croient que le *chi* qu'on trouve dans les brumes renforce leur longévité et leur vertu. L'un des plus anciens caractères chinois, le mot *hsien*, qui signifie «immortel», combine les symboles de l'homme et de la montagne. Bien que les Chinois des villes taiwanaises ne soient pas tous portés à devenir des ascètes des sommets, ils restent toutefois convaincus des pouvoirs reconstituants des brumes de l'altitude.

Pluie et brume n'ont certes pas les mêmes attraits pour les visiteurs étrangers. Mais cela n'a pas d'importance, car ils ont d'autres raisons de visiter Ali-Shan. La montagne tout entière est en effet tapissée de cyprès rouges, de cèdres et de pins dont certains sont vieux de plusieurs siècles. De grosses souches noueuses et des troncs pétrifiés constituent l'un des aspects les plus exotiques d'Ali-Shan. Certains de ces phénomènes

naturels évocateurs se sont vu conférer des noms tels que «Couple céleste» ou «Forêt unie dans l'amour». Les sentiers de promenade et les grottes, derrière Ali-Shan House, présentent plusieurs de ces formations. Il y en a d'autres sur les pistes qui conduisent aux étangs des Sœurs.

Le plus grand attrait d'Ali-Shan est le long trajet en train qu'il faut faire de Chiayi jusqu'à la station. De vieilles locomotives diesel, spécialement restaurées pour la circonstance, couvrent en trois heures 100 km de route en lacet. Le train emprunte 114 ponts et 49 tunnels, dont l'un fait 769 m de long. Au dépôt, on peut voir plusieurs locomotives à charbon qui transportent toujours des passagers et progressent dans la montagne en crachant leur fumée et en perçant l'air de leurs sifflements stridents. Le mieux est de prendre son billet à Taipei et de réserver une chambre une semaine avant l'excursion. La **Compagnie de tourisme forestier de Taiwan** se chargera de toutes les formalités. Il y a d'autres auberges à Alishan, mais **Ali-**

Hôtel dan la région de Yu-Shan.

Shan House, gérée par le Tourisme forestier, est la plus ancienne et la plus sympathique. Sa table shanghaïenne sert la meilleure cuisine de la station. De nombreuses agences de voyages de Taipei proposent des circuits de deux jours. Il y a également un autocar qui relie Taipei à Ali-Shan en cinq heures ; il quitte la capitale deux fois par jour.

La montagne de Jade

Alishan est le point de départ des expéditions vers **Yu-Shan**, la **montagne de Jade**. Plus élevé encore que le mont Fuji au Japon (3 950 m), ce pic s'est appelé la «Nouvelle Haute Montagne» pendant les cinquante années de l'occupation japonaise. Les Chinois lui ont rendu son nom d'origine en 1945. Les Occidentaux l'appellent aussi **mont Morrison**. Avant d'accéder à ce mont qui est à présent un parc national, il faut obtenir une autorisation de l'Association alpine, dont les bureaux sont au 30, rue Lan-Chou, à Taipei. La police provinciale de Taiwan, section des affaires étrangères, doit également délivrer des permis de montagne. Une expédition à Yu-Shan suppose bien entendu des vêtements adéquats, des chaussures de marche, un sac à dos et du matériel de montagne.

A partir du village d'Alishan, une navette ferroviaire franchit 20 km de route jusqu'à **Tung-Pu**, source chaude qui se niche dans les montagnes à 2 600 m d'altitude. On y trouvera un hôtel rustique et un autre, encore plus haut, situé à 3 300 m d'altitude. Il faut prévoir quatre jours pour un circuit complet.

Après cette excursion dans les montagnes, d'autres circuits sembleront peut-être bien fades, mais pour ceux qui aiment les temples, il faut absolument faire un arrêt au mausolée chinois connu sous le nom de **temple de Wufeng**, en hommage au «loyal seigneur du mont Ali».

Le sacrifice de Wufeng

Wufeng est peut-être le seul personnage de l'histoire que vénèrent à la fois les

Monastère es Grands imortels, à antzuling.

Chinois et les aborigènes de l'île. C'était un bureaucrate du XVIIIe siècle, né dans une famille de commerçants de la province du Fujian. Il émigra à Taiwan lorsqu'il était jeune et étudia avec beaucoup d'intérêt les coutumes et les langues aborigènes. Nommé interprète officiel et intermédiaire entre les colons chinois des plaines et les tribus aborigènes récalcitrantes des montagnes, il travailla sans relâche à mettre fin aux querelles entre les deux camps. Les aborigènes avaient l'habitude de faire chaque année irruption dans les plaines, après avoir procédé à leurs récoltes, dans l'espoir de moissonner cette fois des têtes de Chinois pour les offrir en sacrifice à leurs dieux. A l'âge de soixante et onze ans, Wufeng mit au point un stratagème qui devait mettre un terme définitif à ces pratiques barbares en vigueur dans les montagnes. Un jour, il prévint ses amis aborigènes qu'ils allaient rencontrer un homme vêtu d'une cape et d'un capuchon rouges, monté sur un cheval blanc. Il leur dit : *«Prenez sa tête, elle apaisera vos dieux.»* Les guerriers suivirent ses instructions et coupèrent la tête du mystérieux cavalier. C'est alors qu'ils découvrirent que l'homme qu'ils venaient de décapiter n'était autre que leur grand ami Wufeng. Ce sacrifice provoqua en eux une profonde émotion mais aussi une grande terreur, au point qu'ils réunirent les 48 tribus de la confédération aborigène qui vivait dans la région du mont Ali et décidèrent de renoncer à la pratique de la chasse aux têtes.

A l'intérieur du temple dédié à Wufeng, il y a un petit musée qui conserve des objets et une série de peintures à l'huile, agrémentées de légendes en anglais, qui rappellent la vie et l'époque de Wufeng. Le style de vie des aborigènes du XIXe siècle y est également décrit à travers une collection de photographies.

En 1984, un grand jardin mémorial fut construit afin de commémorer la paix recouvrée entre les Chinois et les aborigènes, grâce aux efforts de Wufeng. Le jardin contient un groupe d'habitations traditionnelles et un lac artificiel. L'anniversaire de Wufeng se célèbre, avec des

La crevasse de l'Eau et du Feu, à Kuantzulin

rites très élaborés, le 12 novembre de chaque année.

Kuantzuling

A 15 km au sud du temple de Wufeng, à courte distance de la route 3 en direction de Tainan, se trouve la **station thermale de Kuantzuling**, nichée dans une passe entre Chiayi et le **lac de Corail**, et renommée, depuis l'occupation japonaise, pour ses eaux qui guérissent des maladies de peau chroniques et même certains problèmes gastro-intestinaux. L'**auberge de Kuantzuling**, de style japonais, et celle de l'**Eastern Emperor** sont les meilleures représentantes de l'hôtellerie locale.

La route qui fait le tour de la montagne, en passant derrière le village de Kuantzuling, présente un certain nombre de points de vue intéressants. Le **Rocher exotique** et la **crevasse de l'Eau et du Feu**, proches l'un de l'autre, se trouvent à 5 km de la station thermale. Le rocher est un énorme bloc fossilisé de la taille d'une maison, dû à un éboulement pré-historique et gelé sur place. On peut voir sur les côtés d'étranges squelettes pétrifiés. La crevasse est encore plus stupéfiante : de l'eau y bouillonne comme dans un chaudron, de concert avec un curieux ballet de flammes qui lèchent les parois de la grotte qu'elles ont, à la longue, noircies. Phénomène étonnant que le feu et l'eau jaillissant ensemble de la terre !

Dans la région de Kuantzuling se trouve le **monastère du Nuage Bleu**, construit en 1701, le nouveau **monastère des Grands Immortels** et le petit **temple de l'Ancêtre Immortel**. Tout près, on peut visiter une **ferme** spécialisée dans les herbes médicinales, le **lac artificiel de la Rivière Blanche** et le funiculaire de la **montagne de l'Oreiller**. En taxi, le circuit complet à partir de Kuantzuling coûte environ 500 NT (100 F).

Le temple de Ma-tsu à Peikang

Au nord-ouest de Chiayi, via **Hsingang** et son temple taoïste raffiné, se trouve la ville de **Peikang** (le port du Nord).

Le temple de Ma-tsu à Peikang.

Située à 23 km sur la route 159, Peikang est surtout célèbre pour son **temple de Ma-tsu**, le plus extravagant des 383 temples de l'île consacrés à la déesse de la Mer. Koxinga ayant attribué la réussite du passage de sa flotte à travers le détroit de Taiwan à la protection divine de Ma-tsu, elle fut sacrée divinité de l'île.

Ce temple, dont le nom officiel est **Palais-qui-fait-face-au-ciel**, est probablement le plus riche de l'île. Plus de 3 millions de pèlerins le visitent chaque année, surtout pendant le festival qui commémore l'anniversaire de la naissance de Ma-tsu (le 23e jour du 3e mois lunaire, c'est-à-dire en avril ou mai). Cette période de fête est le meilleur moment pour visiter le temple de Peikang. Pendant toute la fête, pétards, gongs et tambours transforment les lieux en véritable champ de foire. Des rites religieux sont alors accomplis avec une pompe et un décorum qui n'ont peut-être pas beaucoup changé en mille ans. Lors d'un rite particulièrement coloré, on promène une statue sacrée dans un palanquin garni de soie et de dorures. Quand la procession est de retour aux portes du temple, des nuages d'encens et un concert assourdissant de pétards, de gongs, de cymbales, de tambours et de flûtes accueillent la divinité. Cette manifestation authentique de la religiosité chinoise est fascinante.

Quatre lions de pierre et quatre immortels montés sur des dragons gardent la grande porte du temple de Ma-tsu, mais le toit mérite, quant à lui, une étude détaillée. On ne trouve en effet aucune série de toits et de pignons aussi colorée et aussi vivante dans toute l'île : des centaines de figures de céramique émaillée font des cabrioles au milieu des montagnes, des palais, des pagodes et autres miniatures inspirées du folklore chinois. Sur le faîte du toit, on aperçoit les «trois dieux vedettes» de la Longévité, de la Prospérité et de la Fécondité, qui sont les trois bénédictions que les Chinois désirent le plus vivement.

La pagode qui figure sur le bâtiment central symbolise la communion du ciel et de la terre. Quant aux poutres faîtières des bâtiments latéraux, elles sont ornées de paires de dragons gambadant à la poursuite de l'insaisissable perle de sagesse… mais, à la vérité, il faudrait des heures pour parvenir à faire une description exhaustive de tous les détails de ces toits.

Dans la cour du temple s'élève une pagode à trois étages dans laquelle on brûle des offrandes de papier. Les pèlerins changent de l'argent véritable contre de faux billets, de l'encens et d'autres objets vendus dans le temple. Il y a des présentoirs à ex-voto (connus en chinois sous le nom de «montagnes de Bouddha») qui portent les noms des donateurs du temple. Bien éclairés, ils sont placés par paires sur les autels du temple. La plupart des temples n'en ont que deux, mais le temple de Peikang en a douze, ce qui atteste le nombre et la générosité des donateurs. Les tables d'offrandes débordent de viandes, de poissons, de volailles, de fruits, de sucreries, d'encens, de vin, d'argent et même de bouteilles de limonade décapsulées pour que leurs vapeurs puissent parvenir jusqu'aux dieux. Un marché en plein air occupe les environs du temple.

Ci-dessous jour de fête ; à droite, alignement de statuettes dans le temple de Ma-tsu à Peikang.

LE SUD

Le sud de Taiwan est la région la plus anciennement habitée, en même temps que la plus civilisée de l'île. Temples, pagodes, pavillons, forts et autres lieux historiques ou religieux en témoignent. Les Hakkas sont les premiers immigrants chinois arrivés sur les côtes méridionales, imités quelques siècles plus tard par les Hollandais. Plus tard, lorsque Koxinga s'aventura à Taiwan, pour une ultime résistance contre les Mandchous, c'est dans le sud qu'il établit le premier gouvernement chinois.

Le littoral sud est une région tropicale luxuriante et humide où les collines présentent des pentes plus douces, où le soleil brille plus intensément et où la mer joue un plus grand rôle dans la vie de tous les jours que dans n'importe quelle autre région de l'île. Mais le sud se caractérise surtout par une certaine chaleur humaine et une plus grande ouverture de la part de populations qui savent prendre le temps de vivre.

La Tainan traditionnelle

Tainan, capitale culturelle de Taiwan, a été la capitale de l'île de 1663 à 1885. Quatrième grande ville avec une population de 676 000 habitants environ, elle occupe de nos jours une superficie de 175 km². Comme Kyoto au Japon et Kyonju en Corée, Tainan est une ancienne capitale qui inspire toujours le respect.

L'histoire de Tainan est étroitement liée aux exploits de Koxinga, connu sur place sous le nom de Cheng Cheng-kung, «le seigneur au nom impérial». Loyaliste Ming, il arriva en 1661 avec 30 000 hommes, dans 8 000 jonques de guerre, à la **porte de Lu-Erh-Men** (de l'Oreille de Daim), près de Tainan. Il fit alors le siège du fort d'Anping et chassa les Hollandais de l'île, établissant une place forte Ming qui tint trois générations, jusqu'à ce que son petit-fils capitule finalement devant les Mandchous. Ce redoutable guerrier apporta dans l'île, outre ses troupes, une statuette de Matsu en bois de camphrier qui repose toujours dans le mausolée de la déesse, à la porte de l'Oreille de Daim. Son entourage d'écrivains, d'artistes, de musiciens, d'artisans, contribua à une renaissance culturelle chinoise sur l'île.

Tainan, consciente de cet héritage, sort maintenant de son engourdissement et tente de restaurer sa gloire passée. Grâce à son dynamisme, Tainan se consacre au tourisme, sans négliger l'industrie légère, l'agriculture ou la pêche. Les sites industriels sont cependant l'objet d'un contrôle ferme car il s'agit de faire prospérer une cité propre et cultivée qui joue le rôle d'un Kaohsiung résidentiel et d'une vitrine pour les touristes. Mais Tainan est à la fois la ville qui améliore le plus son art de vivre et, du point de vue architectural, la plus traditionnelle, avec un labyrinthe de ruelles, de cours et d'enceintes qui abritent des centaines de mausolées et de temples.

Alors que la plupart des habitants de Tainan préfèrent parler le taiwanais plutôt que le mandarin, les fêtes religieuses indigènes, appelées *pai-pai*, se célèbrent

Pages précédentes : les statues de la montagne de la lumière de Bouddha. A gauche : étudiants du temple de la lumière de Bouddha ; à droite, statue de Koxinga dans le mausolée de Tainan.

avec encore plus de conviction et de décorum que dans le nord. En fait, Tainan s'efforce de concilier la tradition et la modernité.

La ville aux cent temples

La plupart des points d'intérêt de Tainan se concentrent dans la vieille ville, qui s'étend d'est en ouest, entre les tours de Chih-Kan et la gare de chemin de fer, et, du nord au sud, du parc de Chung-Shan au mausolée de Koxinga. C'est une ville agréable à découvrir à pied, le jour comme la nuit.

Les temples donnent tout son cachet à la ville. Son surnom de «ville aux cent temples» est plus que mérité, car il y a exactement 220 sanctuaires principaux et un nombre incalculable de mausolées mineurs répartis dans toute la ville et dans les environs. La plupart sont signalés par une porte voûtée ou une plaque murale sur laquelle figure le nom du temple.

Il convient de commencer la visite des temples de Taiwan par un tour au **mau-**solée de Koxinga. Construit sur un édit impérial de la cour mandchoue dans un jardin d'arbres tropicaux et de pavillons, l'édifice date de 1875. Cet événement marquant traduisait le fait que le résistant Ming était désormais considéré comme un héros national. Dans la salle principale s'élève une statue de Koxinga flanquée de celles de ses deux plus fidèles généraux, tandis que, dans les colonnades, apparaissent celles des 114 officiers qui l'ont suivi à Taiwan. Une autre salle abrite un autel dédié à la mère de Koxinga accompagnée de jeunes princes. Un musée attenant expose des antiquités, poteries, peintures, documents et costumes illustrant la vie à l'époque de Koxinga. Abandonné en ruines après l'occupation japonaise, le mausolée fut restauré après la Seconde Guerre mondiale et de nouveau en 1962. De grandes festivités commémoratives consacrées au père de la Taiwan chinoise ont lieu trois fois l'an : le 12 février (date de la reddition des Hollandais), le 29 avril (jour de la Rétrocession) et le 27 août (anniversaire de Koxinga). Le

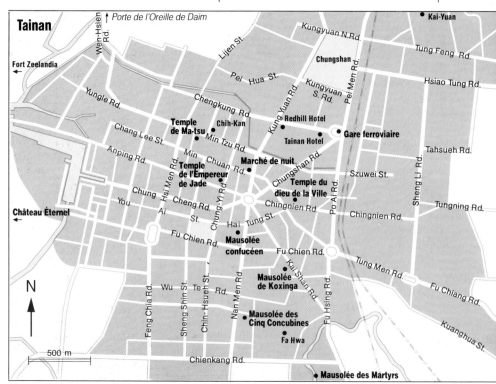

mausolée, situé au 152, rue Kai-Shan, est ouvert tous les jours de 9 heures à 18 heures.

A proximité du mausolée de Koxinga se trouve le **mausolée de Confucius**, le plus ancien et le plus important des temples de Taiwan dédiés au sage. Il a été construit en 1665 par Cheng Ching, fils de Koxinga, inaugurant ainsi une renaissance culturelle chinoise à Taiwan. Restauré à 16 reprises depuis, il est d'un style architectural très classique, peu fréquent dans l'île. Ses portes voûtées et ses murs à corniches divisent le complexe, édifié dans un jardin tranquille, en une série de cours disposant chacune de bâtiments avec des fonctions propres. A l'origine, ces cours servaient d'écoles pour les différentes branches des études chinoises. Confucius est à l'honneur au milieu, dans la salle du Grand Succès, sous forme d'une simple stèle de pierre dorée, décorée de fleurs fraîches et accompagnée de bâtons d'encens. Des plaques portant des inscriptions honorifiques dédiées à Confucius, de la main de plusieurs empereurs de la dynastie

des Qing ainsi que de l'ancien président Tchang Kaï-chek, y sont exposées. On trouve aussi des chapelles dédiées aux plus éminents disciples de Confucius, ainsi que des mémoriaux consacrés à plusieurs héros historiques et à des lettrés célèbres. Des costumes anciens, des livres, des instruments de musique en usage lors des cérémonies d'anniversaire du philosophe, le 28 septembre, sont exposés dans ce temple. Les billets pour cette célébration s'achètent à l'avance dans les hôtels de Tainan. Le mausolée est au 2, rue Nan-Men. Il est ouvert de 9 heures à 18 heures.

Lorsque le petit-fils de Koxinga se rendit avec l'île aux Mandchous, en 1684, un parent royal éloigné du dernier empereur Ming vivait dans l'île avec cinq concubines. Apprenant la chute imminente de Taiwan, il se suicida. Ses concubines, par amour et loyauté, se pendirent le même jour. On leur conféra le rang posthume de princesses royales et le **mausolée des Cinq Concubines impériales** (1, rue Wu-Fei) fut érigé afin de commémorer les vertus de loyauté,

Ci-dessous, une troupe de scouts de Tainan devant son local.

d'honneur et de sacrifice que leur conduite illustrait. La salle principale abrite 5 statuettes en bois vêtues de soie et parées de bijoux. Les quatre femmes peintes sur les portes sont des figures féminines légendaires et non les concubines.

L'un des plus vieux monastères bouddhiques de Tainan est le **monastère de Kai-Yuan**, construit au XVIIe siècle par le fils et successeur de Koxinga, Cheng Ching, à la mémoire de sa mère. Situé rue Kai-Yuan, il est ouvert de 6 heures à 19 heures. Au centre, on y voit un Milofo bedonnant, le «Bouddha heureux», gardé par quatre énormes sentinelles célestes affectant une pose féroce. L'autel arbore un panneau ancien tout ciselé de dragons enroulés. De nombreuses chapelles latérales, dédiées à des divinités accompagnatrices, abritent un mobilier chinois traditionnel, sculpté dans du bois dur. Derrière la salle principale, on trouvera une salle comportant des autels et des ex-voto. Dans un coin, on peut voir une cuisine entièrement équipée, dans laquelle on prépare les repas végétariens des moines bouddhistes. En fait, c'est un monastère en activité en même temps qu'un temple public. Des moines rasés de frais et des nonnes en robe et en sandales vont et viennent au rythme de leurs corvées monacales, comme leurs pareils l'ont fait siècle après siècle en Chine. Bien qu'il ne s'agisse pas du temple le plus impressionnant, du point de vue architectural, de Tainan, il donne toutefois une bonne idée de la vie quotidienne des moines et des nonnes de notre époque.

Les croyants pensent que leur conduite est rapportée aux empereurs du Ciel et de l'Enfer par Cheng Huang, dieu de la Ville. A Tainan, un petit temple ancien et très original lui est dédié : le **Cheng Huang Miao**, situé rue Ching-Nien, entre la Chien-Kuo et la Po-Ai. Le mausolée principal est un mélange fascinant d'icônes noircies par la fumée, de dorures, de mobiliers antiques en bois dur et de poutres intriquées. Une statue majestueuse du dieu de la Ville barbu y trône, accompagnée, de chaque côté, des statues d'un guerrier et d'un lettré. Les

Le temple de Cheng Huang Miao, à Tainan.

niches des murs latéraux contiennent deux douzaines de statuettes en camphrier poli, vêtues de brocart de soie. Les traits du visage et les attitudes sont tout à fait personnalisés. Derrière le mausolée principal, s'élève un mausolée plus petit dédié à Cheng Huang, dans lequel les murs latéraux sont agrémentés d'une série de statues d'argile récemment peintes qui représentent les moines et maîtres célèbres du passé. Le travail des poutres du plafond est remarquable, car contrairement à d'autres plafonds, celui-ci est verni plutôt que peint et sa surface finement gravée en filigrane. Des reliques et d'autres objets rituels, dont deux bouliers géants de 5 m sur 1,50 m, sont suspendus un peu partout. Les boules en bois de chaque boulier sont de la taille d'un melon. L'un d'eux est suspendu à droite de la chapelle principale, l'autre aux poutres au-dessus de la porte d'entrée. Ces objets servent au dieu de la Ville pour faire le compte des mérites et des fautes de chaque mortel dans son rapport annuel aux empereurs du Ciel et de l'Enfer.

Le **temple de l'Empereur de Jade** est une étape indispensable du tour des temples de Tainan. C'est en effet l'un des temples taoïstes les plus vieux et les plus authentiques de l'île. Situé au 16, rue Chung-Yi, allée 90, au coin de la rue Min-Tsu. Une façade de pierre sculptée en relief, très fouillée, embellit l'entrée du bâtiment central de cet ensemble fastueux. A l'intérieur, l'empereur de Jade est représenté par une plaque de marbre sobre gravée à son nom. A droite, un mausolée surélevé, appelé **cour du Saint Martial**, est dédié à Kuan Kung, dieu guerrier à la face rouge. C'est un charmant mausolée qui comporte des dieux gardiens de portes finement peints et accompagnés de dragons, des panneaux latéraux de pierre sculptée représentant des animaux, des immortels taoïstes, une importante pagode centrale servant à brûler les offrandes et un plafond circulaire habité de centaines de statuettes de dieux dorés. On peut admirer sur un mur une fresque tout à fait intéressante : il s'agit de la reproduction d'une peinture ancienne représentant Hwa-to, méde-

Le temple de l'Empereur de Jade, à Tainan.

cin taoïste du IIIe siècle. Ce dernier est représenté en train d'opérer le bras du héros militaire Kuan Kung, qui, ignorant stoïquement sa blessure, joue aux échecs avec un ami. Hwa-to, qui a été déifié, n'est pas seulement vénéré comme l'un des pères de la médecine chinoise, il est aussi très connu en tant qu'adepte taoïste accompli et maître en arts martiaux anciens. Le temple de l'Empereur de Jade est l'un des temples les plus fréquentés de l'île. Des exorcismes et d'autres rites y sont fréquemment accomplis durant la journée avec des médiums qui pratiquent la transe. Les visiteurs n'ont qu'à suivre le son des tambours, des gongs, des cymbales et les incantations bruyantes de l'arrière-cour du temple pour trouver ces médiums en train de contacter les esprits des défunts, amis ou parents, au nom des suppliants, sous le regard béat de l'empereur de Jade et de son entourage.

Parmi les autres temples de Tainan, on citera encore le **monastère de Fa-Hwa** (100, rue Fa-Hwa). Il a plus de trois cents ans et 60 moines et nonnes y vivent. De magnifiques banians et ficus en ombragent les chapelles.

Le **palais de l'Impératrice du Ciel** (18, rue Yung-Fu) est le mausolée de Ma-tsu, connu sous le nom de **temple de Ta Tien Hou**. Il a été édifié en 1683 pour accueillir le saint patron de Tainan. Des statues de Ma-tsu de grande taille, bien travaillées mais noircies par les années, ainsi que deux gardes du corps, anciens démons convertis, embellissent le mausolée. Ce temple se targue d'être le plus vieux mausolée de Ma-tsu de l'île, bien que le temple de Lukang ait les mêmes prétentions.

Le **Temple martial** (229, rue Yung-Fu) est dédié à la divinité guerrière Kuan Kung. Fondé en 1778, il est situé directement en face des tours de Chih-Kan. Le travail des plafonds et des portes est admirable.

La **tour des Barbares**, ou monument de **Chih-Kan**, a été construit dans le style des pavillons chinois sous la dynastie des Ching, sur le site du vieux **fort hollandais de la Providence**. Mais il ne reste pas grand-chose des fortifications hollandaises d'origine, qu'on appelle ici «tour des Barbares-aux-cheveux-

Petit oratoire dans une rue de Tainan.

rouges». Construit en 1653 par les Hollandais, il fut pris par Koxinga, qui y établit son quartier général administratif en 1662. Ce monument (212, rue Min-Tsu) présente une exposition visuelle de la traversée de Koxinga dans le détroit de Taiwan et de l'éviction des Hollandais. Des statues de bronze, dans le parc attenant, symbolisent la reddition. Devant cet ensemble, neuf stèles gravées par édit impérial en 1786 sont disposées sur des tortues de pierre.

Situé au centre, le **parc de Chung-Shan** est tout près de la gare et de l'hôtel de Tainan. Au milieu d'arbres et d'allées, un étang paysager reproduit en miniature le bateau de marbre construit pour la dernière impératrice mandchoue au palais d'été, près de Pékin.

Au 152, rue Kai-Shan, se trouve le **musée des Antiquités** de Tainan, avec trois salles d'expositions. Celle qui concerne «la nature et les hommes» contient des fossiles de rhinocéros et d'éléphants trouvés à Taiwan, preuves que l'île a été partie intégrante du continent chinois. La salle consacrée à la politique et à l'éducation abrite des collections, documents, pièces, timbres, sceaux, livres et autres objets décrivant l'histoire sociale et politique de l'île. La salle consacrée à la littérature expose des rouleaux de peintures, inscriptions gravées, costumes, porcelaines et statues. La salle consacrée aux coutumes et usages des peuples montre des outils de tous les jours. La collection, initialement installée au fort Zeelandia d'Anping le 1er avril 1932, fut transportée trois fois avant de trouver un logement permanent dans ce bâtiment en 1965. En 1975, le bâtiment fut agrandi et la collection complétée.

La porte de l'Oreille de Daim

Koxinga a débarqué à **Lu-Erh-Men** («la porte de l'Oreille de Daim»), baie étroite au nord de Taiwan. Le lieu fut dès lors consacré par le nouveau **temple de Ma-tsu**, construit sur le site d'un monument ancien. A l'intérieur de la salle principale, le mausolée de Ma-tsu est protégé par un nombre de dragons suffisant pour terrifier une armée de démons. Ses deux féroces gardiens, l'un rouge, l'autre noir, sont armés et adoptent la posture classique des arts martiaux. Devant la grande statue centrale de Ma-tsu figure une rangée de statuettes plus petites en camphrier noir, vêtues de leurs plus beaux atours. On dit que celle du centre a plus de mille ans et qu'elle fut apportée du continent par Koxinga. Peu de statuettes font l'objet d'une semblable vénération. Le temple comporte deux magnifiques portes en forme de lune. Les dieux gardiens de portes, hauts de 6 m, sont sculptés dans du bois de camphrier émaillé et doré. Ce sont les plus grandes portes de temple de tout Taiwan.

A quelques kilomètres du temple de Ma-tsu se trouve ce que Tainan affirme être la plus grosse institution religieuse de cette partie de l'Asie : le **temple de la Sainte Mère** de la porte de l'Oreille de Daim. On en voit de loin briller les toits de tuile. L'entrée de ce temple est formée d'une immense façade à deux étages ancrée dans deux grosses pagodes. Les colonnes comportant des dragons sculptés qui supportent le portique ont été taillées dans la pierre par les meilleurs artisans spécialistes de temples. Le mur principal du mausolée à deux étages est divisé en six niches décorées abritant chacune les icônes des divinités importantes de Taiwan. Tout le mausolée a été sculpté, gravé, peint, moulé avec une incroyable minutie. L'autel laqué noir, qui fait trois fois la longueur des autels ordinaires, est gravé d'animaux célestes dorés imbriqués les uns dans les autres et déborde d'offrandes destinées à Ma-tsu.

Un autre mausolée aussi beau se trouve juste derrière, composé lui aussi de six chapelles principales encastrées dans les murs et de deux autels sculptés de motifs dorés. Les statuettes en bois noir qu'on sort sur des palanquins élaborés, à l'occasion des parades des fêtes traditionnelles, sont traitées avec le plus grand respect.

Le troisième bâtiment a un étage de plus que les deux premiers. Au rez-de-chaussée, on voit trois statues de Bouddha finement sculptées. La figure centrale est assise sur un socle en forme de lotus. Celle de droite chevauche un

Le temple de la Sainte Mère, porte de l'Oreille de Daim.

tigre et celle de gauche monte un éléphant. Au deuxième étage, trois autres gros Bouddhas dorés sont représentés de différentes manières. Le troisième étage abrite un triple mausolée à l'empereur de Jade.

La construction de l'ensemble de la Sainte Mère, qui a déjà nécessité plusieurs années, est loin d'être terminée. Mais elle est impressionnante par son échelle ambitieuse et son mélange harmonieux de bouddhisme, de taoïsme et de culte de Ma-tsu. Tainan projette d'encourager le tourisme dans cette région. Pour se rendre au temple, il suffit de sortir de la ville en suivant la rue Cheng-Kung à partir de la gare, puis de prendre à droite la rue Wen-Hsien, qui devient un peu plus loin la route 17. On bifurque alors au niveau de la route 12 pour arriver directement au temple.

Les forts d'Anping

A **Anping**, qui est à 20 mn de voiture du centre de Tainan, on trouve de nombreux vestiges du passé militaire de Tainan, notamment le **fort Zeelandia**, construit par les Hollandais en 1623 et solidement consolidé entre 1627 et 1634. Les Européens ont assemblé les briques avec un mélange de sirop sucré, de riz glutineux et de coquilles d'huîtres écrasées. Cet ingénieux mélange fut efficace, puisqu'une bonne partie des fondations d'origine est toujours intacte. Lorsque Koxinga prit possession du fort Providence, les Hollandais se retirèrent dans ce bastion et ne se rendirent qu'après neuf mois de siège. Le fort Zeelandia a connu plusieurs ajouts au cours des siècles. Pendant la guerre de l'opium, en 1840, les Chinois y ont installé des canons et érigé un phare. Un gouverneur japonais a construit le bâtiment actuel pour y recevoir des invités.

Tout près du fort Zeelandia se trouve le site d'un vieux fort chinois qui défendait jadis les côtes de Tainan, et que le sable et la vase ont peu à peu éloigné de la côte. Connu sous le nom de **Château éternel**, il fut construit en 1875 par Shen Pao-chen, commissaire des affaires navales de la province du Fujian, alors

Sonneurs de cloche au temple de la porte de l'Oreille de Daim.

que les forces japonaises avaient attaqué Taiwan sous prétexte de venger les marins d'Okinawa massacrés par les aborigènes. La disposition de ce fort est remarquablement sûre. Des abris et des arsenaux sont disposés autour des murs. A son apogée, le fort pouvait accueillir 1 500 hommes, mais il ne reste plus aucun bâtiment important. Mais on voit sur les remparts une belle collection de canons du XIXe siècle.

Dans le voisinage, on peut visiter le **musée de cire de Taiwan**. Ouvert le 28 avril 1981, à l'occasion du 320e anniversaire de la rétrocession de Taiwan à Koxinga par les Hollandais, il présente, sous forme d'œuvres en cire, des scènes de la vie des fermiers, des pêcheurs et des aborigènes à l'arrivée du héros et au moment de sa victoire sur les Hollandais. Situé au 194, rue An-Pei, il est ouvert tous les jours.

Il y a tant de choses à voir dans Tainan et aux alentours, que des excursions plus lointaines pourraient sembler superflues. Mais, à ceux qui ont du temps, on peut suggérer de se rendre, à trois quarts d'heure de voiture par la route 17, au village de **Kunchiang** et au **temple de Nan-Kun-Shen**, à Peimen. Ce mausolée, construit en 1662 et dédié à cinq héros de la dynastie des Tang, est l'un des plus fréquemment visités de toute l'île. Des statues des cinq vénérables occupent l'autel du mausolée principal. Elles sont entourées d'une foison de très bonnes sculptures sur bois. Les colonnes sont aussi en bois. Un second mausolée abrite trois statues assises de Kuan-yin, déesse de la Miséricorde. Dans le troisième, on trouve le terrifiant empereur de l'Enfer.

La vie à Tainan

Tainan ne dispose pas encore de grands hôtels de style international. Mais c'est précisément l'un des charmes de la ville, qui a gardé son esprit d'antan. Le vieil **hôtel de Tainan** a une ambiance locale typique, tandis que d'autres, plus récents, comme le **Redhill** et l'**Oriental**, ont un confort tout à fait convenable.

Tainan, ville de culture, s'illustre aussi par sa cuisine. De remarquables mets du

Le fort Zeelandia.

Sichuan vous seront servis à l'**hôtel Redhill** et au restaurant du **Today's Szechuan** (62, rue Chung-Cheng). On peut aussi recommander un restaurant de fruits de mer, l'**Upper Bamboo Grove** (254, rue An-Ping) et le **Korean Restaurant** (175, rue An-Ping). Le **marché de nuit**, rue Min-Tsu, compte un grand nombre de petites échoppes dans lesquelles on peut goûter le *dan-tze-mien* de Tainan, soupe de nouilles légèrement épicée et garnie d'oignon et de coriandre en feuilles, servie avec une sauce à la viande et parfois avec deux grosses gambas. Après le dîner, nombreux sont ceux qui vont prendre un café dans les confortables établissements chic de la ville. Le plus en vogue est le romantique **Dream Coffee**, au 99, rue Cheng-Kung, de l'autre côté du Redhill.

En termes de vie nocturne, on peut dire que Tainan est plus calme que Taipei. On peut passer un moment au **Tainan Ballroom**, au septième étage de l'hôtel de Tainan.

Rue Chien-Kang, à côté du **mausolée des Martyrs**, on peut se faire une idée des équipements récents de Tainan, avec le gigantesque **Centre de sports et de loisirs**, qui comporte, parmi d'autres équipements, piscines, courts de tennis et de squash, terrains de rugby et de football, pistes de motocross. Il y a des restaurants et on peut également y loger. Pour leur part, les golfeurs apprécieront le **Golf and Country Club** de Tainan, à 14 km au nord de la ville, à Hsinhwa. Enfin, la **plage d'An-Ping** permet baignades et bronzage.

Tainan est à trois heures de Taipei par la voie express nord-sud, et à trois quarts d'heure au nord de Kaohsiung par la même voie. Des autocars et des trains font le trajet régulièrement. Avec la Far East Air Transport, le vol ne prend que 40 mn.

Le lac de Corail

Ceux qui ont emprunté la route intérieure qui conduit de Chiayi à Tainan auront la chance de voir les deux plus grands lacs de Taiwan : le lac de Corail et le lac artificiel de Tsengwen. Un tunnel souter-

Une rue de Tainan.

rain de 3 km alimente le lac de Corail à partir du lac artificiel. Malgré leur proximité, la route qui relie les deux lacs fait tout de même 30 km et serpente au milieu de très jolis paysages.

Le **lac de Corail** tient son nom des innombrables petits bras étroits qui s'y jettent, en provenance des collines environnantes. On dirait en effet un morceau de corail. Plus de 30 rivières de montagne se jettent dans ce plan d'eau de 30 m de profondeur. On peut y louer des bateaux et les randonneurs apprécieront le réseau de pistes qui l'entoure. Il n'est toutefois pas permis de s'y baigner, car c'est cette eau qu'on boit dans la région. Un petit village avec une reproduction du **temple du Ciel** de Pékin compte plusieurs hôtels et auberges, dont on citera le **Kuo Min**, sur la rive nord du lac.

Le **lac artificiel de Tsengwen** a été achevé en 1971. Avec ses 44 km², il attire les amateurs de bateau et de randonnées. Plusieurs plantations de fruits tropicaux fournissent des aliments frais à cette région à l'écart des sentiers battus. Pour un logement, on se renseignera auprès du Centre d'activités de la jeunesse de Tsengwen, géré par le Corps de la jeunesse chinoise.

Tsengwen est à 60 km au nord-est de Tainan par la route 3. A 10 km de Tainan, sur la même route, se trouve **Yu Ching**, village qui marque le début de la voie rapide transinsulaire méridionale du côté ouest. Cette route, achevée en 1972, a coûté quatre années de labeur et 100 vies humaines. Très pittoresque, comme sa cousine du nord, elle permet d'aller en une journée de Yu Ching à **Hai Tuan**, petite ville à 60 km au nord de Taitung. Mais pour ceux qui souhaitent passer une nuit dans l'un des trois hôtels rustiques qui sont sur la route, il faut présenter un permis délivré à Taipei.

Kaohsiung, capitale industrielle

Kaohsiung est la vitrine économique de Taiwan et son plus grand port. Centre de traitement industriel, c'est la seule ville en dehors de Taipei qui ait un aéroport international. Le port, qui a la plus grande cale sèche du monde, est le cinquiè-

Le lac artificiel de Tsengwen.

me plus grand port de conteneurs. Kaohsiung est le terminus méridional de la voie express nord-sud. Avec 1,5 million d'habitants, la ville est la deuxième du pays et la seule, à l'exception de Taipei, à bénéficier d'un statut de municipalité spéciale qui la met à égalité avec une province, car elle est administrée par le gouvernement central.

On peut se rendre à Kaohsiung à partir de Taipei, en train, en autocar ou en avion. La China Airlines et la Far East Air Transport affrètent toutes deux une demi-douzaine de vols quotidiens entre Taipei et Kaohsiung. La China Airlines et la Japon Asia Airways ont en outre des vols internationaux vers Kaohsiung à partir de Tokyo et d'Osaka.

Malgré ses origines humbles, Kaohsiung a connu une croissance rapide pour atteindre 153 km^2. La concentration d'industries lourdes y a causé d'importants problèmes de pollution, mais Kaohsiung essaie aussi d'attirer et de favoriser des industries de haute technologie dans des districts centraux, déplaçant ses usines et leurs fumées vers des zones industrielles suburbaines. La population, active et cosmopolite, est typique des populations portuaires. Contrairement à Tainan, les constructions de Kaohsiung sont plutôt des tours modernes en acier et en verre. Les rues sont plus larges et il y a de vastes espaces découverts. La pêche demeure une activité importante, avec une flotte de 1 500 bateaux qui vont jusqu'en Afrique du Sud. L'agriculture, cependant, est absente des abords immédiats. La cité est divisée par un canal appelé **rivière de l'Amour**, qui est malheureusement terriblement pollué. Pour avoir une belle vue de la ville, il faut se rendre au **parc de la Montagne de la Longévité**, qui surplombe le port et qui est à 20 mn de marche de l'**hôtel Kingdom**. Du **mausolée des Martyrs**, la vue est impressionnante aussi bien le jour que la nuit.

Le circuit des temples

Les amateurs de temples pourront ajouter à leur liste trois ensembles religieux. Le **palais des Trois Phénix** (134, rue Ho-

Ci-dessous, panneau le long de la route express nord-sud ; à droite, hôtesse des chemins de fer de Taiwan.

Pei, section 2) est le plus grand. Très fréquenté, il est dédié au pourfendeur de démons Li Na-cha. Des lions de pierre y montent la garde au pied des marches qui conduisent à une façade de pierre sculptée très élaborée. Le mausolée central contient trois statues importantes, de ravissants autels dorés et 10 gros présentoirs d'ex-voto. On peut y voir les fidèles y pratiquer la divination. Une série de marches conduisent à un mausolée plus petit comportant trois autels. C'est un sanctuaire bouddhique où trois belles statues dorées de Bouddha, assis respectivement sur un lotus, un éléphant et un lion, partagent l'espace avec des statues de gardiens et les disciples de Bouddha.

Le **sanctuaire des Arts Littéraires et Martiaux**, temple taoïste à trois étages dédié à la divinité guerrière Kuan Kung et à son homologue taoïste Confucius, est ouvert au 114, rue Fu-Yeh. Au rez-de-chaussée se trouve une chapelle dédiée à des divinités martiales qui abrite un certain nombre de tables d'autel en bois dur finement ouvragées. Le second étage est consacré à Confucius, patron des arts littéraires, avec son seul nom gravé sur des stèles de pierre. Le troisième étage, où réside l'empereur de Jade et son entourage céleste, est décoré de fresques magnifiques, tandis que les plafonds portent un décor raffiné. Trois statuettes, vêtues de riches brocarts et de robes à motif de dragon incrustées de joyaux, sont assises sur une petite table laquée devant la chapelle.

A proximité du Sanctuaire Sacré, au 54, rue Yeh-Huang, se trouve le **temple des Trois Rois de la Montagne**. Ce vieux temple bouddhiste à trois étages est dédié à trois frères qui étaient les précepteurs d'un homme qui sauva la vie de l'empereur de Chine. Quand l'empereur récompensa l'homme, ce dernier en attribua tout le mérite à ses trois professeurs. L'empereur donna alors à chaque frère le titre de «roi de la Montagne» et leur attribua trois régions distinctes de la province du Fujian. Ce magnifique mausolée abrite une douzaine de divinités en grand apparat. On remarque l'immense autel sculpté et doré, les colonnes de bois sculptées et les dieux gardiens de portes peints.

Le Petit Port

Kaohsiung est l'une des casses de bateaux les plus importantes du monde. Une armée d'ouvriers équipés de chalumeaux, de scies et de clefs détruisent patiemment 200 gros bateaux chaque année. Ils récoltent une énorme quantité de débris de fer, d'instruments nautiques, d'éléments de cuivre et d'autres pièces. Ceux qui ont la chance d'être à Kaohsiung quand un paquebot de luxe est mis en pièces peuvent acheter des lanternes, des horloges, télescopes et autres instruments. Le quai de démolition est situé à **Little Harbor**, à 10 km au sud du centre de la ville. Un taxi fera l'aller et retour, avec une visite d'une heure, pour 500 NT (100 F).

Il y a deux plages aux abords immédiats de Kaohsiung. La **plage de Chi-Chin** a du sable blanc et se trouve isolée du bruit de la ville et des eaux sombres du port. Elle est au large d'une longue île qui forme une jetée dans le port. Un ferry y conduit en 4 mn à partir d'un

A gauche, le port de Kaohsiung ; ci-dessous, creuset de la China Steel Corporation.

petit quai à proximité de l'embarcadère de pêche, rue Pin-Hai 1. Près de la plage se trouve un temple taoïste dédié au dieu de la Médecine et un magasin qui propose une grande variété de coquillages.

Au-delà du **parc de la Montagne de la Longévité**, près de l'entrée nord du port, se trouve la **plage de Hsi-Tzu**. L'eau n'y est pas aussi claire que celle de Chi-Chin, mais c'est un endroit très agréable, proche de l'université.

Faire des achats à Kaohsiung

En tant que grande ville, Kaohsiung est naturellement un bon endroit où faire des achats. On peut en effet s'y procurer de nombreux produits fabriqués sur place, notamment des vêtements plutôt que des objets artisanaux. Le quartier commerçant est à proximité des hôtels Kingdom, Major et Ambassador. On recommandera aussi la **rue Hsin-Le** qui est parallèle à la Wu-Fu 4, entre la rivière de l'Amour et le port. Cette rue abonde en biens de toutes sortes, tandis que

dans les ruelles adjacentes se tiennent de petits marchés colorés.

Au pied, rue Ta-Jen et à proximité de l'hôtel Major, se trouve une entrée de l'**arcade commerciale** souterraine à trois niveaux de la **rivière de l'Amour**. Chaque niveau, qui occupe 3,6 ha sous le canal, en fait l'une des arcades souterraines les plus importantes d'Asie. Le premier niveau comporte un grand nombre de magasins de vêtements, de chaussures, d'articles ménagers, ainsi que des restaurants et des bars. Le deuxième niveau compte encore plus de magasins, mais aussi des cinémas et des lieux de détente. Au troisième niveau, on trouve une patinoire et une piste d'autos tamponneuses.

Le plus grand magasin de Taiwan est le **President**. Il a dix étages et il est situé rue Wu-Fu 3, près de la rue Chung-Shan. On trouve aussi une branche du grand magasin **Far Eastern**, rue Wu-Fu 4, au coin de la rue Ta-Chih. On pourra trouver des lanternes de cuivre, des horloges marines et autres équipements de bateau chez **Henry**, au 9, rue Wu-Fu 4, près de l'hôtel Kingdom. Au n° 6 se trouve un magasin bien fourni en équipement de camping de très bonne qualité et à des prix très bas. Plusieurs libraires de ce quartier proposent des romans occidentaux et des ouvrages de référence en langues occidentales. La **Health Pharmacy**, rue Ta-Jen, en face du temple des Trois Rois de la Montagne, vend des médicaments occidentaux.

Restaurants et vie nocturne

Premier port de Taiwan, Kaohsiung offre naturellement d'excellents fruits de mer. Le **Sea King**, au 2-2, rue Hsing-Chung 2, vend des poissons frais et des mollusques vivants conservés dans des viviers ou dans la glace.

On trouvera deux bons restaurants du Sichuan dans le quartier commerçant. Le **King's Kitchen**, au second étage du 75, rue Ta-Jen, domine la place municipale, et le restaurant de raviolis **Wu's Dumpling Restaurant** est à proximité, au 148, rue Chi-Hsien. L'**hôtel Kingdom** propose chaque soir, en alternance, des buffets shanghaïens et sichuanais, ainsi que des *dim-sum* cantonais pour le

A gauche, chantier naval au port de Kaohsiung.

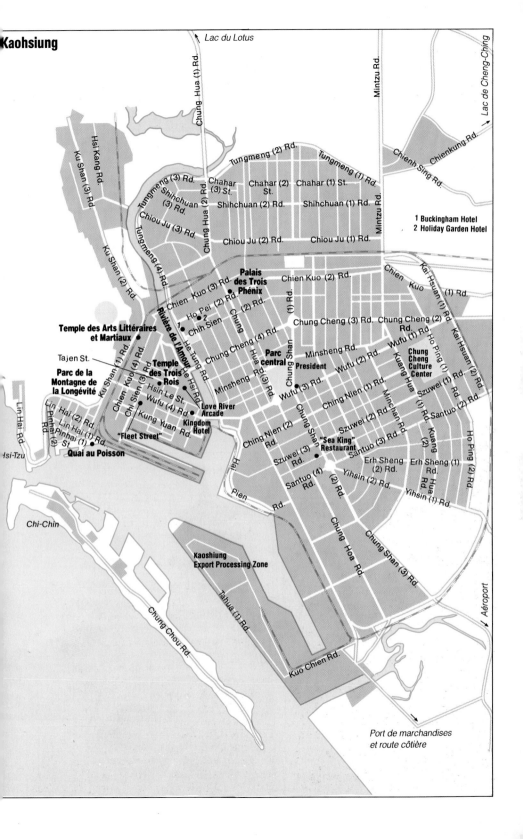

Kaohsiung

Lac du Lotus

Chung-Hua (1) Rd.

Mintzu Rd.

Lac de Cheng-Ching

Chienkung Rd.

Hsi Kang Rd.

Ku Shan (3) Rd.

Chienh Sing Rd

Tungmeng (2) Rd.

Tungmeng (1) Rd.

Tungmeng (3) Rd.

Shihchuan (3) Rd.

Chahar (3) St.

Chahar (2) St.

Chahar (1) St.

Chiou Ju (3) Rd.

Shihchuan (2) Rd.

Shihchuan (1) Rd.

Mintzu Rd.

Chung Hua (2) Rd.

Tungmeng (4) Rd.

Chiou Ju (2) Rd.

Chiou Ju (1) Rd.

1 Buckingham Hotel
2 Holiday Garden Hotel

Ku Shan (2) Rd

Chien Kuo (3) Rd.

Palais des Trois Phénix

Chien Kuo (2) Rd.

Chien Kuo (1) Rd.

Kai Hsuan (1) Rd.

Ho Pei (2) Rd.

(2) Rd.

Chung

(1) Rd.

Chung Cheng (3) Rd.

Chung Cheng (2) Rd.

Chien Kuo

Kai Hsuan (1) Rd

Temple des Arts Littéraires et Martiaux

Chih Sien

Chung Cheng (4) Rd.

Minsheng Rd.

Wufu (1) Rd

Ho Ping (1)

Chung Cheng Culture Center

Kai Hsuan (2) Rd

Tajen St.

Rivière de l'Amour

He Iung Rd.

Chung Shan (3) Rd

Minsheng Rd.

Parc central

President

Wufu (2) Rd.

Wufu (3) Rd.

Ching Nien (1) Rd

Kuang Hua (1) Rd.

Szuwei (1) Rd

Santuo (2) Rd.

Temple des Trois Rois

Ku Shan (1) Rd.

Hsi Rd.

Ho Ping (2) Rd.

Parc de la Montagne de la Longévité

Chien Kuo (4) Rd.

Chi Sien (3) Rd

Hsin Le St.

Wufu (4) Rd

Love River Arcade

Ching Nien (2) Rd.

Chung Shan (1) Rd.

Szuwei (2) Rd

Szuwei (2) Rd.

Minchan Rd.

Santuo (3) Rd.

Kuang (2)

Lin Hai (2) Rd.

Lin Hai (1) Rd.

Kung Yuan Rd.

Kingdom Hotel

Szuwei (3) Rd.

"Sea King" Restaurant

Santuo (3) Rd.

Erh Sheng (2) Rd.

Erh Sheng (1) Rd.

Kuang Hua (2) Rd.

Pinhai (2) St.

Pinhai (1) Rd.

"Fleet Street"

Santuo (4) Rd.

Yihsin (2) Rd.

(2) Rd.

Yihsin (1) Rd.

Hsi-Tzu

Lin Hai Rd.

Quai au Poisson

Hai

Pien

Rd.

Chi-Chin

Chung Shan (3) Rd.

Kaoshiung Export Processing Zone

Chung Hoa Rd.

Tahua (1) Rd.

Chung Chou Rd.

Kuo Chien Rd.

Aéroport

Port de marchandises et route côtière

déjeuner. Tout près du Kingdom, il y a deux petits restaurants appelés **Snacks** et **Gruel**, cafétérias typiques de Taiwan qui offrent des dizaines de plats différents, présentés sur un comptoir chauffant.

Kaohsiung est une ville qui offre des soirées très animées. On peut les passer au **Chalet Bar** de l'**Europe**, au **Ship Cabin Bar**, au second étage de l'**hôtel Kingdom**, établissements très fréquentés, ainsi que dans le salon panoramique de l'**hôtel Ambassador**. Il y a aussi au 97, rue Wu-Fu 4, un club de musique appelé le **Superstar**, où l'on peut écouter du rock, le **Fleet Street**, sur la Chien-Hsin 3, entre Wu-Fu et Kung-Yuan, rappelant les établissements du quartier Papagâteau de Taipei. Parmi les bars fréquentés par les marins du monde entier, on citera le **King's Seamen Club**, le **Cape of Good Hope** et le **Sea Stone**. Et dans le style chinois, on ajoutera le **club Mona Lisa**, au sous-sol de l'**hôtel Major**, et l'**Unicorn** au 25, rue Ta-Jen, près du Major.

Dans un autre ordre d'idées, concerts, théâtre, et autres programmes sont régulièrement organisés à Kaohsiung dans le cadre du nouveau **Centre culturel**.

Autour de Kaohsiung

A quelques minutes en voiture de Kaohsiung, on découvre de nombreux lieux pittoresques : lacs, montagnes, sources chaudes et refuges bouddhiques.

A un quart d'heure au nord du centre ville de Kaohsiung se trouve le charmant **lac de Cheng-Ching** (lac de la Pureté), qu'on a souvent comparé au lac de l'Ouest de Hangchou, en Chine continentale. Une large esplanade bordée d'arbres conduit à une arche d'entrée de style Ming. Pour 35 NT (moins de 10 F), on peut faire les 7 km du tour du lac.

La plus belle attraction du lac est la grande et majestueuse **pagode de la Restauration**, entourée d'îles, de tours, de ponts et de pavillons. On y trouve aussi des aquariums et une collection d'orchidées, et on peut y faire du bateau, de la pêche, des randonnées à cheval, du golf, de la natation. De l'autre côté de l'entrée du lac, une allée conduit au **Grand Hotel**, cousin de celui de Taipei. Bien que plus petit, celui-ci arbore des

toits chinois classiques de tuiles dorées bien mieux proportionnés que ceux de l'hôtel de Taipei.

A 20 mn de voiture, au nord de Kaohsiung, à **Tsoying**, se trouvent le **lac du Lotus** et le nouveau **mausolée de Confucius**. Divisé par des murs à corniche et des portes en forme de lune en plusieurs cours et jardins, l'ensemble est ceint d'un long mur émaillé de rouge brillant et bordé de tuiles d'or.

Le **pavillon du Printemps et de l'Automne** s'élève sur une île qu'une chaussée relie à la rive sud du lac du Lotus. On y pénètre par les mâchoires d'un immense dragon. Derrière, altières, se dressent les sept étages des deux **pagodes du Dragon** et **du Tigre**. Un temple taoïste dédié à Kuan Kung se trouve en face de l'entrée du pavillon du Printemps et de l'Automne.

Les visiteurs qui s'intéressent au bouddhisme et à l'architecture doivent se rendre à **Fokuang-Shan**, à une heure de route au nord-est de Kaohsiung, dans des collines luxuriantes. Plus connu sous le nom de **montagne de la Lumière de**

Pagodes du Dragon et du Tigre au bord du lac du Lotus.

Bouddha, c'est le centre du savoir bouddhique de l'île. L'ensemble se compose de plusieurs énormes sanctuaires entourés de colonnades, de pavillons, de pagodes, de ponts, d'allées, de bibliothèques, de salles de méditation, d'étangs et de grottes, le tout agrémenté d'une exquise statuaire bouddhique. Près de l'entrée, le plus grand Bouddha de l'île, haut de 32 m, est accompagné de 480 statues de disciples en taille réelle.

Le sanctuaire principal est connu sous le nom de **mausolée précieux des Grands Héros**. Il a la taille d'un grand théâtre et n'a aucun éclairage artificiel : la lumière y pénètre par des fenêtres ménagées tout en haut et sur tous les murs. L'endroit abrite trois statues de 20 m de haut de Bouddha, représenté assis, en méditation et les mains dans des positions rituelles. Chaque portion de mur est aménagée de milliers de niches minuscules contenant chacune un petit Bouddha éclairé par une petite ampoule. Dans cette salle, il y a aussi un très gros tambour et des cloches suspendues dans les coins, sur des cadres de bois, ainsi que deux présentoirs d'ex-voto hauts de 10 m. Ce sanctuaire reflète la pureté et la sérénité du bouddhisme.

Le second sanctuaire est celui de la **Grande Pitié**, qui abrite un *bodhisattva* blanc de Kuan-yin, debout sur un support en forme de lotus et occupée à verser, à partir d'une fiole qu'elle tient dans une main, le doux nectar de la sagesse et de la compassion. L'ensemble comprend d'autres sites, dont l'**Étang-qui-soulage-les-êtres-vivants**, la **grotte des Neuf Degrés**, la **grotte de la Terre Pure**, le **pont Précieux**, la **chapelle de la Grande Sagesse** et le **parloir des pèlerins**, où l'on peut loger pour un prix modique et se nourrir de cuisine végétarienne.

Fokuan-Shan se niche au cœur d'une épaisse forêt de bambous. Le chemin le plus court pour y parvenir à partir de Kaohsiung est la route n°1, qui va jusqu'à Fengshan, puis la route 179 en direction du nord. Le centre bouddhiste a une navette qui part du parc de la Montagne de la Longévité, à Kaohsiung, trois fois par jour, à 9 heures, 13 h 30 et 19 heures.

Pavillon du Printemps et de l'Automne.

A une demi-heure de plus sur la route 179, au-delà de la montagne de la Lumière du Bouddha, dans la direction de Chihshan, on peut découvrir le petit **parc de la Montagne des Trois Pêches**, dans lequel des sentiers sinueux traversent un labyrinthe de jardins et de formations rocheuses. Des volières y renferment quelques exemplaires d'oiseaux de l'île. On y voit aussi un enclos de daims, le **temple du Nuage du Dragon**, mausolée bouddhique.

Après le village de Chihshan, sur la route 184, à un quart d'heure de la montagne des Trois Pêches, se trouve l'exotique **vallée des Papillons**, proche du village de **Meinung**. Taiwan est le royaume des papillons et, dans cette vallée, les jours de soleil, on peut voir ces petites créatures en si grand nombre qu'on dirait des flocons de neige.

La **station thermale de Kangshan**, connue aussi sous le nom de **montagne de la Crête**, est à une heure de voiture, au nord de Kaohsiung, au-delà des collines verdoyantes de la chaîne centrale. Des sources chaudes alimentent les piscines du **Kangshan Spa Hotel**, dont le restaurant sert du ragoût de tortue. A proximité, le **Monde lunaire** est une formation rocheuse curieuse qui fait penser à une autre planète, surtout au clair de lune. On atteint ce site rustique en sortant de la voie express nord-sud à Kangshan et en suivant la route 117 en direction d'**Ahlien**.

Voyage aux Pescadores

Le port de Kaohsiung est la porte d'accès à plusieurs îles placées sous la juridiction du gouvernement central. Les étrangers peuvent en visiter quatre : Peng-Hu (les Pescadores), la Petite Liuqiu, l'île des Orchidées et l'île Verte, mais il faut se munir de son passeport. En effet, de strictes mesures de sécurité rendent difficile, voire impossible de se rendre dans la plupart des îles situées au large de Taiwan.

Quemoy (Kinmen), par exemple, est une base militaire toute proche du continent chinois. Toutefois, de petits groupes de visiteurs peuvent en visiter les fortifi-

Le lac de Cheng-Ching.

cations avec une permission spéciale délivrée par l'administration.

En revanche, on peut se rendre librement aux **îles Pescadores**, les «îles des pêcheurs». Ce sont des marins portugais qui furent les premiers à faire figurer Formose sur leurs cartes, au XVIᵉ siècle, et qui ont donné leur nom à ces îles. Cet archipel de 64 îles, qui couvre une superficie de 127 km² seulement, a une histoire tumultueuse. Presque tous les pays qui ont jadis voulu s'emparer de Taiwan se sont servis des Pescadores comme base. Sous la dynastie mongole des Yuan, les pirates chinois se servaient de ces îles comme base, à partir de laquelle ils pillaient les bateaux qui passaient à leur portée. Les autorités Ming mirent fin à la piraterie et y établirent un relais commercial, tandis que les premiers migrants hakkas s'y arrêtaient en chemin. Puis, rapidement, se succédèrent les Hollandais, les loyalistes Ming de Koxinga, les forces mandchoues, les Français et les Japonais. Les perfides récifs coralliens qui ceignent les Pescadores ont causé la perte d'un grand nombre de bateaux battant pavillon de toutes les nations. Plus de 147 temples et monuments construits dans l'île commémorent ces tragiques événements. De nos jours, les Pescadores constituent un comté de l'île. La moitié de ses 150 000 habitants vivent à **Makung**, chef-lieu de l'archipel. La pêche est la principale source de revenus et les seules plantes qui poussent sur ces terres plates battues par les vents sont l'arachide, la pomme de terre et le sorgho, avec lequel on fait un puissant alcool, le *kaoliang*.

Le **pont de la baie de Peng-Hu** relie l'île de Peng-Hu avec la deuxième et la troisième grande île de l'archipel. Avec ses 5,5 km, ce pont est le plus long pont transinsulaire d'Asie. Près du **parc de Lin-Tou**, il y a de superbes plages, ainsi que sur le rivage de **Shih-Li**, à 14 km au sud de Makung.

A 20 mn d'avion de Makung (Yung-Hsing Airlines assure des vols quotidiens), le voyageur peut se rendre à l'**île des Sept Beautés**. Selon la légende locale, sept beautés vertueuses de la période Ming se noyèrent dans un puits de l'île

Brume sur les côtes des îles escadores.

pour protéger leur chasteté contre les pirates. Un mausolée qu'on a appelé la **tombe des Sept Vierges** a été par la suite érigé à leur mémoire.

On trouve de nombreux hôtels et auberges à Makung, notamment le Feng-Kuo, le Pao-Hwa et le Sheng-Kuo. Dans les petits restaurants des Pescadores, on peut déguster d'excellents fruits de mer.

Il y a des vols quotidiens réguliers entre Makung, Taipei, Tainan, Chiayi et Kaohsiung. Mais le trajet le plus agréable se fait en bateau. En effet, des ferries de luxe font la traversée quotidienne à partir de Kaohsiung. Le trajet dure quatre heures et demie, et il est possible de faire l'aller et retour dans la journée. Le départ se fait de Kaohsiung à 7 h 30. Le prix varie de 200 à 400 NT (50 à 100 F) pour l'aller.

Le sud de Kaohsiung

La région appelée **Sandimen** regroupe les bourgs de Peïye, Choueïmen et Sandimen, à l'est de Kaohsiung. Si Choueïmen est plutôt chinois, Peïye et Sandimen sont le fief principal des Paiwan. On peut y voir des maisons traditionnelles, des sculptures sur pierre ou sur bois et, si on a la chance de s'y trouver un jour de fête, un rite de ce groupe aborigène. De **Pingtung**, il faut 20 mn en autocar pour se rendre à Choueïmen, d'où l'on peut se rendre à pied à Peïye, à Sandimen et au **parc culturel des Aborigènes de Taiwan**, à 2 km de Pingtung, où ont été reconstitués les habitats des neuf groupes ethniques de l'île dans le cadre somptueux d'une terrasse au bord d'une rivière, l'**Ailiao**.

Au bout de la voie express nord-sud, la route 17 prend le relais vers l'extrême sud, en suivant la côte jusqu'à Oluanpi. A trois quarts d'heure de Kaohsiung se trouve la **plage de Chung-Yun**, à proximité du village de **Linyuan**. Si l'on fait abstraction de la raffinerie qui gâte le paysage, la plage est très agréable. Le **palais du Phénix**, temple dédié à Ma-tsu, fait face à la mer.

Les départs pour **Liuqiu**, petite île située à quelques kilomètres au sud, se font du quai Chung-Yun. Quand la marée est favorable, la traversée prend une heure. Il est possible de faire l'aller et retour dans la journée. Le prix du billet aller est de 200 NT (environ 40 F). L'île dispose de quelques auberges simples.

A une demi-heure au sud de Lin-Yuan, de l'autre côté de **Tungkang**, se trouve **Lin-Pien**, village renommé pour les repas de fruits de mer que servent de nombreux restaurants. L'un d'entre eux vous offre pour 100 NT environ (20 F) tout ce que vous pouvez avaler.

A **Fang-Liao**, à une heure et demie de voiture de Kaohsiung, la route 17 rejoint la pittoresque route 1, qui suit la côte jusqu'à l'extrémité sud. On y découvre des plantations luxuriantes et des rizières à l'intérieur, tandis qu'au bord de la mer la population se concentre sur l'élevage de mollusques et la pisciculture. A **Feng-Kang**, la route 9 rejoint la route 1, tandis qu'à **Che-Cheng**, une autre route mène aux sources chaudes de **Szechunghsi**.

Le croissant côtier qui occupe la pointe sud, connu sous le nom de **péninsule de Heng-Chun**, consiste en deux bras de

La Tortue-à-l'esprit-béni.

terre qui se rejoignent dans la mer. Il s'agit d'**Oluanpi** («Bec d'oie»), le plus long, à l'est, et de **Maotoupi** («Museau de chat»), le plus trapu, à l'ouest. La large baie entre les deux points abrite quelques-unes des plus belles plages de l'île. Dans les collines basses qui dominent le rivage s'étend le **parc national de Kenting**, refuge pour la flore exotique et pour d'étranges formations coralliennes. Au large, la fusion des eaux du Pacifique, du détroit de Taiwan, de la mer de Chine méridionale et du détroit de Bashi provoque une masse de tourbillons bleus et verts.

La ville de **Hengchun** est située à mi-chemin entre Che-Cheng et Kenting, à environ 9 km de chacune d'elles. Plus au sud, en direction de **Kuan-Shan**, on découvre des paysages marins d'une grande beauté. Le **palais de la Vertu Bénie** est un petit temple édifié dans une charmante anfractuosité de rochers bizarres et d'arbres. On peut voir la **Tortue-à-l'esprit-béni**, énorme rocher en forme de tortue dotée d'une carapace verte formée par des vignes grimpantes.

La plage de Kenting.

Le parc national de Kenting

La vallée de Kenting s'étend entre le parc de Kenting, dans les collines, et la plage de Kenting. On peut loger à la **Kenting House**, établissement de 72 chambres géré par le gouvernement, dont l'aile principale est au pied d'une sorte de plateau dont le relief évoque une autre planète. On peut réserver auprès du Bureau du tourisme forestier. Kenting est inscrit dans les projets gouvernementaux d'extension urbaine : 50 ha de terrain ont été réservés à la construction d'hôtels.

Le **parc national de Kenting** a été fondé par les Japonais en 1906. Ces derniers ont passé la terre au peigne fin pour trouver des espèces exotiques de plantes et ont transplanté tout ce qui pouvait s'y développer en fonction du sol et du climat. Les Chinois ont continué à préserver la flore. C'est ainsi qu'il y a actuellement plus de 1 200 espèces sur les 48 km^2 du parc. Des chemins pavés et des routes pittoresques font le tour du parc tandis que la plupart des

spécimens de la flore locale ont leur nom indiqué en latin et en chinois.

Parmi les lieux pittoresques, on citera la **grotte des Fées**, tunnel de rochers tourmentés de 100 m de long, et le **Ciel-en-une-ligne**, gorge profonde ouverte comme un sandwich par un ancien tremblement de terre. Dans la **vallée des Racines de Banians suspendues**, les visiteurs pénètrent dans un monde surnaturel où les racines d'arbres plongent à 20 m à travers des falaises de pierres dures, tandis que le vent siffle dans leurs frondaisons vertes. A partir de la première gorge, les marcheurs confirmés pourront pénétrer dans les bosquets denses de la **zone de préservation des arbres tropicaux**. Il faut environ une heure et demie pour faire le trajet à travers une jungle sauvage peuplée de vieux arbres, de ravines sombres, de formations rocheuses coralliennes et d'oiseaux poussant des cris aigus.

La **plage de Kenting** offre un sable blanc immaculé sur une longueur de 200 m. L'eau y est propre et claire et a une température agréable d'avril à octobre. La station balnéaire, dont la gestion est confiée à la Kenting House, est ouverte au public.

La ligne d'autocars Golden Horse propose des départs toutes les heures pour Kenting à partir de Kaohsiung. On peut faire l'aller et retour en partant à 8 heures et en repartant à 9 heures pour 200 NT (40 F).

Mer et plages

A 8 km au sud-ouest de Kenting, le **cap de Maopitou** pique dans la mer dans un fouillis de récifs coralliens. Les eaux y sont d'un bleu saphir profond et le cap offre une superbe vue de la péninsule baignée de soleil.

Parmi les sites d'intérêt, on signalera le petit mausolée de la **grotte de la Mer du Sud**, qui offre de belles vues du haut des terrasses, tandis que des vendeurs installés au bord des routes proposent la plus rafraîchissante des boissons fraîches : l'eau de noix de coco verte qui, selon les herboristes chinois, a un effet *yin* sur le corps.

A l'opposé de Maopitou, **Oluanpi** qui s'étend sur plusieurs kilomètres au-delà de Kenting, compte les plus belles plages de sable fin de Taiwan. Récemment classé parc maritime, Oluanpi, avec ses 65 ha, permet de pratiquer la natation, la plongée sous-marine, la pêche et même le surf. Les collectionneurs de coquillages y trouveront aussi leur bonheur.

A un quart d'heure en autocar de Kenting se trouve le **phare d'Oluanpi**, érigé à l'extrémité du cap en 1880, qui a contribué à sauver de nombreux vaisseaux du péril que représentent les célèbres récifs coralliens.

Des plans ont été faits en vue de doter Oluanpi de toutes les installations modernes. Toutefois, actuellement, le seul lieu d'hébergement est un hôtel assez simple géré par le département des Affaires étrangères de l'armée taiwanaise. Il est situé sur une hauteur à un quart d'heure de marche du phare.

Au nord du cap d'Oluanpi, à 15 km en remontant la côte est, se trouve **Chialoshui**, «les Eaux joyeuses», plage de pierres et de blocs coralliens criblés de trous comme des éponges, qui s'étend sur plus de 2 km.

A gauche, le parc national de Kenting ; à droite, la côte à Chialoshui.

L'EST

Sur le versant pacifique des montagnes centrales qui coupent l'île en deux du nord au sud, la côte au relief tourmenté est unique pour ses paysages. A l'écart des activités industrielles et commerciales des plaines de l'ouest, parce qu'elle est retranchée derrière une barrière de montagnes, la partie orientale de l'île est une séduisante enclave de l'ancienne culture insulaire.

«*L'est est l'est, l'ouest est l'ouest*», disait Kipling, et cette formule faussement naïve se vérifie parfaitement pour Taiwan. Tout, dans l'est, diffère en effet de l'ouest et du nord. Comme pour faire encore plus ressortir cette différence, le soleil se lève sur l'océan à cinq heures du matin, réveillant l'est, tandis que l'ouest est toujours à l'ombre des montagnes. Puis le soleil disparaît peu à peu au-dessus des montagnes centrales en fin d'après-midi, plongeant l'est dans le crépuscule tandis que le reste de l'île profite toujours de sa lumière.

Le soleil et la mer ont modelé la vie dans l'est. Les gens s'y couchent tôt et se lèvent tôt, tandis que leur peau est tannée du fait d'une exposition permanente au soleil et que leurs joues rougissent sous l'effet des vents océaniques et des brumes montagnardes. L'agriculture et la pêche, les fruits du soleil et de la mer, sont les piliers de l'économie régionale.

L'est de Taiwan est aussi le fief des aborigènes de la tribu des Ami. Ses montagnes escarpées et ses vallées profondes abritent des tribus aborigènes qui ont gardé leur mode de vie ancestral loin de la rumeur des villes chinoises. La beauté rude et l'état sauvage des terres les ont séduites comme elles ont séduit les voyageurs de jadis. Elles y vivent bien protégées par une nature qui règne en maître.

Sur la côte est, il est impossible de prédire le temps. La mer est plus agitée, les sources plus chaudes, les montagnes plus hautes, les papillons plus gros et les hommes plus robustes que dans d'autres régions plus civilisées de l'île. Ici, on accueille les voyageurs avec encore plus d'hospitalité et de curiosité.

Le port de Suao

Suao est un bon endroit d'où commencer l'exploration de la côte est. C'est le cinquième port international de Taiwan et une zone tampon entre le nord et l'est de l'île. Situé au terminus sud de la pittoresque voie côtière nord-orientale et à l'extrémité nord de la route de l'est, **Suao** est aussi une station sur la ligne de chemin de fer qui relie Taipei à Hwalien. Suao est un port maritime oriental très bien organisé, qui ressemble à celui de Hong Kong il y a trente ans. Les nouvelles installations internationales occupent le secteur nord de la ville, mais la couleur locale se concentre sur 2 km vers le sud dans une étonnante enclave appelée **Suao Sud**.

C'est là qu'on voit le fameux **quai des Pêcheurs**, où les bateaux de pêche, avec leurs proues élevées et leurs couleurs vives, les cris rauques des poissonniers et les odeurs marines entêtantes composent des scènes hors du temps. Tout le long du port, on trouve des restaurants de fruits de mer et des boutiques de sou-

Pages précédentes : pêcheurs sur la côte est. A gauche, la route de Suao à Hwalien, le long de la côte ; à droite, le port de Suao.

venirs. Le lieu est pittoresque, mais il faut noter que tout ce qui s'y passe d'intéressant a lieu avant neuf heures du matin. Il y a d'autres bons restaurants dans la **rue du Quai des Pêcheurs**, qu'on reconnaît à sa tour d'horloge digitale en forme de phare érigée par le Rotary Club local. Le rez-de-chaussée du **restaurant Full-Catch Seafood**, au 93 de la même rue, est un immense aquarium contenant des murènes, anguilles, homards, crabes, tortues, gambas, carrelets, thons, espadons, requins et autres espèces de poissons locales dont le fameux «poisson-huile» à chair blanche et tendre.

La route des Falaises

La route de 111 km entre Suao et Hwalien, avec ses falaises plongeant à pic dans l'océan Pacifique, qui en érode lentement les flancs, est d'une beauté à couper le souffle. Ciselée à même l'impressionnante façade perpendiculaire, la route, construite en 1920, nécessite un entretien constant à cause des fréquents glissements de terrain qui, sans cela, empêcheraient la circulation.

La route de 33 km qui conduit de Suao à **Tung-Ao** n'est pas très fréquentée. Elle constitue pour le voyageur un avant-goût du circuit complet jusqu'à Hwalien.

Hwalien

Hwalien est une ville agréable et gaie. Tandis que 90 % de la région est occupée par les montagnes, la ville (site le plus peuplé de la côte est) s'étend sur l'étroite plaine côtière qui sépare les montagnes de la mer.

Hwalien est célèbre pour son marbre. En effet, les falaises escarpées et les crevasses des gorges de Taroko, à proximité, en regorgent. Ce sont des militaires en retraite, travaillant pour une agence d'ingénierie (R.S.E.A.) basée à Hwalien, qui exploitent ces carrières. Dans l'usine principale du 106, rue Hua-Hsi, on peut acheter des lampes, cendriers, vases et autres objets en marbre. On remarque que, dans les beaux hôtels de Hwalien,

Le mausolée des Martyrs de Hwalien.

les couloirs et les salles de bains sont entièrement en marbre. Même les temples ont recours à ce matériau. Le **temple de la Pureté de l'Est** et tous ses bâtiments, situés sur une hauteur, près de l'**hôtel Marshal**, sont édifiés en marbre du sol au plafond.

Le temple le plus renommé de Hwalien est le **temple de l'Amour Maternel**, sanctuaire taoïste dont la façade est en pierre, ornée de colonnes sculptées ainsi que d'impressionnants dieux gardiens de portes. Rénové en 1983, il comporte une chapelle aux décorations rutilantes dédiée à la **Reine Mère d'Occident**, chapelle qui occupe le bâtiment central. Deux chapelles anciennes, installées dans des alcôves de chaque côté de l'autel central, comportent chacune une série de colonnes sculptées de dragons et une paire de lions de pierre.

Derrière, une annexe de quatre étages appelée **palais de l'Empereur de Jade** a été construite dans une débauche de marbre. Ce remarquable bâtiment peut recevoir 2 000 pèlerins sur trois étages de dortoirs et les nourrir tous dans sa vaste salle à manger. Une chapelle dédiée à l'empereur de Jade, remplie de statuettes moulées représentant toutes les traditions religieuses de Chine, atteste la nature syncrétique des croyances chinoises.

Le sanctuaire de l'Amour Maternel est situé presque au bout de la rue Chung-Hwa, juste avant qu'elle ne croise un petit canal en direction du lac des Carpes. Des fêtes importantes s'y déroulent le 18e jour du 2e mois lunaire, six semaines environ après le nouvel an chinois. A ce moment-là, des milliers de pèlerins en provenance de toute l'île, mais aussi d'Asie du Sud-Est, se rendent au temple pour soigner leurs maux chroniques par la foi et la magie et pour recevoir la bénédiction des prêtres, laissant en contrepartie des dons pour l'entretien du temple.

Hwalien est le fief de la plus grande tribu aborigène de l'île, celle des Ami, qui compte 80 000 ressortissants. Pendant la fête de la Moisson, qui se déroule fin juillet ou début août, la ville est particulièrement animée. Les visi-

Une rue commerçante de Hwalien.

teurs peuvent voir à d'autres moments de l'année des spectacles de danses tribales dans deux lieux : l'usine de marbre qui est sur la route des gorges de Taroko et le **village de la Culture ami**, à un quart d'heure de voiture du centre de la ville. Mais ces endroits ont un quelque chose d'apprêté. Et ceux qui recherchent une authentique vision de la vie des Ami doivent plutôt aller dans la petite ville côtière de **Feng-Pin**, où la fête de la Moisson est particulièrement intéressante.

Le **mausolée des Martyrs** de Hwalien, construit sur une hauteur des faubourgs nord de la ville, est un ensemble architectural impressionnant qui reflète les concepts chinois classiques de l'équilibre et de la proportion.

Le **lac des Carpes** est un autre lieu de vacances très apprécié. Situé à une demi-heure de voiture du sud-ouest de la ville, niché au cœur de plantations de fruits tropicaux dans les collines de la chaîne centrale, ce lac artificiel d'eau en forme de poisson accueille des courses de bateaux-dragons très colorées. On peut y pratiquer la pêche, louer des bateaux à avirons, à moteur ou à roue hydraulique. Quant à ceux qui ont la chance d'attraper l'une des fameuses carpes du lac (certaines atteignent 22 kg), ils peuvent la faire cuire dans l'un des restaurants du coin. Les sportifs pourront descendre les rapides d'une des rivières qui se précipitent en cascade vers la mer à partir des gorges de marbre des montagnes centrales.

Les gorges de Taroko

Tous ceux qui visitent Hwalien vont en général voir les **gorges de Taroko**, l'un des sites les plus spectaculaires du monde. La route qui part de Hwalien parcourt 15 km vers le nord à travers des plantations de papayes, de bananiers et de cannes à sucre avant de bifurquer vers l'ouest à **Hsin-Cheng**. C'est là que débute la fameuse route à même la falaise de marbre des gorges de Taroko. Taroko signifie «beau» en langue ami. De fait, ce nom n'est pas usurpé. La gorge au fond de laquelle coule la torrentueuse **Li-Wu**, encadrée de falaises

La fête de Moissons de la tribu des Ami, près de Hwalien.

de marbre, serpente sur 22 km le long de la côte jusqu'à son extrémité supérieure de Tsien-Hsiang.

Les premiers lieux à visiter sur la route sont le **monastère de la Lumière Zen** et le **mausolée du Printemps Éternel**. Ce dernier est un mémorial dédié aux 450 anciens soldats qui ont perdu la vie en construisant cette route. Perché sur une falaise, le mausolée domine la rivière, encombrée d'énormes blocs de pierre. Depuis un gracieux pont, on a une belle vue sur une chute d'eau qui se déverse en cascade.

Au niveau de la **grotte de l'Hirondelle**, la falaise est si haute de chaque côté de la route que le soleil n'y pénètre qu'à midi. La **falaise de Fuji** fait tourner la tête quand on lève les yeux sur sa face abrupte contre laquelle l'écho du grondement de la rivière qui coule en contrebas se répercute.

Le **tunnel des Neuf Virages** est un défi de la technique de construction. On a là, en effet, un réseau tortueux de tunnels et de demi-tunnels creusés à même la falaise de marbre.

Le **pont de la Dévotion Maternelle** vaut un arrêt pour explorer le lit de la rivière encombrée d'énormes blocs de marbre qui y ont dégringolé sous l'effet de quelque ancienne convulsion de la terre taiwanaise. On admirera, sur une butte, un petit pavillon de marbre.

Le dernier arrêt dans les gorges est **Tsien-Hsiang**, où se trouve un **pavillon** du même nom dans un cadre naturel d'une grande beauté. Il est possible d'y passer une nuit et de s'y restaurer. Un pont suspendu au-dessus de la Li-Wu permet d'accéder à une exquise pagode perchée sur une hauteur.

A quelques minutes de voiture de Tsien-Hsiang, on peut voir une série de marches menant à l'embouchure d'un tunnel qui conduit au cadre théâtral des **sources chaudes de Wen-Shan** (la montagne des Lettres). La marche jusqu'au fond de la gorge rend encore plus impatient d'atteindre les sources.

Après avoir franchi la Li-Wu par un pont suspendu, on trouve, de l'autre côté, un grand trou d'eau chaude au fond d'une caverne de marbre. L'eau y

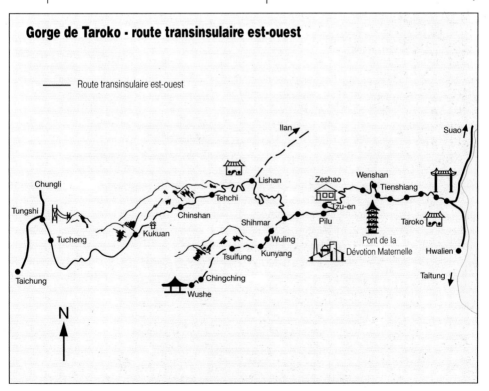

Gorge de Taroko - route transinsulaire est-ouest

—— Route transinsulaire est-ouest

Ilan · Suao · Chungli · Lishan · Zeshao · Wenshan · Tienshiang · Tehchi · Tzu-en · Tungshi · Chinshan · Pilu · Taroko · Tucheng · Shihmar · Kukuan · Wuling · Pont de la Dévotion Maternelle · Hwalien · Tsuifung · Kunyang · Taichung · Chingching · Wushe · Taitung

N

est claire comme du cristal, en dépit de fortes concentrations de soufre et d'autres minéraux qui se sont déposés sur les rochers. La source libère de l'eau chaude par une fente de la paroi de la cavité, tandis que le trou d'eau se vide dans la rivière par un autre orifice. Les baigneurs apprécient la sensation simultanée de la source chaude et de l'eau froide de la rivière. On peut aussi se baigner tout d'abord dans le trou chaud, puis se laisser flotter sur le dos et descendre ainsi la rivière. Rien ne vient troubler la beauté de ce lieu d'où la civilisation est absente, à l'exception toutefois d'une *guest-house* qu'on trouve au sommet de la gorge, à **Wen-Shan**. A partir de ce point, la route est-ouest continue vers Taichung.

Il y a plusieurs moyens de se rendre dans cette région. On peut tout d'abord prendre la ligne de chemin de fer qui relie Hwalien et Taipei en 90 km, franchissant 22 ponts et cols, 16 tunnels dont l'un de 8 km de long. Le trajet prend trois heures et il est conseillé, compte tenu de l'affluence habituelle, de réserver. La China Airlines et la F.A.T. (Far East Air Transport) proposent par ailleurs des vols quotidiens pour Hwalien et la F.A.T. assure des vols jusqu'à Hwalien à partir de Kaohsiung. On peut aussi quitter Taipei tôt le matin en autocar ou en voiture et rentrer à Taipei le soir. Enfin, il est possible de faire le voyage en bateau à partir du port de Keelung. Le *Hwalien* lève l'ancre le matin et le circuit qui longe la côte pittoresque prend cinq heures. On peut se procurer des billets auprès de la Taiwan Car Ferry.

La route de Taitung

Au sud de Hwalien, le paysage redevient plus bucolique. D'un côté, ce sont les eaux bleues du Pacifique qui viennent se briser contre les caps rocheux ou mourir sur les plages de petites baies. A l'intérieur, les montagnes forment un écran puissant derrière lequel se cachent de verdoyantes plantations et des rizières en terrasses qui occupent chaque parcelle de terre arable.

Deux routes relient Hwalien à Taitung, aussi intéressante l'une que l'autre.

La route de l'intérieur traverse trois sources chaudes : **Jui-Sui, Hung-Yeh et Yu-Li**. Elle suit la voie de chemin de fer parallèlement à la côte pendant environ 30 km. Mais la plupart des voyageurs préfèrent la route de la côte.

Un gros Bouddha assis face à la mer, à 15 km au sud de Hwalien, attire l'attention du voyageur ; 25 km plus loin, **Chi-Chi**, première plage agréable du sud de Hwalien, avec son eau transparente et ses grosses vagues, permet de pratiquer le surf.

A 60 km au sud de Chi-Chi, près de **Chang-Pin**, une imposante falaise anguleuse s'avance dans l'océan. Ce lieu, où se trouvent les **grottes des Huit Immortels**, offre une magnifique vue panoramique de la côte est. Les huit immortels sont des personnages du folklore taoïste qui connaissent un engouement populaire continu depuis le XIIe siècle. Dans la caverne n° 2, à laquelle on accède par des marches à partir du parc de stationnement, un mausolée a été édifié à l'entrée d'une cavité faisant face à l'océan. La caverne n° 3 contient

trois statues de Bouddha d'un rose très vif. L'ascension finale conduit, à travers des bosquets de bambous, au sommet de la falaise.

Là, la piste se sépare en deux branches : celle de droite en direction de la **grotte de la Lumière Marine**, où plusieurs ascètes vivaient jadis dans la méditation, et celle de gauche, qui descend à une caverne contenant un mausolée grossier orné de quelques icônes. Par temps clair, il est possible de voir, depuis la falaise, la pointe méridionale de Taiwan. Après l'effort de l'ascension, la plage de sable noir, au pied des falaises, est l'endroit idéal pour un plongeon.

Une autre plage se trouve à **Chu-Hu** (le lac de Bambou), 10 km plus au sud.

Entre Chu-Hu et Cheng-Kung, on voit une formation de roches coralliennes tourmentées connue sous le nom de **terrasse des Trois Immortels**, au large de laquelle se trouve un petit îlot. D'après la légende, trois des huit immortels se sont arrêtés là pour se reposer alors qu'ils étaient en route pour Peng-Lai, l'île merveilleuse du Pacifique. Un che-min d'asphalte conduit à travers un labyrinthe de formations rocheuses bizarres, de pavillons en belvédères.

À quelques kilomètres au sud se trouve le petit bourg de pêcheurs de **Cheng-kung** (qui signifie «succès»), à une heure et demie de Taitung. On y trouve des auberges simples mais confortables.

Taitung

A l'écart, sur une protubérance de la côte est de Taiwan, à la même latitude à peu près que Kaohsiung, se trouve la petite ville tranquille de **Taitung**. Agréable, aérée, et faisant fonction de centre économique pour la portion inférieure de la côte est, Taitung n'est pas vraiment une destination touristique, mais constitue une étape pratique pour des excursions vers les sources chaudes de Chi-Pen, vers l'île Verte, l'île aux Orchidées et la côte est.

La ville compte plusieurs sites intéressants, comme par exemple la **colline des Carpes** avec son **temple du Dragon et du Phénix**, d'où l'on a une très belle vue sur

Vue de Taitung.

la ville et sur la mer. Le temple lui-même n'a rien d'extraordinaire, à l'exception de statuettes intéressantes et d'une petite collection d'objets archéologiques.

En 1980, on a découvert plusieurs lieux de sépulture dans le village de Peïnan, à 5 km au nord-ouest de Taitung. Cette trouvaille a permis de mettre au jour les restes de la culture de Peïnan, tribu aborigène de chasseurs-cueilleurs qui s'était établie là il y a cinq mille ans. Poteries, ustensiles de pierre, objets en jade, cercueils de schiste ont été exhumés de ce site et sont actuellement conservés au centre culturel de Taitung. Un **musée national de la Préhistoire de Taiwan**, en construction près de **Peïnan**, sera achevé en 1997.

Sur la route de Chung-Hwa se trouve un modeste temple de Matsu appelé **palais de l'Impératrice du Ciel**, où trônent les trois «déesses vedettes» de la Longévité, de la Prospérité et de la Postérité. On remarque la décoration élaborée de la façade.

La **plage de Taitung** est située au bout de la rue Ta-Tung, mais elle ne convient pas aux baigneurs car ses eaux sont agitées de brisants tumultueux et dangereux. On trouve d'autres plages plus agréables à **Shangyuan** ou à **Tai-Ma-Li**, après Chi-Pen.

La place de la gare compte une demi-douzaine d'hôtels qui offrent des prestations comparables. On peut trouver de bons restaurants de fruits de mer le long de la **rue Cheng-Chi**.

On peut se rendre à Taitung par avion à partir de Taipei en prenant l'un des deux vols quotidiens de la Far East Air Transport. On peut aussi y aller en train ou en autocar. Des taxis noirs relient également commodément Taitung et Hwalien.

L'île Verte

Pour le voyageur qui aime les destinations originales, deux îles faciles d'accès à partir de Taitung présentent un monde différent de celui de la civilisation chinoise.

A portée de vue de Taitung, à environ 33 km vers l'est, l'**île Verte**, qu'on appe-

Tir à la corde le long de la côte est.

lait à l'origine île du Feu parce qu'on y maintenait des feux pour avertir les bateaux de la présence des écueils coralliens. Son nouveau nom lui a été donné en 1949. Avec une superficie de 16 km², l'île s'ouvre depuis peu au tourisme.

L'histoire de l'île Verte a commencé en 1805, quand un pêcheur de la Petite Liuchiu, au large de la côte sud-ouest de Taiwan, y fut poussé par la tempête. Ayant aimé ce qu'il y trouva, il retourna à Liuchiu et persuada sa famille et ses amis de s'installer sur cette île inhabitée. Actuellement, il y a environ 3 800 résidents permanents.

Les eaux et les récifs autour de l'île conviennent parfaitement à la natation, à la plongée, à la pêche et à la collecte de coquillages. Des pistes existent pour les randonneurs et une route pavée de 17 km fait le tour de l'île.

A l'extrémité nord-est de l'île Verte se trouve la **grotte de Kuan-yin**. D'après la légende, un vieux pêcheur se perdit jadis en mer à la suite d'un terrible orage. Soudain, une boule de feu apparut dans le ciel et le guida jusqu'à la plage, où il trouva refuge dans cette grotte. Là, il vit une pierre qui avait la forme de Kuan-yin, déesse de la Miséricorde. Croyant à un signe divin, il se prosterna devant la pierre et la remercia de l'avoir sauvé. Depuis ce temps, les habitants de l'île Verte considèrent la grotte comme sacrée. L'île possède une source d'eau salée : on dit qu'il n'y en aurait que deux dans le monde.

L'île Verte est accessible par air ou par mer. La Yung-Hsing Airlines et Taiwan Aviation offrent un vol direct de Taitung. En même temps, deux services locaux de ferry relient l'île au port de pêche de Fukang, près de Taitung. Tous deux prévoient en outre une nuit d'arrêt dans l'île aux Orchidées : l'un le mardi, en allant à l'île Verte, et l'autre le samedi, au retour. Il est possible de loger dans un nouvel hôtel très confortable de l'extrémité sud de l'île.

L'île aux Orchidées

L'île aux Orchidées est le plus beau joyau des mers qui entourent Taiwan.

La côte de l'île aux Orchidées.

D'une superficie de 45 km², l'île est à 62 km à l'est de la pointe sud de Taiwan et à 81 km au sud-est de Taitung.

Connue également sous le nom de **Lan-Yu**, l'île aux Orchidées est le berceau de 2 500 Yami, groupe aborigène le plus restreint de l'île, souvent considéré comme l'avant-poste septentrional des tribus polynésiennes. Ce groupe ethnique vit simplement de la mer et complète son alimentation de *taro* et de fruits. Les Yami fabriquent eux-mêmes leurs bateaux, qui sont célèbres pour la technique employée et pour la décoration. Afin d'améliorer leurs conditions de vie, le gouvernement a édifié des maisons en béton sur l'île aux Orchidées, mais les Yami préfèrent vivre dans leur habitat traditionnel, mieux adapté à leur style de vie après des siècles d'usage. Construites solidement dans le sol contre la montagne ou le talus, pour être protégées des violents typhons qui ravagent l'île chaque année, ces habitations sont assez spacieuses pour que leurs occupants puissent tisser, faire des poteries et entreposer leurs biens. Des pavillons construits sur des hauteurs leur servent de résidences d'été. Si les Yami vivent encore de manière relativement primitive, c'est parce que, au début du XXᵉ siècle, les Japonais ont isolé l'île pour en faire un musée anthropologique vivant, empêchant la civilisation d'atteindre ces rescapés d'un autre âge. Ainsi cette culture ancienne a-t-elle été bien préservée dans sa forme originale, ce dont les Yami d'aujourd'hui se réjouissent.

On peut faire le tour de l'île en voiture en deux heures environ. On y voit des orchidées sauvages, des mangues et des noix de coco en abondance. Toutefois, plusieurs endroits de la côte orientale sont fermés aux visiteurs car ils abritent des installations militaires. Le meilleur moment de l'année pour visiter l'île aux Orchidées est le printemps, qui est une saison de fête car les Yami inaugurent leurs nouveaux bateaux et se lancent à la poursuite des poissons volants, ou exocets, leur mets favori. Des règles et des interdits en régissent sévèrement la prise et la préparation culinaire.

On peut loger sur place à la **Yeh Yio Guest House** et à l'**Orchid Island Inn**. La

compagnie Yung-Hsing propose six vols quotidiens entre Taitung et l'île aux Orchidées. Taiwan Aviation relie l'île aux orchidées avec Taitung aussi bien qu'avec Taipei et Kaohsiung. Il y a également un service de ferry à partir du port de Fukang.

Source, vallée et forêt de Chih-Pen

Accrochée à la montagne, à l'embouchure d'un canyon accidenté abritant une rivière, la Chih-Pen, la **source thermale de Chih-Pen** est l'une des plus anciennes, des plus étonnantes et des plus reculées de toutes les sources de l'île. Connue aussi sous le nom de source de Sagesse, donné par les Japonais, elle a été transformée en lieu de villégiature au début du XXᵉ siècle. Le village de **Chih-Pen** se situe à 12 km sur la côte au sud de Taitung. La source est à 2 km plus loin à l'intérieur des terres.

La vallée de Chih-Pen, qui fait une incision dans les montagnes escarpées derrière la source, rappelle les gorges sauvages qui se nichent au creux de

Femme de la tribu des Yami.

montagnes éloignées à l'ouest de la province du Sichuan, sur le continent chinois. On trouve dans la vallée d'épaisses forêts, des cours d'eau limpides, des falaises abruptes, des cascades, des bosquets de bambous, des vergers, de robustes plantes de montagne ainsi que des représentants exotiques de la flore et de la faune.

Il est conseillé de loger à l'**hôtel Chih-Pen**, l'un des plus charmants de toute l'île. Sa fontaine de bronze et ses haies bien taillées le distinguent immédiatement de la demi-douzaine d'autres hôtels des lieux. L'hôtel Chih-Pen offre le plus grand bassin minéral extérieur de Taiwan. Creusé contre la montagne luxuriante derrière l'hôtel, ce bassin triple est couvert d'un dais de banians et de palmiers. Il est entièrement construit en galets et en pierres aux formes bizarres. Le bassin le plus chaud est presque insupportable pour les pieds sensibles, mais le bassin moyen est parfait pour de longs bains calmants. Les bassins chauds font 5 m de large et 1,50 m de profondeur. Ils sont directement alimentés par les sources bouillonnantes de la montagne. Le bassin d'eau froide est alimenté par une cascade contrainte de s'écouler à partir d'un arbre en surplomb. L'usage de ces bassins est gratuit pour les clients de l'hôtel ; pour les autres, il faut acquitter un droit d'entrée. Le meilleur moment pour profiter des bassins est la nuit, quand des filets de lumière colorée confèrent un air de fête aux jardins, et à l'aube, lorsque les singes sauvages se rassemblent dans les arbres. Le dimanche et les jours de congé sont déconseillés car les lieux sont bondés.

On dit que l'eau minérale de Chih-Pen est excellente pour des bains thérapeutiques. Six bains de 15 à 20 mn chacun pendant deux jours soulagent les maux suivants : irritations de peau, plaies qui suppurent, inflammations rhumatismales, arthrites, sciatiques et lumbagos, faiblesse des membres, mauvaise circulation du sang et digestion difficile. Aux sceptiques, on peut suggérer le régime suivant : pour commencer, il faut se baigner dans l'un des bassins chauds pen-

La station thermale de Chih-Pen.

dant au moins un quart d'heure, puis se glisser dans le bassin froid et nager doucement, à l'indienne par exemple. Car il est préférable d'étendre les membres doucement plutôt que de leur insuffler de l'adrénaline. Puis il faut se tenir sous la cascade et se laisser masser naturellement le dos. Ce traitement est garanti pour soulager les cous bloqués et décontracter les épaules raides. Il est conseillé ensuite de retourner dans les bassins chauds et de renouveler l'opération au moins deux fois. Même le voyageur le plus fatigué se sentira un autre homme après ce traitement.

Entre deux baignades, il est vivement conseillé d'explorer à pied la vallée de Chih-Pen. A quelques centaines de mètres du village, un panneau indique la **cascade du Jade Blanc**, dont les chutes se trouvent à 1 km en haut d'un chemin pavé tortueux qui résonne des cris étranges des oiseaux et des insectes. Les eaux de la cascade dévalent un enchevêtrement de rochers éboulés entre les fougères, les bambous denses et les racines noueuses.

A quelques kilomètres des chutes s'élève l'arche d'entrée de la zone récréative de la **forêt de Chih-Pen**. Un pont suspendu conduit au parc, qui est un domaine luxuriant de pistes de randonnées, de terrains de camping, de tonnelles, de serres, de cours d'eau, de cascades, de pavillons et d'arbres sacrés anciens où l'on rencontre peu de visiteurs.

L'étape la plus intéressante, dans la vallée de Chih-Pen, est le **monastère du Réveil Clair**, situé sur une hauteur escarpée, à moins de 1 km de la station, entre les chutes et le parc. Des banians dégingandés et des montagnes luxuriantes entourent ce monastère où règne un silence absolu. Une paire de gros éléphants en plâtre blanc trône au pied des marches qui conduisent à l'élégant sanctuaire. Tandis que les temples taoïstes arborent le dragon et le tigre, l'éléphant est un motif typiquement bouddhique. Le monastère abrite deux des statues les plus exquises et les plus sereines de Bouddha de tout Taiwan, représentées assises ensemble, l'une derrière l'autre,

Radeaux à moteur au large de Tai-Ma-Li.

le regard perdu dans une méditation, dégageant une impression d'harmonie sublime. Le Bouddha de cuivre, qui fait 3 m de haut et pèse 1,1 t, a été fait en Thaïlande. Il occupe l'arrière du mausolée. L'inestimable bouddha de jade blanc, qui fait 2,50 m de haut et pèse 4,5 t, est assis sur une fleur de lotus au premier plan. Cette solide statue de jade est un don des bouddhistes chinois de Birmanie. Tout le long de l'autel, devant le Bouddha de jade blanc, s'aligne une série d'adorables statuettes. Il faut retirer ses chaussures et marcher sur le tapis avant de s'approcher.

A gauche de l'autel, une petite pagode en or incrustée de joyaux, sous une châsse de verre, abrite de mystérieuses reliques de Bouddha, les fameuses *ssu-li-tze*, petits noyaux extraits des cendres de Bouddha après sa crémation, il y a deux mille cinq cents ans. Une série de photographies en couleurs prises en Inde est disposée sur la partie supérieure des murs. Des légendes rédigées en sanscrit commentent des événements importants de la vie du Bouddha historique.

Au rez-de-chaussée, une salle d'étude et une salle de lecture sont réservées à la communauté monacale pour lui permettre d'étudier les soutras bouddhiques. A côté du sanctuaire, il y a un dortoir avec des chambres communes et des chambres privées pour les visiteurs qui souhaitent y passer une ou deux nuits, ainsi qu'une salle à manger dans laquelle on sert une très bonne cuisine végétarienne.

L'extrême sud

Aucune section de route importante n'est aussi dégagée que celle qui va de Taitung à Oluanpi, au sud de l'île. Les trains n'y vont pas. Les autocars publics la desservent mais il est beaucoup plus pratique et agréable de découvrir le chemin en voiture ou en taxi.

A 12 km au sud de Chih-Pen se trouve la ville de **Tai-Ma-Li**, avec sa plage de sable gris et de petits galets, de 100 m de large, qui s'étend sur 15 km le long du rivage. On est frappé par l'eau, d'une couleur bleue étincelante et exempte de toute pollution, le faible ressac et l'intimité garantie des lieux. Tai-Ma-Li est principalement un bourg de pêche. Les pêcheurs locaux utilisent des radeaux équipés de moteurs hors-bord japonais. Si on désire faire une sortie de pêche, l'hôtel Chih-Pen s'occupera de tous les détails.

A quelques kilomètres au-delà du village de **Ta-Wu**, et à 40 km de Tai-Ma-Li, la route principale (route 9) coupe vers l'intérieur pour traverser les montagnes centrales. A deux heures de route de Chih-Pen, le voyageur arrive à **Feng-Kang**, sur la côte ouest de Taiwan. De Feng-Kang, une route va vers le nord et vers Kaohsiung, et une autre vers le sud, vers Kenting et Oluanpi. La route sud a pour terminus **Oluanpi**, 110 km plus loin. Cette route peut éventuellement compléter un circuit direct jusqu'à Oluanpi.

Il est impossible d'aller plus loin. La visite de Taiwan s'achève là. Mais cette région, à l'écart des atteintes de la civilisation, est enchanteresse et ramène au temps où les premiers voyageurs occidentaux considéraient encore l'île comme un paradis.

A gauche, effigies de Bouddha dans le temple du Réveil Clair ; à droite, la magie de la calligraphie dans la rue. Pages suivantes : frise sur carreaux à Taipei.

INFORMATIONS PRATIQUES

ALLER A TAIWAN

Par avion

Taiwan est sur l'une des routes aériennes les plus fréquentées d'Asie, et il est possible de prévoir un arrêt dans l'île à partir de n'importe quel billet, et sans supplément. Parmi les compagnies internationales qui proposent des vols réguliers pour Taiwan, on citera China Airlines (C.I.), Cathay Pacific (C.X.), Eva Air (B.R.), Japan Asia Airways (E.G.), Korean Airlines (K.E.), Malaysian Airlines (M.H.), Northwest Orient (N.W.), Thai International (T.G.), Continental Airlines, Philippine Airlines (P.R.), Aloha Pacific Airlines, Singapore Airlines (S.Q.), Air Nauru (O.N.), South African Airways (S.A.), Pan American World (P.A.) et K.L.M. Royal Dutch (K.L.).

Presque tous les vols internationaux en direction ou en provenance de Taiwan passent par l'aéroport international Tchang Kaï-chek de Taoyuan, à 45 mn de voiture du centre de Taipei. C'est l'un des plus sûrs et des mieux conçus d'Asie car il est équipé de la dernière technologie et traite 400 000 t de marchandises par an. Cette capacité aura d'ailleurs doublé à la fin du XXe siècle.

Sur place, il n'est pas inintéressant de visiter le musée de l'Aviation attenant. Plus qu'un musée, cet établissement présente sur ses trois étages environ 700 modèles d'avions et offre aux visiteurs la possibilité de tester leur capacité à voler. A l'intérieur se trouvent aussi dioramas et télévision en circuit fermé qui retracent l'histoire de l'aviation de ses débuts aux explorations spatiales. Le bâtiment est une version asiatique du musée national de l'Aviation de Washington.

A Kaohsiung, dans le sud, un autre aéroport international assure des services réguliers entre l'île et les villes de Hong Kong, Tokyo, Osaka et Séoul, sur les compagnies China Airlines, Japan Airways et Singapore Airlines.

Par bateau

Des cinq ports maritimes internationaux de Taiwan (Keelung, Taichung, Kaohsiung, Suao et Hwalien), ceux de Kaohsiung et de Keelung sont les plus importants et les plus fréquentés par les lignes de luxe.

La ligne Arimura d'Okinawa dispose d'un ferry de voyageurs régulier entre Keelung et Okinawa. Le ferry quitte Keelung le lundi à 8 h et arrive à Okinawa le mardi à 7 h. Le retour d'Okinawa se fait le vendredi à 19 h pour une arrivée à Keelung le samedi à 16 h. Un billet aller pour cette traversée coûte environ 500 F en classe luxe, 400 F en première classe et 350 F en classe économique.

Yung-An Maritime C°
Tél. 771-5911/8

La compagnie maritime Chyau Fwu a un bateau, le *Macmosa*, qui fait le trajet de Kaohsiung à Macao. Le départ se fait en général le mercredi à 16 h, et le retour à 14 h le jeudi suivant. Il en coûte de 4 600 NT à 66 500 NT (950 à 13 500 F) pour un aller et retour. L'agent local est l'agence de voyages Kwang Hwa.

Kwang Hwa Tour & Travel Service
72, Sung-Chiang Road, 7ᵉ ét., Taipei,
tél. (02) 531-0000
79, Chung-Hwa Road, 6ᵉ ét., Kaohsiung,
tél. (07) 282-1166

PRÉPARATIFS ET FORMALITÉS DE DÉPART

Passeport et visa

Les étrangers qui souhaitent obtenir un visa pour Taiwan doivent se munir d'un passeport en cours de validité et d'un billet d'avion aller et retour (ou bien d'un document de l'agence de voyages), de trois photographies et d'un document faisant état du but de la visite (sauf pour les transits et le tourisme). Le visa est valable soixante jours (mais peut, dans certains cas, être prolongé deux fois soixante jours pour un total de six mois). Les étrangers qui entrent à Taiwan avec un visa de tourisme n'ont pas le droit d'y travailler sans autorisation. Les visiteurs en provenance de pays où il n'y a pas de représentation officielle de Taiwan peuvent s'adresser aux agences non gouvernementales et aux représentations commerciales taiwanaises dans leur pays pour obtenir des lettres de recommandation. Ces lettres pourront être échangées contre des visas réguliers dans les ambassades de la République de Chine, dans les consulats ou bien à l'arrivée à l'aéroport Tchang Kaï-chek de Taipei et à l'aéroport international de Kaohsiung, ainsi qu'au port international de Keelung.

Des facilités d'entrée sans visa en République de Chine pour une durée de cent vingt heures sont accordées aux touristes détenteurs d'un passeport belge, canadien, français, luxembourgeois, allemand, britannique, néerlandais, américain, australien, japonais ou néo-zélandais.

Pour plus d'informations sur les visas de visite en République de Chine, il faut s'adresser au département des affaires consulaires du ministère des Affaires étrangères de Taipei.

Département des affaires consulaires
2, Chieh-Shou Road, tél. 311-9292
En France, il faut s'adresser à l'Association scientifique pour les échanges culturels et techniques.

A.S.P.E.C.T.
72, rue de l'Université, 75007, Paris,
tél. 44 39 88 20

Prolongation

Pour prolonger un visa de tourisme à Taipei, il faut se rendre au bureau des Affaires étrangères de l'administration de la police municipale, située au coin des rues Wu-Chang et Chung-Hwa, derrière le bâtiment de l'administration centrale de la police, à proximité du Bazar chinois. Faites en sorte de vous y prendre au moins un ou deux jours avant l'expiration du visa. Et prévoyez des photographies (que vous ferez si possible en France, car paradoxalement, il n'est pas si facile que cela d'en faire faire rapidement à Taiwan. En effet, les techniques «Photomaton» ne plaisant pas beaucoup dans l'île, les Chinois font toujours appel à un photographe pour avoir un portrait le plus avantageux possible !).

Bureau des Affaires étrangères de la police
Tél. 361-0159 ou 311-9940
Centre de Service pour les étrangers
96, Yen Ping South Road, tél. 381-8341

Monnaie et devises

L'unité monétaire de la République de Chine est le nouveau *yuan* de Taiwan ou *new Taiwan dollar* (NT).

Les billets comportent des coupures de 10 NT, 50 NT, 500 NT et 1 000 NT. Actuellement, pour 1 F on a 4,88 NT.

On peut changer des valeurs étrangères en *new Taiwan dollar* et vice versa dans les banques, les hôtels, la plupart des magasins et des établissements autorisés. Toutefois, prenez soin d'obtenir des récépissés de ces transactions afin de pouvoir changer les *new Taiwan dollars* inutilisés au moment de votre départ.

Les chèques de voyage sont acceptés dans la plupart des hôtels et des établissements pour les touristes. Il en va de même pour les cartes de crédit telles que American Express, Visa, Mastercard, Diner's Club. Toutefois, les chèques bancaires ne sont pas acceptés, sauf si vous pouvez vous permettre d'attendre deux ou trois semaines, c'est-à-dire le temps que des vérifications soient faites auprès de votre banque !

Santé

Les vaccins contre le choléra et la fièvre jaune sont exigés des passagers en provenance de certains pays ou qui sont restés plus de cinq jours dans des régions infectées. Pour que les certificats soient valables, ils doivent avoir été délivrés au moins sept jours avant l'arrivée, mais pas plus de six mois. Aucun autre certificat de santé n'est exigé.

Vêtements à emporter

Pendant la saison chaude, il faut prévoir des vêtements adéquats, c'est-à-dire très légers : chemises ou chemisiers de coton, jupes ou pantalons amples, chaussures de marche confortables. Même les hommes d'affaires chinois portent des vêtements simples pour affronter la canicule de l'été. Bien entendu, on peut prévoir un blazer très léger ou une robe pour les réceptions officielles mais, le reste du temps, vous ne les porterez pas.

Prévoyez pour la saison froide de confortables chandails (mais on peut aussi les acheter sur place, car l'île produit de beaux textiles) pour affronter l'humidité souvent glaciale de l'intérieur comme de l'extérieur (car il n'y a pas de chauffage). On a, au cours des soirées d'hiver, l'occasion d'arborer des tenues plus élégantes.

Hiver comme été, il est bon de se protéger de la pluie. N'emportez pas vos plus belles chaussures de cuir dans l'île, elles ne résisteraient pas longtemps aux torrents d'eau qui envahissent les rues dès les premières pluies. Taiwan produit des chaussures en simili cuir à des prix très bas, mieux étudiées pour les conditions atmosphériques locales.

Douane

● Déclaration d'entrée

Tous les passagers qui entrent dans le pays doivent remplir une déclaration de douane. Les articles suivants devront être déclarés :
1° Les articles soumis à une taxe, comme les échantillons commerciaux, les accessoires industriels, les outils ou les instruments de prix...
2° Les bagages non accompagnés arrivant après vous.
3° Les bagages laissés en dépôt jusqu'au départ.
4° Les lingots d'or.

5° Les bijoux en or ou en argent, la joaillerie et l'argent étranger que vous avez l'intention de ressortir du pays dans les six mois après votre arrivée.
6° Les armes et les munitions.
7° Les articles radioactifs et les appareils à rayons X.
8° Les médicaments.
9° Tout article produit en République populaire de Chine, en Corée du Nord, au Cambodge, en Albanie, en Roumanie, dans la C.E.I. et à Cuba.

● **Biens francs de tous droits**

Tous les biens personnels tels que vêtements, bijoux personnels, cosmétiques, aliments peuvent être introduits sans taxe. Les radios, télévisions et magnétophones, bien qu'également exempts de droits, doivent être déclarés à l'arrivée. Chaque voyageur a le droit, à son entrée, d'apporter une bouteille d'alcool, une cartouche de cigarettes, 25 cigares et 500 g de tabac.

● **Or, argent et monnaie**

Les voyageurs peuvent apporter autant d'or, d'argent et de devises qu'ils le souhaitent, mais il faut les déclarer à l'arrivée. Plus de 62,5 g d'or supposent une autorisation spéciale délivrée par le ministère des Finances, et une taxe frappe le surplus.
Les bijoux personnels tels que montres, colliers, bracelets, bagues et pendentifs doivent être déclarés à l'arrivée. Bien qu'il n'y ait pas de restrictions quant au montant des devises importées, il faudra déclarer lors du départ ce qui n'a pas été dépensé.
On peut faire sortir jusqu'à 5 000 $ ou l'équivalent dans d'autres monnaies. On peut importer dans l'île ou en faire sortir un maximum de 40 000 NT. Ceux qui dépassent cette limite doivent en faire la demande auprès du ministère des Finances avant d'entrer à Taiwan.
Les articles qui ne peuvent pas quitter le pays sont les copies non autorisées d'ouvrages, d'enregistrements, de bandes vidéo, etc., les authentiques antiquités chinoises, les pièces de monnaie anciennes, les peintures.

● **Articles interdits**

Sont interdits d'entrée à Taiwan :
1° La fausse monnaie et les faux billets.
2° Les appareils de jeux.
3° Les matériaux pornographiques, obscènes ou indécents.
4° Les publications et documents de propagande communiste.

5° Tout article produit en République populaire de Chine, en Corée du Nord, dans la C.E.I., au Viêt-nam, au Cambodge, au Laos, en Albanie, en Roumanie, en Bulgarie et à Cuba.
6° Les armes à feu en tout genre.
7° L'opium, le cannabis, la cocaïne et autres drogues.
8° Les jouets ayant la forme d'armes à feu.
9° Les articles interdits par d'autres lois tels que fruits et légumes, animaux domestiques ou autres en provenance de régions infectées.
10° Toute drogue ou substance de nature non médicale et non prescriptive.
11° Tout article contrevenant à une licence, modèle ou marque déposée, à un droit d'auteur d'une tierce personne.

● **Déclaration de sortie**

Il faut remplir une déclaration de sortie pour les articles suivants :
1° La monnaie étrangère, la monnaie locale, les bijoux en or et en argent.
2° L'argent non dépensé pendant le séjour.
3° Les échantillons commerciaux et effets personnels tels que caméras, calculatrices, magnétophones, etc., que vous souhaitez rapporter à Taiwan dans l'avenir.
4° Les ordinateurs, disquettes magnétiques, caméras, calculatrices, etc.
5° Monnaie de Taiwan : 40 000 NT en billets et 20 pièces en yuan taiwanais de tout type en circulation.
6° Bijoux en or : 62,5 g.
7° Bijoux en argent : 62,5 g.
8° Les pièces et lingots d'or sont strictement interdits à l'exportation (sauf ce qui a été déclaré à l'arrivée et laissé sous la garde du service des douanes).
9° Les articles d'exportation d'une valeur supérieure à 500 $ ne pourront être sortis sans une autorisation.
Ceux qui n'auront pas déclaré l'or, l'argent et les devises étrangères qu'ils transportent se verront confisquer les quantités en excès par le service des douanes. La limite pour la monnaie étrangère est de 5 000 $ en billets de banque ou l'équivalent en monnaie étrangère.

Inspection générale des douanes
85, Hsiñ-Sheng South Road, sec. 1, Taipei, tél. 0217313050
Douanes de Taipei
Chiang Kai-shek International Airport, Taoyuan, tél. 03.383.46.31/32
Douanes de Kaohsiung
3, Je-Sing 1st Street, Kaohsiung
Un livret complet sur les règlements douaniers

a été publié. On peut s'en procurer un exemplaire gratuit dans ces bureaux.

Les voyageurs en partance doivent ouvrir leurs bagages pour une inspection après avoir effectué leurs formalités d'enregistrement de vol. Ils ne peuvent s'y soustraire sous peine de se voir refuser l'embarquement des bagages.

● **Taxe d'aéroport**

Tous les passagers quittant l'île doivent acquitter une taxe d'aéroport de 300 NT (60 F). C'est la première formalité à accomplir à l'aéroport le jour du départ. Il faudra d'ailleurs présenter le récépissé au moment de l'enregistrement.

POUR MIEUX CONNAÎTRE TAIWAN

Gouvernement et économie

«Pro ince insulaire de la République de Chine», c'est ainsi que le gouvernement nationaliste désigne Taiwan officiellement.

Sa constitution a été adoptée en 1946. Elle est fondée sur les trois principes du peuple de Sun Yat-sen, qui supposent un *«gou ernement du peuple, par le peuple et pour le peuple»*, selon la définition de Lincoln. Le gouvernement central comporte 5 organes de gouvernement appelés *yuan*, placés sous l'égide du président de la république. Le *yuan* exécutif ressemble au cabinet des gouvernements occidentaux et comprend 8 ministères et autres offices et départements. Les lois sont du ressort du *yuan* législatif, qui comptait, en 1982, 392 membres élus au suffrage direct. Le *yuan* de contrôle et ses 74 membres ont des pouvoirs d'approbation, de rejet, de censure et de contrôle. Dans le *yuan* judiciaire, il y a les cours, le conseil de la Grande Justice et d'autres bureaux qui interprètent et font observer la loi. Enfin, le *yuan* des examens supervise le ministère des Examens et du Personnel. C'est l'Assemblée nationale, composée de membres élus représentant tous les comtés, villes et zones aborigènes des plaines ou des montagnes qui procède à l'élection du président et du vice-président. Le Kuomintang (K.M.T.) ou parti nationaliste, fondé par le docteur Sun Yat-sen, est resté le parti dirigeant. Mais il y a actuellement d'autres partis comme le parti de la Jeune Chine et le parti socialiste démocrate chinois. Tous sont opposés au communisme et soutiennent la réunification de Taiwan et du continent dans le cadre d'un gouvernement libre et démocratique.

En plus du gouvernement central, le gouvernement provincial de Taiwan a été établi en mai 1947. Il a remplacé l'office du gouverneur général, qui avait été établi après la rétrocession de Taiwan en 1945. Ce gouvernement gère 19 départements et supervise les gouvernements des comtés et des villes de la province de Taiwan. Le président de la république, M. Lee Tenghui, a pris la tête du pays à la mort de Tchang Ching-kuo, fils de Tchang Kaï-chek.

Dans la sphère économique, la petite île de Taiwan est devenue l'un des géants d'Asie. Le produit national brut de Taiwan croît à un taux annuel de plus de 9 % en termes réels pour les trois dernières décennies. Le commerce mondial total, principalement avec les États-Unis et le Japon, a augmenté de 37,7 % en 1987 pour atteindre 88 milliards de dollars. Les exportations principales comprennent les produits de l'agriculture et de la pêche et des articles manufacturés tels que équipements électroniques, vêtements, bois, produits métalliques, chaussures. En dépit de revers diplomatiques et politiques avec l'étranger, les investisseurs étrangers continuent à accorder leur confiance à l'économie et à la stabilité politique de Taiwan. L'investissement étranger total se monte à plus de 7,3 milliards pour la seule année 1987.

La santé économique de l'île a aidé la population à atteindre l'un des niveaux de vie les plus élevés d'Asie. Le P.N.B. par tête était en 1987 de 4 991 $ contre 7 347 $ en 1990.

Géographie

Taiwan est située dans l'océan Pacifique à environ 160 km au sud-est de la République populaire de Chine.

Le territoire taiwanais comprend l'île principale, l'archipel de 64 îles des Pescadores (Penghu) et 21 autres îles disséminées sur les pourtours, pour un total de 36 000 km² de terres dans l'océan Pacifique. L'île principale représente 98 % de cette superficie. Située juste au large de la côte sud-est du continent chinois, Taiwan est coupée par le tropique du Cancer.

L'île, qui a la forme d'une feuille de tabac, fait 394 km de long sur 144 km de large à ses points extrêmes.

Une chaîne de montagne centrale s'étend sur toute la longueur de l'île principale, la coupant virtuellement en une moitié est et une moitié ouest. L'est donne sur l'océan Pacifique tandis que l'ouest descend graduellement. Les plateaux en terrasses et les plaines alluviales côtières forment la partie occidentale où vivent

19,8 millions de personnes, soit 80 % de la population totale. La montagne Yu-Shan, qui culmine à 3 952 m, est la plus haute de l'île, tandis que les autres sommets ont une altitude moyenne de 1 500 m. Les deux tiers de l'île sont en fait couverts de hautes terres boisées et de versants montagneux.

Fuseau horaire

Il y a à Taiwan un décalage de six heures et pas d'heure d'été. Ainsi, lorsqu'il est midi à Paris, il est 18 h à Taiwan l'été, 19 h l'hiver.

Climat

A cheval sur les zones tropicale et subtropicale, Taiwan a un climat tropical dans le sud et sur les terres plates de l'ouest, et subtropical dans le nord et dans les régions de montagne. Cette situation soumet l'île à des typhons annuels entre les mois de juillet et d'octobre. Si certains sont d'une grande violence, d'autres ne dépassent pas l'état de bourrasques, porteuses de grosses pluies toutefois.

Taiwan n'a pas quatre saisons, mais seulement deux : une saison chaude qui dure de mai à octobre, et une saison froide de décembre à mars. L'île demeure très humide toute l'année et reçoit d'abondantes pluies, surtout dans les terres élevées de l'est. Les précipitations annuelles moyennes atteignent 2 580 mm, avec un maximum de 5 280 mm.

La température baisse avec l'altitude. Il y a des chutes de neige sur les sommets de la chaîne centrale pendant la saison froide, tandis que les terres basses ne connaissent pas le gel.

Les meilleurs moments auxquels se rendre à Taiwan sont de mars à mai et de septembre à novembre, en particulier à Taipei. Le tableau qui suit donne la température et l'humidité moyennes de Taipei sur une base mensuelle.

	Température	Humidité
Janvier	18 °C	84 %
Février	17 °C	84 %
Mars	22 °C	84 %
Avril	25 °C	83 %
Mai	28 °C	82 %
Juin	32 °C	81 %
Juillet	33 °C	78 %
Août	32 °C	78 %
Septembre	30 °C	80 %
Octobre	27 °C	81 %
Novembre	18 °C	81 %
Décembre	20 °C	83 %

Le zodiaque chinois

En dépit de l'industrialisation et de la prééminence de la pensée scientifique, les Chinois continuent d'entretenir une grande foi dans leur vieille cosmologie. Avant une naissance, un mariage, des funérailles, un contrat, l'inauguration d'un immeuble, les Taiwanais consultent toujours les almanachs anciens et les médiums.

Le calendrier chinois mis au point sous l'empereur Jaune, vers 2700 av. J.-C., est toujours en usage. Ainsi, les Chinois vivent au XLVIIIe siècle et non pas au XXe. Dans le calendrier chinois lunaire, c'est-à-dire qui suit les cycles de la lune, chaque année est désignée par l'association entre l'un des 12 animaux célestes (le rat, le bœuf, le tigre, le lapin, le dragon, le serpent, le cheval, le mouton, le singe, le coq, le chien, le cochon) et l'un des cinq éléments cosmiques (le métal, le bois, la terre, l'eau et le feu). Chaque animal étant associé tour à tour aux cinq éléments, le cycle complet est de 60 années.

Comme le calendrier solaire, le calendrier chinois a 12 mois de 29 ou 30 jours. Pour ajuster leur calendrier aux réalités du temps solaire, les Chinois ajoutent un mois supplémentaire tous les trente mois. Chaque mois commence à la pleine lune, qui tombe le 15e jour. La nouvelle année, qui débute donc entre le 21 janvier et le 28 février, est l'occasion de festivités et des plus longues vacances de l'année.

L'influence du zodiaque chinois et du calendrier lunaire est encore forte, car la date de la plupart des fêtes est fixée selon le calendrier lunaire. Si on demande à un Taiwanais la date de son anniversaire, il demande si c'est selon le calendrier solaire ou le calendrier lunaire.

Par ailleurs, les dates des mariages et des funérailles se fixent toujours en fonction de la cosmologie. Nombreux sont les Chinois qui ne partent pas en voyage ou n'entreprennent pas une affaire sans consulter un médium. Lorsqu'un immeuble sort de terre, un géomancien détermine le meilleur emplacement pour la porte d'entrée. En chinois *feng-shui* («vent et eau»), la géomancie est une branche de la cosmologie qui aide l'homme à édifier son habitation en harmonie avec les éléments naturels. Même si les propriétaires des lieux ne sont pas adeptes de la géomancie, ils suivent l'avis du géomancien parce qu'ils savent que les acheteurs et les locataires le consulteront, eux, avant d'emménager.

C'est ainsi qu'un restaurant chinois avait subi des pertes pendant deux ans, en dépit de la qualité de ses services et de campagnes de publicité. En désespoir de cause, le propriétaire consulta un géomancien qui lui dit que la porte d'entrée, mal placée, laissait échapper de l'argent. L'homme dépensa une petite fortune à reconstruire son entrée et, rapidement, son établissement afficha complet. Même le mémorial de Tchang Kaï-chek, avec ses jardins et ses innombrables portes, a été édifié en accord avec les lois de la géomancie.

Le zodiaque chinois est subtil et complexe, seuls les médiums et les lettrés le maîtrisent parfaitement. Toutefois, les Chinois du monde entier en suivent les principes. L'aspect le plus connu du zodiaque est la description du caractère en fonction de l'animal qui domine l'année de naissance. C'est ainsi qu'un mariage peut ne pas avoir lieu si les signes des conjoints sont en conflit.

Le rat. Charmant, il attire le sexe opposé. Acharné au travail, il est économe et par conséquent aisé, avec une habileté à conduire ses projets à leur terme. Le rat amasse et déteste prêter. En revanche, il aime dépenser pour lui-même. Il n'y a qu'en amour qu'il soit généreux. Timide et réservé, le rat est toutefois capable de colère. Il est franc et honnête, mais aime les commérages.

Le bœuf. Calme et tranquille, le bœuf inspire confiance mais son mauvais caractère et son inconstance lui font souvent perdre patience. Le bœuf est éloquent, alerte d'esprit et habile de ses mains. Mais il est têtu et ne se laisse pas aller à la passion qui est souvent à l'origine de conflits entre conjoints. Le bœuf a tendance à se tenir à l'écart de sa famille.

Le tigre. Courageux et puissant, le tigre a une volonté farouche. Il inspire le respect et en revanche n'apprécie pas l'autorité. Mais il est aussi sensible et rêveur, capable d'affection à l'égard de ses amis et de ses proches. On dit qu'il repousse les voleurs, le feu et les fantômes.

Le lièvre. Talentueux, le lièvre a des tendances conservatrices et fait preuve de goût. On peut compter sur lui dans les affaires car il a de la chance. Il est tendre pour ceux qu'il aime mais garde souvent ses distances avec la famille. D'humeur maussade et parfois arrogant, le lièvre a une vie tranquille et prospère.

Le dragon. Énergique et robuste, prompt à la repartie, le dragon est têtu et emporté. Il est honnête et courageux et il inspire confiance. Admiré, le dragon obtient tout ce qu'il veut et il s'inquiète souvent à tort de ne pas être aimé. C'est le signe le plus excentrique.

Le serpent. Sérieux et introverti, le serpent est souvent considéré avec méfiance par les autres et a en effet des difficultés à communiquer. Sage et profond, il peut être aussi vaniteux et égoïste, mais il accorde son aide aux moins chanceux que lui. L'argent n'est jamais un problème pour lui et il préfère son propre jugement aux conseils des autres. Passionné et attirant, le serpent n'est pas forcément le meilleur conjoint dans le mariage.

Le cheval. Optimiste, perspicace et sûr de lui, le cheval est sociable et bavard. De belle apparence, intelligent, il est souvent à la merci de l'autre sexe. Il gère bien son argent et est efficace dans le travail. Le cheval aime la liberté et a tendance à ne pas être souvent chez lui.

Le mouton. Doté de bonnes dispositions, le mouton est un bon conjoint dans le mariage. Honnête, droit et généreux, il sait montrer de la sympathie à ceux que le malheur frappe. Il a du goût et un certain talent artistique. Gentil, compatissant et plutôt timide, le mouton est parfois déconcerté par les caprices de la vie.

Le singe. Intelligent, inventif et original, le singe est capable de résoudre des problèmes complexes. Mais il est aussi rusé, contradictoire et, à certains égards, méchant. Il adore être le centre de l'attention et il a peu de respect pour les autres. Il réussit ce qu'il entreprend et se montre habile à gagner de l'argent. On le respecte pour sa compétence et sa capacité à apprendre. Par malheur, son enthousiasme pour certains projets retombe aussi vite qu'il est né.

Le coq. Sociable, brave et compétent, le coq est de tous les projets, dont certains n'iront jamais à leur terme. Parfois excentrique, le coq a des opinions tranchées. Malgré une tendance à la morosité, il est capable de s'investir tout entier dans son travail.

Le chien. Il est honnête et loyal. Il sait garder les secrets et il a le sens de la justice. Bien qu'il n'ait pas une excellente santé, le chien n'a en revanche aucune difficulté pécuniaire. Il a tendance à être froid, sarcastique et fantasque, mais il travaille dur et se montre dévoué à ses amis.

Le cochon. Honnête, poli, loyal et dévoué à son travail, le cochon accorde une grande place à l'amitié. Bien que vif, il n'aime pas les disputes et il est en général tendu avec son conjoint. Il a tendance à être paresseux et adore dépenser de l'argent.

A SAVOIR
UNE FOIS SUR PLACE

Règles de politesse

Comme les Coréens et les Japonais, les Chinois ont l'habitude de se courber en tenant les mains jointes l'une contre l'autre en guise de salut. Mais, de nos jours, la façon occidentale de se serrer la main a peu à peu remplacé l'ancienne coutume. Néanmoins, les Chinois évitent en public les effusions telles que baisers, étreintes ou tapes dans le dos. Une solide poignée de main et un sourire amical accompagnés d'un mouvement de la tête suffisent.

En chinois, le nom de famille précède le prénom et le titre. Par exemple, dans le nom Li Wu-ping, Li est le nom de famille, et Wu-ping le prénom. Dans l'expression Li jing-li, Li est le nom de famille, *jing-li* (gérant ou directeur) le titre. La plupart des noms chinois comportent trois caractères (un pour le nom et deux pour le prénom) mais certains n'en ont que deux (un pour le nom et un pour le prénom). La majorité des noms de famille chinois viennent d'une liste de cent noms formulée il y a trois mille ans dans la Chine impériale. Parmi les noms les plus courants, on citera Li, Wang, Chen, Huang, Yang, Liang ou Sun.

Lorsqu'on les présente, les Chinois échangent systématiquement leurs cartes de visite. En fait, chacun attend la carte de l'autre avec impatience, car la mention de la fonction ou du statut de l'interlocuteur est essentielle pour savoir comment s'adresser à lui. Il est par conséquent conseillé de se munir de cartes de visite avant de voyager en Orient. Mais on peut aussi se les faire faire sur place avec un délai et à un coût particulièrement raisonnables.

Les termes d'adresse courants sont :

hsiène-sheng	Monsieur
Trai-trai	Madame
Hsiao-djié	Mademoiselle
Fu-jen	Madame (plus cérémonieux que *trai-trai*)
lao-ban	Monsieur le directeur (ex. Li lao-ban : monsieur le directeur Li ; on peut aussi s'adresser ainsi à un patron de boutique)
jing-li	Monsieur le directeur (ex. Liang jing-li)

En chinois, le terme *dzing-kre* signifie «inviter» et se réfère à la grande tradition chinoise de l'accueil qu'on réserve habituellement aux amis et aux collègues. Les Chinois sont déroutés lorsqu'ils voient les Occidentaux diviser la note de restaurant afin que chaque convive paie sa part. De leur côté, ils se battent pour avoir le privilège de payer la note complète. Pour un Chinois en effet, inviter des amis au restaurant ou au café est une façon agréable de rendre une faveur ou de cultiver de nouvelles relations d'affaires. Et ils ne s'en privent pas. Par ailleurs, il est bien entendu que tout le monde paie un jour ou l'autre la note, car c'est aussi une façon de «sauver la face».

Quand on porte un toast au cours d'un repas ou d'un banquet, il est bien vu de le faire en levant son verre à la hauteur de la bouche en le tenant d'une main tandis que l'autre le soutient par-dessous. En général l'hôte est assis en face de son invité d'honneur (et non pas à côté), tournant le dos à la porte tandis que l'invité y fait face.

Le thé, servi à la fin d'un repas, est une manière de faire comprendre que le repas et la soirée s'achèvent. Il convient alors de prendre congé, même si votre hôte a l'air très bien en votre compagnie, car l'habitude veut que les repas et les banquets s'achèvent tôt dans la soirée. Il est par exemple très courant de rentrer chez soi vers 21 h après un repas chez des amis. Il n'est pas nécessaire d'éterniser la conversation. Ne vous croyez donc pas obligé de parler jusqu'au milieu de la nuit. Mais rien, dans le comportement de votre hôte, n'indiquera qu'il attend votre départ. C'est à vous d'évaluer le moment exact où il sera de bon ton de quitter les lieux. Notez qu'il est peu probable que ce soit après 22 h, car les soirées commencent tôt, souvent vers 18 h 30.

Pourboire

On ne donne pas systématiquement de pourboire à Taiwan. Celui-ci est en effet laissé à l'appréciation du client. Les hôtels et les restaurants ajoutent en effet automatiquement 10 % de service aux factures. Un chauffeur de taxi ne protestera pas si vous ne lui donnez rien. Les seuls endroits de l'île où le pourboire est une obligation sont les maisons de vin (*dzio dzia*) et les cabarets.

Poids et mesures

Dans toute l'île, dans les petites boutiques comme sur les marchés publics, les vendeurs pèsent et mesurent à l'aide des unités traditionnelles. Voici quelques indications de base pour vous permettre de faire vos achats.

● **Longueur :** le *tche* équivaut à 0,320 m environ.

Il faut trois *tche* pour faire un mètre. Le tissu, par exemple, se vend au *tche*.

● **Poids :** on se sert couramment du *dzin*, qui fait un peu plus d'une livre (596 g), et du *liang* qui fait 37,5 g.

● **Surface :** le *ping* fait 3,30 m^2 et le *dzia* 0,97 ha.

● **Électricité :** elle est en 110 V.

Heures d'ouverture

A Taiwan, les heures officielles de bureau sont 8 h 30-12 h 30 et 13 h 30-17 h 30 du lundi au vendredi et de 8 h 30 à 12 h 30 le samedi. Le dimanche est chômé. Les banques ouvrent de 9 h à 15 h 30 du lundi au vendredi et de 9 h à midi le samedi. Elles sont fermées le dimanche.

Les bureaux sont ouverts de 9 h à 17 h du lundi au vendredi et de 9 h à midi le samedi.

Les grands magasins sont ouverts de 10 h à 21 h 30 du lundi au samedi. Ils sont fermés le dimanche. Mais nombre de boutiques et d'échoppes sont ouvertes dans la soirée et toute la semaine.

En cas d'urgence

Bien que les soins médicaux ou dentaires coûtent beaucoup moins cher à Taipei qu'en Occident, la qualité des services est excellente. A cet égard, nombre de voyageurs d'Asie du Sud-Est viennent à Taipei spécialement pour se faire soigner. Un examen complet, par exemple, comprenant trois journées à l'hôpital, coûte environ 10 000 NT (2 000 F). Et pour 4 500 NT (moins de 1 000 F), on peut faire un examen complet de trois heures. Les soins dentaires sont également moins chers que chez nous, mais ne sont pas remboursés.

Par ailleurs, si la médecine chinoise vous intéresse, il est possible de trouver un grand nombre de praticiens compétents sur place.

Voici quelques numéros de téléphone utiles à Taipei.

Pompiers
Tél. 119
Police
Tél. 110
Département des Affaires étrangères de la police
Tél. 02. 396-9781
Police de Taipei
Tél. 02.381-8341
Service étranger de la police de Taichung
Tél. 04.220-3032

Service étranger de la police de Kaohsiung
Tél. 07.221-5796
Service étranger de la police de Tainan
Tél. 07.222-9704
Service étranger de la police de Keelung
Tél. 032.252-787

FÊTES

Outre les fêtes traditionnelles comme le nouvel an chinois, la fête de la Lune à la mi-automne et les fêtes nationales comme le Double-Dix ou l'anniversaire de Sun Yat-sen, il y a un certain nombre de fêtes religieuses qui se déroulent en l'honneur de nombreuses divinités locales. En effet, Taiwan compte plus d'une centaine de divinités populaires dont on commémore non seulement la naissance, mais aussi la mort ou la déification. Toutefois, seules certaines de ces fêtes sont considérées comme des jours fériés.

Ces cérémonies religieuses, dites *paipai* commencent avec des offrandes de nourriture et de vin destinées aux divinités mais que les croyants finiront par rapporter chez eux et consommer eux-mêmes. Ces fêtes, qui sont aussi l'occasion d'inviter des amis, donnent souvent lieu à des dépenses que d'aucuns considèrent comme un gaspillage mais qui correspondent à une tradition fortement enracinée dans la culture taiwanaise.

Certaines fêtes nationales, dont l'origine est plus récente, suivent le calendrier grégorien, tandis que d'autres obéissent au calendrier lunaire et varient par conséquent d'une année à l'autre. C'est pourquoi il est recommandé de s'enquérir des dates exactes des fêtes de l'année en cours avant le départ.

● **Janvier**

Jour de la Fondation
Le 1er janvier 1912, le docteur Sun Yat-sen devint le premier président de la nouvelle République de Chine. C'est ce jour-là que la Chine est officiellement passée du calendrier lunaire au calendrier grégorien. A Taipei, l'événement se célèbre par des parades, la danse du lion et du dragon, des discours patriotiques et des concerts de pétards.

Nouvel an chinois
Traditionnellement appelé «fête du printemps», il demeure la plus grande manifestation de l'année à Taiwan, comme d'ailleurs dans toutes les communautés chinoises du monde. La fête

dure tout un mois à partir du 16e jour du 12e mois jusqu'au 15e jour du 1er mois, bien que de nos jours à Taiwan, les administrations et les magasins ne ferment qu'une semaine autour du premier jour de l'année. Nombre de pratiques anciennes, mais qui perdurent, sont associées au nouvel an chinois. Par exemple, il est de coutume d'avoir réglé toutes ses dettes à la fin de l'année sous peine d'entraîner des malheurs pour l'année à venir. Une autre coutume consiste à échanger des cadeaux, et tout particulièrement les petites enveloppes rouges *(hong-bao)* contenant un nombre de billets de banque qui varie bien entendu selon le degré d'intimité entre le donneur et celui qui les reçoit. Enfin, les Chinois s'habillent de neuf pour le nouvel an, ce qui symbolise le renouveau, un nouveau départ dans la vie conformément au rythme naturel, et rendent visite à leurs parents et à leurs amis, dépensant beaucoup d'argent à cette occasion. La couleur de rigueur à ce moment de l'année est le rouge, considéré comme oraculaire. Tout est donc rouge, les fleurs, les vêtements, les gâteaux et même les enveloppes. Au douzième coup de minuit, on entend dans toute l'île des pétards et des fusées destinés à chasser les mauvais esprits. C'est à cela, entre autres choses, que sert la poudre inventée par les Chinois, il y a plus de mille ans. Il est d'usage pendant le nouvel an chinois, de prononcer la traditionnelle phrase *«Kong hsi fa tsai»*, qui signifie : «Je vous souhaite bonheur et prospérité.» Dans un jeu de rimes humoristiques, certains ajoutent la réplique *«Hong bao na lai»* *(«Et faites passer les en eloppes rouges !»)*. Le nouvel an chinois tombe le 31 janvier 1995, et le 19 février 1996.

● **Février**

Fête des Lanternes

Cette fête a lieu au moment de la première lune de la nouvelle année lunaire. Elle marque précisément la fin de la fête du printemps. De nuit, dans les rues, les temples et les parcs de Taiwan, des foules défilent en portant des lanternes de couleur couvertes d'inscriptions oraculaires élégamment calligraphiées. Cette manifestation répond à l'intention de chasser toutes les mauvaises influences de l'année passée. Dans l'antiquité, ces sortes d'exorcismes se faisaient à l'aide de torches. Il y a un mets associé à cet événement : il s'agit d'une sorte de ravioli sucré fait de pâte à base de riz glutineux, farci d'une purée de haricot ou de soja qu'on appelle *yuan-hsiao*. Généralement, les temples sont d'excellents endroits où observer la fête des Lanternes. Les plus belles d'entre elles se voient

décerner un prix. La fête des Lanternes tombe le 14 février 1995 et le 4 mars 1996.

● **Mars**

Anniversaire de Kuan-yin

Kuan-yin, déesse de la Miséricorde, est l'une des divinités bouddhiques les plus populaires à Taiwan, en Corée et au Japon. Elle est connue pour sa compassion et son amour de l'humanité. On célèbre son anniversaire avec des cérémonies *pai-pai* dans tous les temples de l'île qui lui sont dédiés.

Fête de la Jeunesse

Appelée à l'origine fête des martyrs révolutionnaires, cette manifestation commémore la mort de 72 jeunes révolutionnaires chinois en 1912.

● **Avril**

Jour des morts

Le «jour où l'on balaie les tombes» tombe le 105e jour après le solstice d'hiver. La fête, aussi appelée *Dzing-ming* («clair et brillant»), se célèbre maintenant le 5 avril, ce qui coïncide avec la mort de Tchang Kaï-chek en 1975. De ce fait, le 5 avril est une fête religieuse en même temps qu'une fête civile. Au cours de cette fête, les familles se rassemblent autour des tombeaux, qui sont pour la circonstance nettoyés ou restaurés, sur lesquels elles déposeront des fleurs fraîches et des offrandes.

Anniversaire de Ma-tsu

L'une des plus importantes fêtes religieuses de l'année est dédiée à Ma-tsu, déesse de la Mer, patronne de Taiwan et divinité protectrice des marins. Cet événement se célèbre en grande pompe, dans plus de 300 temples, tous dédiés à la déesse. La plus importante manifestation de l'île se déroule au temple de Peikang, près de Chiayi, mais on peut aussi voir celle du temple de Lung-Shan, à Taipei, à proximité de l'allée des Serpents. A cette occasion, on fait des offrandes de cochons rôtis et de poulets bouillis, tandis que l'encens se consume et qu'on brûle du papier monnaie au milieu de parades colorées où dragon et lion s'affrontent dans des danses effrénées. L'anniversaire de la naissance de Ma-tsu tombe le 22 avril 1995 et le 10 mai 1996.

● **Mai**

Fête du Bain de Bouddha

Ce jour commémore la naissance de Sakyamuni (le Bouddha historique), il y a deux mille cinq cents ans. Dans tous les temples de l'île, des rituels consistant à «laver Bouddha» ont lieu, au cours desquels les statues de cette divinité sont nettoyées tandis que les moines récitent le soutra approprié. Des statuettes sont par ailleurs promenées dans les rues au son des gongs et des tambours.

● **Juin**

Fête des Bateaux-Dragons
Se déroulant initialement au moment du solstice d'été et de la moisson, c'est l'une des fêtes les plus anciennes de Chine. Elle commémore la mort de Tsu-yuan (Qu-yuan), poète et ministre intègre qui se jeta dans une rivière, il y a deux mille cinq cents ans, pour protester contre la corruption et le mauvais gouvernement du souverain qui l'avait banni. D'après la légende, lorsqu'elles eurent connaissance de son triste sort, les populations locales allèrent en bateau sur la rivière jeter à l'eau des *tsong-tze* (boulettes de riz glutineux empaquetées dans des feuilles de bambou) afin de se concilier les esprits aquatiques. Depuis, on mange régulièrement à cette époque de l'année les fameux *tsong-tze*. Cette fête s'organise autour de courses de bateaux qui constituent un événement d'importance dans l'île. Chaque année, l'une de ces courses est organisée sur la Tan-shui, à l'ouest de Taipei, à l'occasion de laquelle on remet la coupe Tchang Kaï-chek aux gagnants. Des équipes de toute l'île participent. Les proues des bateaux, qui se propulsent au rythme de gros gongs, sont décorées de têtes de dragon. La fête des Bateaux-Dragons tombe le 2 juin 1995 et le 20 juin 1996.

Anniversaire de Cheng-huang
Cette fête se célèbre en grande pompe dans le fameux temple du dieu de la Ville au 61, Ti-Hwa Street, section 1. C'est l'une des fêtes les plus vivantes. On dit que le dieu de la Ville a le pouvoir de protéger les habitants des désastres naturels et de toutes sortes d'ennemis. Par ailleurs, il conseille l'empereur du Ciel et de l'Enfer sur les récompenses et les punitions à accorder à ses administrés après la mort. Cheng-huang était à l'origine l'esprit d'un fleuve. Grâce à ses mérites, il fut promu dieu de la Ville. Parmi les manifestations de cette fête, on notera la sortie de statuettes du dieu de la Ville, les offrandes de cochons et de buffles attachés sur des tréteaux de bambou, et les longues processions de participants portant des costumes colorés ainsi que les habituelles danses du lion et du dragon.

● **Juillet**

Fête des Amoureux
Cette fête tire son origine de la légende du berger et de la tisserande. Le berger (étoile de la constellation Aquila, à l'ouest de la Voie lactée) et la tisserande (l'étoile Véga de la constellation Vyra, à l'est de la Voie lactée) se rejoignent dans le ciel cette nuit-là, car, dit la légende, toutes les pies de la terre vont au ciel et forment un pont de leur corps, qui permet aux amants de se retrouver. C'est parce que la tisserande avait abandonné son travail pour aller rejoindre son amant que la reine mère du Ciel, en colère, les sépara, leur permettant de se rencontrer seulement une fois l'an, le 7e jour du 7e mois. Cette fête dédiée aux jeunes gens et jeunes filles célibataires est l'occasion d'échanger des cadeaux, de se promener dans les parcs le soir et de prier dans les temples pour leur future félicité conjugale.

● **Août**

Fête des Fantômes
Les Chinois croient que le 1er jour du 7e mois lunaire, les portes de l'enfer s'ouvrent et libèrent les fantômes des défunts, qui retournent alors sur terre. Pour apaiser ces esprits et décourager leur malveillance, chaque famille installe devant son habitation des plateaux de nourriture qui leur sont destinés, tandis que les moines bouddhistes sont invités à prier dans les allées et dans les rues. En même temps, on brûle de l'encens et des liasses de papier monnaie pour le confort des fantômes de criminels et des esprits de ceux qui n'ont ni parents ni amis pour leur faire des offrandes. L'objectif étant de dissuader toutes ces âmes de venir causer des troubles sur terre. La période de la fête n'est pas un moment pour se marier ou pour lancer de nouvelles entreprises. En revanche, les temples bouddhistes sont animés de rituels nombreux et divers qui se termineront le dernier jour du 7e mois, lorsque les esprits repartent pour le monde souterrain et que les portes se referment derrière eux pour une année. La fête la plus importante de l'île a lieu à Keelung, dans le parc de Chong-Cheng. La fête des Fantômes tombe le 27 juillet 1995 et le 14 août 1996.

● **Septembre**

Anniversaire de Confucius
C'est un congé national célébré comme «la fête des professeurs», qui commémore la naissance

du sage, en 551 av. J.-C. Connu comme le grand maître de la Chine, Confucius continue à exercer une profonde influence sur la culture de la société taiwanaise. Chaque année, une cérémonie traditionnelle a lieu ce jour-là à 18 h, dans le grand temple qui lui est dédié à Taipei. On peut admirer, à cette occasion, des instruments de musique anciens, des vêtements de cour et des danses rituelles qui remontent à l'époque du grand sage. Pour participer à la cérémonie, il faut réserver des billets auprès des agences de tourisme locales. L'anniversaire de Confucius a lieu le 28 septembre.

● **Octobre**

Fête de la Lune de la mi-automne
Les Chinois croient que la «lune de la moisson» est la plus belle de l'année. C'est pourquoi ils célèbrent cette apparition annuelle en se rendant en masse dans les parcs, sur les collines, au bord des rivières et sur les plages pour admirer l'astre dans toute sa splendeur. D'après la légende, Tchang-er, femme de Hou-yi, découvrit un jour une fiole d'élixir d'immortalité spécialement préparée pour son mari et, curieuse, décida de goûter. Mais elle vida la fiole, dont le contenu fit immédiatement effet. Et Tchang-er s'envola pour la lune, où elle est restée depuis. C'est sa beauté qui illumine l'astre, le jour de la fête. A cette occasion, on procède à des échanges de cadeaux et des fameux «gâteaux de lune», pâtisseries rondes faites de pâte brisée, fourrées de pâte de haricot, de dattes, noix, fruits secs ou d'ingrédients salés. L'échange des gâteaux de lune a par ailleurs une portée patriotique dans la mesure où, au cours du renversement de la dynastie mongole des Yuan par les Ming, des plans secrets de l'insurrection furent cachés dans des gâteaux de lune et distribués aux patriotes dans tout l'empire avant le soulèvement. La fête de la Lune de la mi-automne tombe le 9 septembre 1995 et le 27 septembre 1996.

Fête nationale du Double-Dix
Le Double-Dix correspond au 10e jour du 10e mois et commémore le renversement de la dynastie mandchoue des Qing, dernière dynastie chinoise, par les patriotes révolutionnaires le 10 octobre 1911. C'est la fête nationale la plus importante de Taiwan, et elle se célèbre par de grandes parades de toutes les armées, des discours patriotiques, des spectacles de danses folkloriques et d'arts martiaux. Toutes ces manifestations ont lieu sur l'immense place qui fait face au palais présidentiel du centre de Taipei.

Dans la soirée, un immense feu d'artifice sur la Tanshui clôt la journée. Les hôtels et les restaurants de la capitale sont bondés durant toute la semaine qui précède le Double-Dix, car des dizaines de milliers de Chinois d'outre-mer viennent spécialement dans l'île à l'occasion de ces festivités. A cet égard, il est conseillé à ceux qui souhaitent se rendre à Taiwan à cette époque de faire leurs réservations auprès des hôtels et des compagnies d'aviation assez à l'avance.

Jour de la Rétrocession
Cette fête nationale célèbre la restitution de Taiwan à la Chine nationaliste après la défaite du Japon en 1945, après cinquante-cinq ans d'occupation. A cette occasion, des compétitions de football et de basket-ball ont lieu pour la coupe présidentielle, ainsi que les traditionnelles danses du lion et du tigre.

Anniversaire de Tchang Kaï-chek
C'est une fête nationale qui commémore la naissance du président Tchang Kaï-chek, en 1887.

● **Novembre**

Anniversaire de Sun Yat-sen
Fondateur et premier président de la République de Chine, Sun Yat-sen est considéré comme le père de la nation aussi bien à Taiwan que sur le continent. La fête qui célèbre sa naissance, en 1866, s'accompagne de cérémonies patriotiques solennelles.

Fête Pas-Taai des Saixia
Cette fête de cinq jours, qui a lieu tous les deux ans, se célèbre à Nanzhuang, dans le comté de Miaoli. Elle est dédiée aux ancêtres nains (*taai*) du peuple aborigène des Saixia, qui ont transmis à ces derniers nombre de connaissances, dont leurs techniques agricoles et leur répertoire musical.

● **Décembre**

Jour de la Constitution
Cette fête nationale commémore le 1er janvier 1947, jour où la constitution de la République de Chine entra en vigueur.

Noël
Les Chinois ne fêtent pas Noël officiellement, mais les chrétiens de l'île vont à la messe à cette occasion et se rassemblent en famille comme en Occident.

COMMUNICATIONS ET INFORMATION 307

COMMUNICATIONS ET INFORMATION

Taiwan est un pays moderne, riche et civilisé, qui dispose de services élaborés, notamment dans le domaine des télécommunications.

Journaux et périodiques

Deux quotidiens en anglais paraissent à Taiwan. Il s'agit du *China Post* (le matin) et du *China News* (l'après-midi). En plus d'informations régionales ou internationales, ces journaux comportent des pages finances, loisirs, sports et programmes télévisés. On trouve le *China Post* et le *China News* dans la plupart des hôtels.

Par ailleurs, l'office d'information du gouvernement édite un mensuel illustré en plusieurs langues étrangères, dont le français : la *Free China Re iew*, qui publie des articles sur la culture chinoise ou les sites pittoresques de l'île.

Tous les autres magazines, en anglais, publiés sur place, sont exclusivement consacrés aux domaines financier et industriel. On trouve également sur place plusieurs périodiques étrangers dont le *Time*, *Newsweek*, *Life* et des magazines de mode qui se vendent dans les librairies des grands hôtels.

Radiodiffusion et télévision

Il y a une seule station de radio à Taiwan, qui émet entièrement en anglais. L'I.C.R.T. (International Community Radio Taiwan) diffuse de la musique occidentale et d'autres programmes en anglais 24 heures sur 24, et des bulletins de nouvelles toutes les heures. Mettez votre radio sur 1 570 A.M. ou 1 001.1 et 100.9 F.M. pour recevoir I.C.R.T.

Il y a trois chaînes de télévision : C.T.V. (China Television), C.T.S. (Chinese Television Service) et T.T.V. (Taiwan Television Enterprise), qui diffusent en chinois mais qui programment souvent des films occidentaux.

Poste

Le service des postes de Taiwan est efficace. Le courrier, collecté et délivré chaque jour de l'année, est distribué en moins de 48 h. S'il vient de l'étranger, de France par exemple, il faut de quatre à six jours pour qu'une lettre arrive à son destinataire à Taiwan.

La poste centrale de Taiwan est située à la porte Nord, près de l'hôtel Hilton. On y trouve des cartons pour les expéditions. Les bureaux de poste sont souvent ouverts de 8 h à 18 h du lundi au vendredi et de 8 h à 13 h le samedi. Ils sont fermés le dimanche. On peut se procurer des timbres dans tous les hôtels et y poster les lettres.

Dans les rues, les boîtes aux lettres de couleur verte sont destinées au courrier intérieur et les boîtes aux lettres rouges au courrier pour l'étranger.

Pour la France, comme pour l'Europe et l'Amérique, un timbre coûte 16 NT (3,50 F) pour un pli de moins de 10 g et 13 NT de plus par 20 g supplémentaires. Un timbre pour carte postale coûte 12 NT (2,50 F) et un aérogramme 16 à 18 NT (3 F).

Les timbres commémoratifs et décoratifs de Taiwan sont célèbres et demandés par les philatélistes du monde entier. Certains reproduisent des peintures, des pièces de porcelaine et des œuvres de calligraphie.

Télécommunications

Les appels locaux se font à partir de n'importe quel téléphone public pour la somme de 1 NT (20 c) les 3 mn. Après quoi la ligne est automatiquement coupée si l'on n'ajoute pas de pièces. Pour les appels à longue distance, prévoyez des pièces de 5 NT (1 F).

Les codes des diverses zones de Taiwan sont les suivants.

Taipei	*02*
Keelung	*032*
Taoyuan	*033*
Taichung	*042*
Hsinchu	*035*
Taitung	*089*
Tainan	*062*
Kaohsiung	*07*
Hwalien	*038*
Ilan	*039*
Chiayi	*052*
Les Pescadores	*069*

On peut appeler l'étranger du Bureau des télécommunications internationales (I.T.A.) ouvert 24 heures sur 24, sept jours sur sept.
I.T.A.
28, Hangchou Road, sec. 1, tél. (02) 344-3780
I.T.A. Chiang Kai-shek Airport
Tél. (02) 541 7434/5, 551 1353
Du lundi au vendredi de 8 h 30 à 17 h 30 et le samedi de 8 h 30 à 12 h 30.
I.T.A. Sung-Shan Airport
Tél. (02) 712-6112, 712 2279

Du lundi au vendredi de 8 h à 17 h et le samedi et les jours fériés de 8 h à midi.

I.T.A. World Trade Center
Tél. (02) 725-1111
Du lundi au vendredi de 8 h à 17 h et le samedi de 8 h à midi.

On peut de Taiwan envoyer des télécopies dans plus de 33 pays du monde. Il en coûte environ 200 à 300 NT (50 à 60 F) la page selon qu'il s'agit d'un hôtel, d'I.T.A. ou du World Trade Center.

Les I.T.A. offrent un service de télécopie-télégramme 24 heures sur 24 pour certains pays. Un service de télex est disponible dans les bureaux I.T.A. et dans les hôtels de classe internationale.

COMMENT SE DÉPLACER

Transports depuis l'aéroport

Il y a deux sortes d'autobus qui font un service quotidien entre le vieil aéroport intérieur Sung-Shan, le nouvel aéroport Tchang Kaï-chek et le centre de la ville.

Un aller coûte 32 NT (7 F), mais il y a peu de place pour les bagages. Il y a des autobus toutes les 15 mn dans les deux directions, entre 6 h 30 et 22 h 40.

La ligne Chung Hsin coûte 72 NT (14 F) et les autobus, plus spacieux, passent toutes les 5 à 10 mn jusqu'au dernier service de 10 h 30. A partir du terminus d'autobus de l'aéroport intérieur de Taipei, vous rejoindrez les hôtels du centre ville en 10 mn de taxi.

Informations sur les navettes
Tél. 02.771-1330

Avion

La China Airlines et par la Far East Air Transport (F.A.T.) assurent un service intérieur régulier. Ces deux compagnies ont 24 vols quotidiens entre Taipei et Kaohsiung (40 mn de vol), 18 entre Taipei et Hwa Lien (30 mn de vol), 4 entre Taipei et Tainan (40 mn de vol) et 4 entre Taipei et Taitung (40 mn de vol). Elles relient par ailleurs diverses villes du sud entre elles et avec les Pescadores. Un aller de Taipei à Kaohsiung coûte un peu plus de 1 000 NT (200 F), de Taipei à Hwalien 750 NT, de Taipei à Tainan 928 NT, et de Taipei aux Pescadores 967 NT.

Taïwan Aviation Corporation (T.A.C.) affrète des vols spéciaux de Taiwan à l'île des Orchidées et à l'île Verte, et à l'occasion de Kaohsiung vers des îles extérieures.

La Great China Airlines (G.C.A.) dispose d'un service d'hélicoptères entre Taichung, le lac du Soleil et de la Lune, le mont Ali et le mont de la Poire, au centre de Taiwan.

La Formosa Airlines affrète des vols de Kaohsiung aux Pescadores et à d'autres îles et de Taitung à l'île des Orchidées et à l'île Verte.

Formosa Airlines
Tél. 02.507-4188

De strictes mesures de sécurité sont mises en place sur les vols intérieurs, c'est pourquoi, les passagers étrangers devront présenter leur passeport avant d'embarquer.

Autobus

L'une des premières choses qu'on remarque à Taipei est le nombre incroyable d'autobus publics dans les rues. Pour les voyageurs qui cherchent un mode de déplacement à bon marché, ils sont idéaux. Fréquents et peu onéreux, ils vous transportent dans toute la ville et à l'extérieur.

Toutefois, il est conseillé de les éviter aux heures de pointe, soit entre 7 h 30 et 9 h 30 et 17 h et 19 h. En dehors de ces heures, vous apprécierez ce mode de transport.

Il y a deux sortes d'autobus : les normaux et ceux qui ont l'air conditionné. L'autobus normal coûte 8 NT (1,60 F) et l'autobus à air conditionné 10 NT (2 F). On peut acheter tickets et jetons à l'avance dans de petits kiosques qui se trouvent aux arrêts. Les autobus roulent de 6 h à 23 h 30. Pour demander l'arrêt, il faut tirer sur une cordelette qui actionne une sonnette.

Il y a tant d'autobus et tant de lignes qu'il est préférable de demander conseil à votre hôtel. Les lignes sont désignées par des numéros. Par exemple, le 216, le 217 et le 281 mènent à la gare par la rue Chung-Shan-Nord. Le 301 va de cette même rue à Yang-Ming-Shan, et le 210 mène du centre de la ville au musée du Palais, dans la banlieue de Wai-Shuang-Hsi. Une fois qu'on a le numéro de la ligne, il est ainsi facile de se déplacer.

Autocars

Une flotte spéciale d'autocars de luxe dessert Taipei-Kaohsiung et Taichung-Kaohsiung, par la nouvelle voie express nord-sud. Un billet aller de Taipei à Kaohsiung coûte 400 NT (100 F), et on peut l'acheter deux jours à l'avance. Ces autocars partent toutes les 20 mn, dans les deux directions, entre 7 h et minuit. On appelle cette ligne Kouo-Kuang. Le terminus se situe à proximité de l'hôtel Hilton, à l'entrée principale de la gare.

D'autres villes de Taiwan sont desservies par la ligne express Chung-Hsing et par la ligne express Golden Horse.

La ligne express Chung-Hsing a un terminus aux quatre gares routières de Taipei (le terminus Ouest, le terminus Nord, le terminus Est et le terminus Chung-Lun). Toutefois, la ligne Golden Horse dessert le terminus Nord et le terminus Est seulement. La carte ci-dessous indique la position de ces terminus.

Pour se procurer les billets à l'avance, il faut aller au bon terminus. La plupart des hôtels ou des agences de voyages peuvent faire les réservations pour vous.

Train

En 1978, le réseau de chemin de fer de Taiwan a été entièrement révisé, et de nombreuses lignes ont été électrifiées, ce qui a permis d'accroître l'efficacité et la fréquence des liaisons ferroviaires. Il y a par exemple 24 départs quotidiens de Taipei vers Kaohsiung via Taichung et Tainan. L'administration des chemins de fer propose trois types de services : *Fu-hsin* (F.H.),

Chu-kuang (C.K.) et *Tsu-chiang* (T.C.), qui sont plus ou moins confortables et rapides. Renseignez-vous. L'écart de prix entre ces services n'est pas excessif.

Les compartiments passagers sont impeccables et confortables et le service à bord prévoit de servir gratuitement du thé accompagné de serviettes chaudes mouillées pour se nettoyer les mains et le visage avant l'arrivée. On dispose par ailleurs dans les trains taiwanais de journaux et de magazines.

Les réservations pour la première classe express doivent se faire un ou deux jours avant le départ. Même si on se procure des billets circuit, il faut toujours confirmer la réservation deux jours avant le départ. A Taipei, on peut acheter à l'avance son billet à la gare, mais aussi par l'intermédiaire des hôtels et des agences de voyages. Pour les trains express en première classe, on peut se renseigner aux numéros suivants.

Taipei
Tél. 312 2255, 551 1331, ext. 2460
Taichung
Tél. 228 9608/9, ext. 246 ou 346
Kaohsiung
Tél. 221 4721, 221 2376, ext. 253

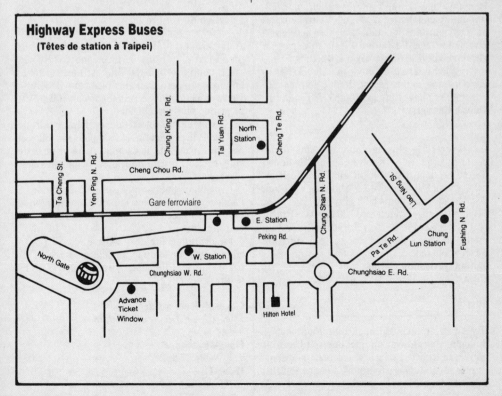

Voici les principales lignes de chemin de fer et les gares qu'elles desservent.

Ligne Taipei-Kaohsiung
Taipei-Changhwa
Panchiao-Touliu
Taoyuan-Chiayi
Hsinchu-Hsinying
Miaoli-Tainan
Taichung-Kaohsiung

Ligne Taipei-Hwalien
Taipei-Toucheng
Patu-Chiaohsi
Juifang-Yilan
Houtung-Lotung
Santiaoling-Suao
Hsuangshi-Nan Shen-hu
Fulung-Hwalien

Ligne Hwalien-Taitung
Hwalien-Fuli
Fenglin-Chihshang
Kuangfu-Kuanshan
Tuanhui-Taitung

Bateau

La compagnie Taiwan Car Ferry assure une liaison quotidienne entre Keelung et Hwalien. Les bateaux quittent Keelung à 9 h et arrivent à Hwalien à 15 h. Le retour se fait au départ de Hwalien à 22 h 30 pour arriver à Keelung à 6 h.

Un billet aller coûte environ 350 NT (70 F) par personne, et une cabine double en première classe (avec télévision) environ 600 NT (120 F).
Taiwan Car Ferry
Tél. 522 1215/7

La traversée la plus agréable est sans aucun doute celle qui va de Kaohsiung aux îles Pescadores. Le départ se fait au quai n°1 de Kaohsiung vers 8 h. L'arrivée à Makung, chef-lieu des Pescadores, a lieu 4 h 30 plus tard.

Un billet aller coûte entre 200 et 400 NT (40 à 80 F). Il est conseillé de réserver les billets au moins un jour à l'avance car cette destination est très demandée.
Taiwan Navigation Corporation
Kaohsiung, tél. 555825, 553730, 553866

Taxi

Il y a tant de taxis à Taipei, qu'on n'a aucune difficulté à en trouver un quel que soit l'endroit où l'on se trouve. Le tarif se calcule à la distance plus qu'au temps ; toutefois, lorsque le véhicule est bloqué dans la circulation (et c'est malheureusement souvent le cas à Taipei) le compteur continue de tourner. Entre 23 h et 6 h, il y a un supplément de 20 %. On peut louer un taxi à la journée ou pour une excursion de plusieurs jours. Il faut à ce moment-là négocier un prix forfaitaire. La prise en charge est de 50 NT (10 F) pour 1,8 km. Il faut ajouter 10 NT (2 F) si on appelle un taxi par téléphone, ou s'il y a des bagages. Les 350 m suivants : 5 NT (1 F), 3 mn d'attente : 5 NT (1 F) et de 23 h à 6 h : 5 NT (1 F).

Le ministère des Communications a ouvert une ligne spéciale pour recevoir les appels de clients mécontents du service de certains taxis. Les chauffeurs sont alors passibles d'une contravention comprise entre 9 000 NT (1 800 F) et 90 000 NT (18 000 F). Mais les chauffeurs de taxi sont en général affables et courtois. Toutefois, leur style de conduite peut dans certains cas surprendre (mais il en est de même pour tous les conducteurs de Taiwan !), car la circulation est telle que ces derniers ont appris à se faufiler entre les véhicules quelle que soit l'affluence.

Téléphone en cas d'ennuis
Taipei, tél. 729 1181, 767 8217 ou 394 9007
Kaohsiung, tél. (07) 761 4621

Location de voiture

A Taipei, il est préférable de circuler en autobus ou en taxi plutôt que de louer une voiture. En effet, conduire dans la ville est une véritable épreuve. On perd d'ailleurs beaucoup de temps. En revanche, pour se promener dans l'île, c'est beaucoup plus agréable.

La voie express nord-sud est l'épine dorsale de l'île. Elle permet un accès rapide aux villes et aux sites placés sur le chemin. A partir de cette voie, tout un réseau de routes secondaires dessert le pays.

Pour louer une voiture, on peut s'adresser à l'agence Gordon, dans laquelle tout le monde parle anglais, et dont les automobiles sont bien entretenues.

La location coûte de 1 300 à 1 800 NT (250 à 300 F) par jour selon le modèle. L'essence n'est pas comprise. Elle coûte à Taiwan 26 NT (5 F) le litre.

Gordon's Rent-a-Car
1098, Cheng-Du Road, Shihlin, tél. 881-9545, 881-6534
Hung-Ji
Tél. 59666497/8
Hsing-Fu
Tél. 59166859, 592-9339

Jian-Da
Tél. 591-5093
Ya-Tung
Tél. 731-2512, 781-8293/4

Bien entendu, la meilleure façon de visiter Taiwan dans le plus grand confort consiste à louer une limousine avec air conditionné et chauffeur-guide-interprète ! Votre hôtel ou votre agence de voyages fera tous les arrangements pour vous si vous le souhaitez. Mais il faut compter sur un minimum de 500 NT (100 F) de l'heure, essence comprise, selon le type de limousine.

Conseils pour conduire

Compte tenu de ce qui a été dit plus haut concernant la circulation dans l'île, le conducteur devra être attentif aux points suivants.

Des milliers de motocyclettes encombrent les routes et constituent un sérieux obstacle pour les voitures. En effet, il est courant de voir des motos chargées d'une famille entière : le père, la mère et deux, voire trois enfants. Sans ces passagers, les motos peuvent être chargées, à un point qui frise l'inconscience, d'une multitude de paquets, colis et articles entassés en une pile impressionnante qui déstabilise le fragile équipage. Tenez-vous sur vos gardes lorsque vous rencontrerez pareils convois et gardez vos distances.

Il faut noter que le danger guette plutôt le piéton, qui doit faire preuve de vigilance. Par chance, de nombreux passages souterrains facilitent la traversée des rues. Ceux-ci sont par ailleurs en permanence animés de marchands ambulants qui proposent toutes sortes de produits (vêtements, livres, bijoux, cuirs...). Ces vendeurs à la sauvette n'ayant pas toujours l'autorisation de se trouver là où ils sont, il est courant de les voir remballer à la hâte leurs affaires alors qu'on est en train de négocier le prix d'un objet.

Bien que les routes aient une bonne signalisation (en chinois et en anglais) et qu'elles soient dotées de numéros qui apparaissent systématiquement sur les panneaux et sur les bornes, il est conseillé de se munir d'une carte à jour.

Plus on s'éloigne des grandes villes, moins les habitants sont susceptibles de parler anglais, ou même chinois. Dans ce cas, mieux vaut leur montrer l'adresse de sa destination rédigée en chinois, car la langue chinoise écrite est le trait d'union de tous les habitants de l'île.

Faites en sorte que votre réservoir soit toujours à moitié plein, au cas où vous vous aventureriez sur des routes de montagne où les pompes à essence sont rares ou fermées le soir.

OÙ LOGER

Hôtels

Depuis 1978, la construction de nouveaux hôtels a connu un grand essor, et la qualité des installations s'est par conséquent améliorée. Actuellement, les voyageurs disposent d'un large éventail de styles d'hôtels et de prix, tout spécialement à Taipei. Il y a en effet 104 hôtels de classe touriste sur l'île, et 19 825 chambres dont les tarifs varient de 400 NT (80 F) à 6 600 NT (1 300 F). Pour une suite, il faut compter à partir de 1 500 NT (310 F) la nuit. A la note s'ajoutent 10 % de service.

Les hôtels sont connus pour l'attention et l'amabilité du service. Les visiteurs sont en effet traités comme des invités et l'hospitalité conçue comme un art plutôt qu'une industrie. Toutefois, les voyageurs occidentaux auront sans doute des raisons de ne pas toujours être satisfaits. La première d'entre elles étant la barrière de la langue. Bien qu'à l'aise en anglais, le personnel des hôtels ne parle pas forcément d'autres langues, le français par exemple. Par ailleurs, les priorités diffèrent d'un pays à l'autre, et il peut y avoir quelques incompréhensions, mais en règle générale on est agréablement surpris du bon accueil et de la qualité du service.

Les hôtels de catégorie touriste sont de deux sortes à Taiwan. Il y a ceux de catégorie internationale et ceux de catégorie ordinaire. Les premiers offrent des installations et des services de luxe, les seconds des tarifs plus bas et des services plus simples.

● **Taipei**

Hôtels de luxe

Ambassador
63, Chung-Shan Road, sec. 2, tél. (02) 551-1111, télex 11255, télécopie (02) 561-7883, (02) 531-5215
Piscine intérieure, golf, salles de banquets et de conférences, bar panoramique, boutiques, 471 chambres simples à partir de 3 900 NT (700 F) et doubles 4 500 NT (900 F).

Asiaworld Plaza Hotel
100, Tun-Hua North Road, tél. (02) 715-0077, télex 26299 ASIAWRD, Télécopie (02) 713-4148
1 057 chambres à partir de 5 200 NT (1 000 F), garage souterrain, 27 bars et restaurants, ciné-

mas, théâtre, centre de remise en forme, salles de conférences, boutiques et grands magasins.

Brother
255, Nanking East Road, sec. 3, tél. (02) 712-3456, télex 25977, 28930 BROHOTEL, télécopie (02) 717-3344, (02) 715-5657
258 chambres très confortables à partir de 3 500 NT la simple (700 F) et 4 300 NT la double (860 F), excellente cuisine cantonaise, salon panoramique.

Grand Hotel
1, Chung-Shan North Road, sec. 4, tél. (02) 596-5565, télex 111646/7 GRANDHTL, télécopie (02) 594-8243
530 chambres à partir de 1 800 NT la simple (360 F) et 2 000 NT la double (400 F), architecture chinoise classique, ambiance traditionnelle garantie, jardins, club privé.

Hilton International
38, Chung-Hsiao West Road, sec. 1, tél. (02) 311-5151, télex 11699, 22513 HILTELS, télécopie (02) 331-9944
396 chambres à partir de 3 850 NT la simple (770 F) et de 4 200 NT la double (840 F), service professionnel, excellente cuisine, discothèque, sauna, jardins sur le toit, jacuzzi.

Howard Plaza
160, Jen-Ai Road, sec. 3, tél. (02) 700-2323, télex 10702 HOPLATEL, télécopie (02) 700-0729, (02) 705-2803
606 chambres à partir de 4 800 NT la simple (960 F) et 5 200 NT la double (1 040 F), décor élégant, ambiance continentale, piscine extérieure, centre de remise en forme, sauna, arcade commerciale.

Imperial
600, Lin-Sen North Road, tél. (02) 596-5111, 596-3333, télex 11382 IMPTEL, télécopie (02) 592-7506
327 chambres à partir de 3 600 NT la simple (720 F) et 3 900 NT la double (780 F), très bien placé par rapport au quartier animé le soir, cabaret, sauna, salles de conférences.

Lai-Lai Sheraton
12, Chung-Hsiao East Road, sec. 1, tél. (02) 321-5511, télex 23939 SHANGTEL, télécopie (02) 394-4240
690 chambres à partir de 5 200 NT la simple (1 040 F) et 5 500 NT la double (1 100 F), cabaret, centre de remise en forme et nombreux restaurants, boutiques, salles de conférences.

President
9, Ten-Hwei Street, tél. (02) 595-1251, télex 11369 PRESDENT, télécopie (02) 591-3677
421 chambres à partir de 3 800 NT la simple (760 F) et 4 600 NT la double (920 F), très apprécié des hommes d'affaires, bien placé par rapport à la vie nocturne, accès facile aux autoroutes.

Ritz
155, Min-Chuan East Road, tél. (02) 597-1234, télex 27345 THE RITZ, télécopie (02) 596-9222, (02) 596-9223
200 chambres à partir de 5 600 NT (1 120 F), petit hôtel avec un service personnalisé, bonne cuisine européenne, salles de conférences, centre de remise en forme.

Hôtels de classe internationale

China Yangming Mountain Hotel
237, Ko-Ho-Chih Road, Yangming-Shan, tél. (02) 861-6661, télécopie (02) 861-3885
50 chambres à partir de 3 000 NT (600 F), salles de conférences.

Emperor
118, Nan-King East Road, sec. 1, tél. (02) 581-1111, télex 21777, télécopie (02) 531-2586
97 chambres à partir de 2 800 NT (560 F), salles de conférences, boutiques, coiffeur.

Fortuna
122, Chung-Shan North Road, sec. 2, tél. (02) 563-1111, télex 21578 FORTEL, télécopie (02) 561-9777
304 chambres à partir de 3 400 NT la simple (680 F) et 3 800 NT la double (760 F), sauna, boutiques.

Fortune Dai-Ichi
172, Chung-Hsiao East Road, sec. 4, tél. (02) 772-2121, télex 19794 FADAHTLAIPE, télécopie (02) 721-0302, 731-5682
306 chambres à partir de 3 570 NT la simple (750 F) et 4 620 NT la double (924 F).

Gloria
369, Lin-Sen North Road, tél. (02) 581-8111, télex 11192 GLORIATEL, télécopie (02) 581-5811
220 chambres à partir de 3 000 NT la simple (600 F) et 3 500 NT la double (700 F), sauna, centre de remise en forme.

Golden China
306, Song-Chiang Road, tél. (02) 521-5151, télex 19950 GOLDNATL TAIPEI, télécopie (02) 531-2914

240 chambres à partir de 2 900 NT la simple (580 F) et 3 100 NT la double (620 F), salles de conférences, boutiques.

Grand Hyatt Taipei
2, Sung-Chou Road, tél. (02) 720-1234, télex GHYATT, télécopie (02) 720-1111
872 chambres à partir de 6 200 NT la simple (1 240 F), salles de conférences, agence de voyages, dispensaire.

Grand Formosa Regent
41, Chung-Shan South Road, sec. 2, tél. (02) 523-8000, télex 20385 REGENT, télécopie (02) 523-2828
552 chambres à partir de 6 000 NT la simple (1 200 F) et 6 300 NT la double (1 260 F), centre de remise en forme, salles de conférences, boutiques.

Miramar
2, Min-Chuan East Road, sec. 3, tél. (02) 505-3456, télex 19788 TPMIRAMA, télécopie (02) 502-9173
584 chambres à partir de 3 600 NT la simple (720 F) et 3 800 NT la double (760 F), salles de conférences, sauna.

Rebar Holiday Inn Growne Plaza
32, Nan-King East Road, sec. 5, tél. (02) 763-5656, télex 14207 HTL RCEBAR, télécopie (02) 767-9347, 756 0765
300 chambres à partir de 4 500 NT la simple (900 F) et 4 700 NT la double (940 F), salles de conférences, centre de remise en forme.

Royal
37-1, Chung-Shan North Road, sec. 2, tél. (02) 542-3266, télex 23915 ROYAL HTL TPE, télécopie (02) 543-4897
203 chambres à partir de 4 000 NT la simple (800 F) et 5 200 NT la double (1 040 F), boutiques, sauna.

Riverview
77, Huan-ho Road, sec. 1, tél. (02) 311-3131, télex 11609, télécopie (02) 361-3737
201 chambres à partir de 3 500 NT la simple (700 F) et 4 400 NT la double (880 F), salles de conférences, boutiques, agence de voyages.

Santos
439, Cheng-Teh Road, sec. 3, tél. (02) 596-3111, télex 27155 SANTEL, télécopie (02) 596-3120
287 chambres à partir de 3 400 NT (680 F), sauna, boutiques, agence de voyages.

Sherwood
637, Min-Sheng Road, sec. 3, tél. (02) 718-1188, télex 13630, télécopie (02) 713-0707
349 chambres à partir de 6 300 NT la simple (1 260 F) et 6 700 NT la double (1 340 F), sauna, boutiques, salles de conférences.

United
200, Kuang-Fu South Road, tél. (02) 773-1515, télex 11679, télécopie (02) 741-2789
248 chambres à partir de 3 400 NT la simple (680 F) et 3 750 NT la double (750 F), salles de conférences, agence de voyages.

Hôtels de catégorie ordinaire

Astar
98, Lin-Sen South Road, tél. (02) 551-3131, télécopie (02) 537-1814
40 chambres à partir de 2 000 NT la chambre simple (400 F) et de 2 200 NT la double (440 F).

China
14, Kuan-Chien Road, tél. (02) 331-9521, télex 21757, télécopie, (02) 381-2349
124 chambres à partir de 2 300 NT (460 F).

Cosmos
43, Chung-Hsiao West Road, sec. 1, tél. (02) 361-7856, télex 21887, télécopie (02) 311-8921
269 chambres à partir de 1 800 NT la simple (360 F) et de 2 200 NT la double (440 F).

Empress
14, Teh-Hwei Street, tél. (02) 591-3261, télex 11187, télécopie (02) 592-2922
68 chambres à partir de 2 400 NT la simple (480 F) et de 3 000 NT la double (600 F).

First
63, Nan-King East Road, sec. 2, tél. (02) 541-8234, télex 21533, télécopie (02) 551 2277
175 chambres à partir de 2 000 NT la simple (400 F) et de 2 600 NT la double (520 F).

Flowers
19, Han-Kow Street, sec. 1, tél. (02) 312-3811, télex 28069, télécopie (02) 312-3811, 312-3800
200 chambres à partir de 2 400 NT (480 F).

Gala
186, Sung-Chiang Road, tél. (02) 541-5511, télex 28453 GALATEL, télécopie (02) 531 3831
160 chambres à partir de 3 300 NT la simple (660 F) et de 3 520 NT la double (704 F).

Leofoo
168, Chang-Chun Road, tél. (02) 507-3211, télex 11182, télécopie (02) 508-2070

238 chambres à partir de 2 200 NT la simple (440 F) et de 2 420 NT la double (480 F).

Merlin Court
15, Chung-Shan North Road, sec. 1, Lane 83,
tél. (02) 521-0222, télex 22904 MERLIN,
télécopie (02) 551-0521
65 chambres à partir de 2 200 NT la simple (440 F) et de 2 500 NT la double (500 F).

Golden Palace
8-11F, 1st Nan-King West Road,
tél. (02) 531-6171, télécopie (02) 531-6179
80 chambres à partir de 1 500 NT la simple (300 F) et de 2 000 NT la double (400).

Orient
85, Han-Kow Street, sec. 1, tél. (02) 331-7211,
télex 26504, télécopie (02) 381-3068
120 chambres à partir de 1 700 NT la simple (340 F) et de 2 000 NT la double (400 F).

Golden Star
9, Lane 72, Chung-Shan South Road, sec. 2,
tél. (02) 551-9266, télécopie (02) 543-1322
50 chambres à partir de 1 100 NT la simple (220 F) et de 1 600 NT la double (320 F).

Pacific
111, Kun-Ming Street, 1er-6e ét., tél. (02) 311-3335
80 chambres à partir de 800 NT la simple (160 F) et de 900 NT la double (180 F).

Hon-Chou
4th Han-Chung Street, 1er-7e ét.,
tél. (02) 331-9841, télécopie (02) 371 0350
28 chambres entre 650 NT (130 F) et 800 NT (160 F).

● **Taiwan nord : Peitou**

Hôtels de catégorie ordinaire

Communications Palace
30, Yu-Ya, Peitou, tél. (02) 891-3031,
télécopie (02) 891-5461
335 chambres à partir de 2 000 NT (400 F).

New Angel
258, Kuang-Ming Road, tél. (02) 891-6633,
télécopie (02) 891-6633
279 chambres à partir de 1 300 NT la simple (260 F) et de 1 500 NT la double (300 F).

Hsin-Hsiu Ko
238, Kuang-Ming Road, Peitou,
tél. (02) 891-2166, télécopie (02) 891-2229
50 chambres entre 600 NT (120 F) et 960 NT (190 F).

Tung-Nan
26, Chung-Shan Road, Peitou,
tél. (02) 896-9797, télécopie (02) 896-9798
30 chambres à 1 000 NT (200 F).

● **Taiwan nord : Taoyuan**

Hôtels de classe internationale

Taoyuan Holiday
269, Da-Hsing Road, Taoyuan,
tél. (03) 325-4021, télécopie (03) 325-1222
391 chambres à partir de 2 100 NT la chambre simple (420 F) et de 2 500 NT la chambre double (500 F).

Taoyuan Plaza
151, Fu-Hsing Road, Taoyuan,
tél. (03) 337-9222, télécopie (03) 337-9250
278 chambres à partir de 1 500 NT la chambre simple (300 F) et de 1 800 NT la chambre double (360 F).

Hôtels de catégorie ordinaire

Today
81, Fu-Hsing Road, Taoyuan,
tél. (03) 332-4162/8, télécopie (03) 333-7778
96 chambres à partir de 1 000 NT la simple (200 F) et de 1 400 NT la double (280 F).

Metropolis
121-15 Yen-Shou Road, Taoyuan,
tél. (03) 360-5922, télécopie (03) 360-5931
60 chambres à partir de 880 NT la simple (170 F) et de 1 380 NT la double (270 F).

● **Taiwan centre : Chiayi**

Hôtels de catégorie ordinaire

Gallant
257, Wen-Hwa Road, tél. (05) 223-5366,
télécopie (05) 223 9522
200 chambres à partir de 1 900 NT la simple (380 F) et de 2 200 NT la double (440 F).

Chia Hsin
687, Chung-Cheng Road, tél. (05) 222-2280,
télécopie (05) 222 -5634
40 chambres entre 500 NT (100 F) et 1 000 NT (200 F).

Chia Kuan
238-2, Hsi-Men, Chiayi, tél. (05) 223-6311,
télécopie (05) 223-6319
60 chambres entre 800 NT (160 F) et 1 400 NT (280 F).

● **Route transinsulaire est-ouest**

Hôtels de catégorie ordinaire

Dragon Valley Hotel Paradise
*138, Tung-Kuan Road, sec. 1, Poai Village,
Hoping Township, Taichung, tél. (04) 595-1325,
télécopie (04) 585-1226*
250 chambres entre 2 000 NT (400 F) et
2 200 NT (440 F).

● **Lac du Soleil et de la Lune**

Hôtels de classe internationale

China Trust
*23, Chung-Cheng, Shui-Shih Village, Nantou,
tél. (049) 855-911, télécopie (049) 855-268*
116 chambres à partir de 1 700 NT la simple
(340 F) et de 2 900 NT la double (580 F).

El Dorado
*5, Ming-Sheng Road, Shui-Shih Village,
Nantou, tél. (049) 855-855,
télécopie (049) 855-268*
54 chambres à partir de 1 200 NT la simple
(240 F) et de 2 500 NT double (500 F).

Midi Hotel Chitou
*1, Midi Street, Neihu Village, Luku Township,
Nantou, tél. (049) 612-088,
télécopie (049) 612-031*
245 chambres à partir de 4 800 NT (960 F).

Hsiao-Hsikou Country Club
*260, Chung-Cheng Road, Luku Township,
Nantou, tél. (049) 755-611,
télécopie (049) 755-615*
125 chambres à partir de 2 500 NT la simple
(500 F) et de 3 000 NT la double (600 F).

Hôtels de catégorie ordinaire

Huan-Hu
*1, Ming-Sheng Road, Shui-Shih Village,
Nantou, tél. (049) 855-341*
45 chambres de 600 NT (200 F) à 1 000 NT
(200 F).

Feng Huang
*10-1, Sen-Lin Lane, Neihu Village, Luku,
Nantou, tél. (049) 612-114*
33 chambres entre 900 NT (180 F) et 1 300 NT
(260 F).

Han-Kuang
*12, Sen-Lin Lane, Neihu Village,
Luku Township, Nantou, tél. (049) 645-805*
73 chambres entre 1 300 NT (260 F) et 1 500 NT
(300 F).

● **Taiwan sud : Kangshan**

Hôtels de catégorie ordinaire

Kangshan Spa Hotel
Kangshan, tél. (07) 631-3101

● **Taiwan sud : Kaohsiung**

Hôtels de classe internationale

Ambassador
*202, Min-Sheng 2nd Road, Kaohsiung, tél. (07)
211-5211, télex 72105, télécopie (07) 281-1113/5*
457 chambres à partir de 3 300 NT la simple
(660 F) et de 4 100 NT la double (820 F), sauna,
salles de conférences.

Grand Hotel
*2, Yuanshan Road, Kaohsiung,
tél. (07) 383-5911, télex 71231 GRANDHTL,
télécopie (07) 381-4889*
108 chambres à partir de 2 400 NT la simple
(480 F) et de 2 800 NT la double (560 F), salles
de conférences, golf, tennis, restaurants.

Holiday Garden
*279, Liu-Ho 2nd Road, Kaohsiung,
tél. (07) 241-0121, télécopie (07) 251-2000*
304 chambres à partir de 3 200 NT (640 F), restaurants, coiffeur.

Kingdom
*42, Wu-Fu 2nd Road, Kaohsiung,
tél. (07) 551-8211, télécopie (07) 521-0403*
312 chambres à partir de 3 200 NT la simple
(640 F) et de 4 000 NT la double (800 F), boutiques, salles de conférences, restaurants.

Major
*7, Ta-Jen Road, Kaohsiung, tél. (07) 521-2266,
télécopie (07) 531-2211*
200 chambres à partir de 2 700 NT la simple
(540 F) et de 3 000 NT la double (600 F), boutiques, restaurants, salles de conférences.

Summit
*426, Chiu-Ru 1st Road, Kaohsiung,
tél. (07) 384-5526, télécopie (07) 384-4739*
210 chambres à partir de 2 700 NT la simple
(540 F) et de 2 900 NT la double (580 F).

Hôtels de catégorie ordinaire

Duke
*233, Lin-Sen 1st Road, Kaohsiung,
tél. (07) 231-2111, télécopie (07) 211-8224*
100 chambres à partir de 1 250 NT la simple
(250 F) et de 1 750 NT la double (350 F).

Himalaya
316, Chung-Shan 1st Road, Kaohsiung,
tél. (07) 251-6685, télécopie (07) 221-1056
187 chambres entre 800 NT (160 F) et 1 200 NT
(240 F).

San Hua
92, Liu-Ho 1st Road, Kaohsiung,
tél. (07) 226-2222, télécopie (07) 222-7833
125 chambres entre 800 NT (160 F) et 1 000 NT
(200 F).

● **Taiwan sud : Kenting**

Hôtels de catégorie ordinaire

Kenting House
101, Kung-Yuan Road, Kenting, Heng-Chun,
Pingdong, tél. (07) 886-1370/9,
télécopie (07) 886-1377
250 chambres à partir de 1 300 NT la simple
(260 F) et de 3 300 NT la double (660 F).

● **Taiwan sud : les Pescadores**

Hôtels de catégorie ordinaire

Power Hotel
2, Chung-Cheng Road, Makung City, Penghu,
tél. (06) 927-4881/8, télécopie (06) 927-4889
78 chambres à partir de 1 500 NT la simple
(300 F) et de 2 200 NT la double (440 F), salles
de conférences, restaurants.

● **Taiwan sud : Tainan**

Hôtels de classe internationale

Tainan Hotel
1, Cheng-kung Road, Tainan, tél. (06) 228-9101,
télécopie (06) 226-8502
152 chambres à partir de 1 900 NT la simple
(380 F) et de 2 100 NT la double (420 F), salles
de conférences, restaurants.

Hôtels de catégorie ordinaire

Tien Fu Hotel
53, Chung-Shan Road, Hsinying City, Tainan,
tél. (06) 632-4165, télécopie (06) 632-4165
43 chambres entre 400 NT et 800 NT (80F et
160 F).

Premier Hotel
128, Kungyuan Road, Tainan,
tél. (06) 225-2141, télécopie (06) 228-6018
83 chambres à partir de 1 200 NT la simple
(240 F) et de 1 700 NT la double (340 F).

● **Taiwan est : Hwalien, Taitung, île aux Orchidé**

Hôtels de classe internationale

Astar
6-1, Mei-Chuan Road, tél. (038) 326-111,
télécopie (038) 324-604
170 chambres à partir de 1 800 NT (360 F), salles
de conférences, restaurants, boutiques, bowling.

China Trust
2, Yung-Hsing Road, Hwalien,
tél. (038) 221-171, télécopie (038) 221-185
237 chambres à partir de 2 600 NT la simple
(520 F) et de 3 100 NT la double (620 F), salles
de conférences, restaurants boutiques.

Marshal
36, Kung-Yuan Road, Hwalien,
tél. (038) 326-123, télécopie (038) 326-140
303 chambres à partir de 2 200 NT (440 F), boutiques, restaurants.

Hôtels de catégorie ordinaire

Toyo
50, San-Min Road, Hwalien, tél. (038) 326-151,
télécopie (038) 326-151
107 chambres à partir de 1 800 NT la simple
(360 F) et de 2 000 NT la double (400 F), salles
de conférences.

● **Taiwan est : Taitung, île aux Orchidées**

Hôtels de catégorie ordinaire

Jyh-Been
5, Lung-Chuan Road, Wen-Chuan Village,
Peinan Township, Taitung, tél. (089) 512-220,
télécopie (089) 513-067
60 chambres à partir de 1 900 NT la simple
(380 F) et de 2 499 NT la double (500 F).

Orchid Island Villa Hotel
9, Jen-Ai Street, Hongtou Village, Orchid Island,
tél. (089) 732-111, télécopie (089) 732-189
45 chambres de 400 NT (80 F) à 500 NT (100 F).

Auberges de jeunesse

Si on peut se contenter de coucher dans des
dortoirs, de se restaurer dans de simples cafétérias, de se déplacer en autocar, il est possible de
faire le tour de l'île pour 60 F à 80 F par jour. Il
faut s'adresser au China Youth Corps (C.Y.C.),
qui possède une série de centres d'activité et
d'auberges de jeunesse dans toute l'île.
C.Y.C.
219, Sung-Kiang Road, Taipei, tél. (02) 543-5858

Compte tenu du succès de cette organisation, il est conseillé aux groupes et aux particuliers intéressés d'organiser à l'avance leur voyage. Généralement, les périodes les plus demandées sont de juillet à septembre et janvier-février.

Les tarifs varient d'un centre à un autre, mais sur la base de trois repas par jour, il faut compter 50 NT (10 F), auxquels s'ajoutent 100 NT (20 F) la nuit.

La plupart de ces établissements offrent également des chambres privées moyennant un tarif plus élevé et certains disposent même de pavillons spacieux pour les groupes.

● **Circuit nord**

Fuhsing
Tél. (033) 332-153/4
220 places, dortoir 100 NT (20 F), chambre pour deux 600 NT (120 F).

Baling
Tél. (033) 332-153/4
100 places, dortoir 100 NT (20 F) par personne et par jour.

● **Circuit est-ouest**

Wushe
Tél. (049) 802-209
90 places, dortoir 80 NT (16 F) par personne et par jour.

Chingshan
Tél. (045) 244-103/5
100 places, dortoir 100 NT (20 F) par personne et par jour.

Tehchi
Tél. (045) 244-103/5
200 places, dortoir 100 NT (20 F), chambre pour deux 360 NT (72 F).

Tzu-En
Tél. (038) 691-113
190 places, dortoir 80 NT (16 F) par personne et par jour.

Tayuling
Tél. (045) 991-009
180 personnes, dortoir 100 NT (20 F) par personne et par jour.

Loshao
Tél. (038) 691-111/3
140 places, dortoir 100 NT (20 F), chambre pour deux 500 NT (100 F), chambre pour quatre 700 NT (140 F).

Lushui
Tél. (038) 691-111/3
220 places, dortoir 70 NT (15 F).

Kuanyun
Tél. (038) 691111/3
220 places, dortoir 100 NT (20 F), chambre pour quatre 600 NT (120 F).

● **Circuit sud**

Meishan
Tél. (07) 747-0134/5
120 places, dortoir 60 NT (12 F).

Litao
Tél. (089) 329-891/2
150 places, dortoir 100 NT (20 F).

Yakou
Tél. (089) 329-891/2
180 places, dortoir 100 NT (20 F).

Alishan
Tél. (05) 277-0482/3
120 places, dortoir 100 NT (20 F).

Hsitou Hostel
Hsitou Forest Recreation Area,
tél. (049) 612-345
542 places.

Wushantou Hostel
Wushantou Reser oir, Tainan County,
tél. (06) 698-3121/3
231 places.

Hwei Sun Forest Hostel
Hwei Sun Forest Recreation Area,
Nantou County, tél. (049) 612-345
182 places.

Wuling Hostel
Wuling Farm, Nantou County,
tél. (045) 901-183/4
73 places.

Tsengwen Dam Hostel
Tseng Reser oir, Tainan County,
tél. (05) 252-1108/9
166 places.

Taipingshan Hostel
Taipingshan Forest Recreation Area,
Ilan County, tél. (039) 544-052
312 places.

Y.M.C.A.
19, Hsu-Chang Street, Taipei, tél. (02) 311-3201
7, Ching Tao Road, Taipei, tél. (02) 371-4993

● **Autres auberges de jeunesse**

Amigo Hostel
286, Chi-Lin Road, 4e ét., Taipei,
tél. (02) 542-0292

Friendly House Hostel
50, Po-Ai Road, 10e ét., Taipei,
tél. (02) 381-8804, télécopie (02) 382-2722

Happy Family Hostel
4/F, 16-1, Pei Ping West Road, 4e ét., Taipei,
tél. (02) 375-3443

Sweet Home Hostel
12, Alley 3, Lane ²29, Wamta Road, Taipei,
tél. (02) 371-4993

Centre d'activités pour la jeunesse

● **Taiwan nord**

Taipei International
30, Hsin-Hai Road, sec. 3, Taipei,
tél. (02) 709-1770/9
Rencontres, séminaires, 770 places. Chambre simple 300 NT (60 F), chambre double 400 NT (80 F), chambre pour quatre 480 NT (100 F), chambre pour cinq 600 NT (120 F).

Chientan
16, Chung-Shan North Road, sec. 4, Taipei,
tél. (02) 296-2150/9
Natation, rencontres, séminaires, 1 112 places, chambre double 800 NT (160 F), chambre pour quatre 1 000 NT (200 F), chambre pour six 1 200 NT (240 F), chambre pour huit 1 400 NT (280 F).

Chinshan
1, Ching-Nien Road, Chinsan, Taipei,
tél. (02) 987-1190/3
Natation, bateau, ski nautique, basket-ball, camping, 700 places, chambre double 700 NT (140 F), chambre pour six 1 200 NT (249 F), chambre pour douze 1 800 NT (360 F), bungalow 1 200 NT (240 F) à 1 800 NT (360 F).

● **Taiwan centre**

Lac du Soleil et de la Lune
Sun Moon Lake, Yuchih, Nantou,
tél. (049) 855-811/2
Bateau, rencontres, 380 places, chambre double 100 NT (20 F), chambre pour huit 1 200 NT

(240 F), bungalow 3 000 NT (600 F), suite 2 000 NT (400 F).

Hsitou
15, Sen-Lin Road, Neihu illage, Luku, Nantou,
tél. (049) 612-161/3
Escalade, camping, rencontres, 400 places, chambre pour huit 150 NT (30 F) par personne.

● **Taiwan sud**

Tsengwen
70-1, Michih Village, Nanhsi, Tainan,
tél. (06) 575-2772, 575-3164
Bateau, natation, camping, rencontres, 362 places, chambre simple 300 NT (60 F), chambre double 500 NT (100 F), chambre pour huit 1 200 NT (240 F).

Cheng Ching Lake
140, Wen-Chien Road, Niaosung Village,
Niaosung, Kaohsiung, tél. (07) 371-7181/4
Natation, camping, rencontres, 639 places, chambre double 400 NT (80 F), chambre pour trois 500 NT (100 F), chambre pour quatre 1 200 NT (240 F).

Chuan Hsi Chai
32, Ta-Pei Road, Niaosung, Kaohsiung,
tél. (07) 731-2608
Conventions et séminaires, six personnes 750 NT (150 F), neuf personnes 900 NT (180 F).

Kenting
17, Ken-Ting Road, Kenting, Hengchun,
Pingtung, tél. (08) 886-1221/4
Parc, terrain de camping, pistes cyclables, 420 places, 200 NT (40 F) par personne pour les groupes de plus de 40, chambre pour trois 1 000 NT (200 F), chambre pour quatre ou cinq 1 200 NT (240 F), dortoir 100 NT (20 F).

Penghu
11, Chieh-Shou Road, Penghu,
tél. (06) 927-1124/7
Basket-ball, pêche, rencontres, 190 places, chambre pour deux 600 NT (120 F), chambre pour quatre 700 NT (140 F), chambre pour six 900 NT (180 F).

● **Taiwan est**

Tienhsiang
30, Tien-Hsiung Road, Hsiulin, Hwalien,
tél. (038) 691-111/4
Randonnées, rencontres, 304 places, chambre double 500 NT (100 F) à 600 NT (120 F),

chambre pour quatre 800 NT (160 F), chambre pour huit 1 200 NT (240 F), chambre pour dix 1 000 NT (200 F).

Guest-houses

Il y a un certain nombre de *guest-houses* dans la région de Taipei, qui fonctionnent comme de petits hôtels ou auberges à des prix assez bas. On peut réserver à la semaine ou au mois. La liste ci-dessous regroupe les plus fréquentées.

● Taipei

Aloha Guest-House
10-1, Nung-An Street, tél. (02) 594-0292

Chung-Shan Guest-House
26, Min-Tsu East Road, tél. (02) 593-1805

Edward Mansion Guest-House
657, Lin-Sen North Road, tél. (02) 597-7261

Lee Yuan Guest-House
26, Chiu-Chuan Street, tél. (02) 592-6486

Rainbow Guest-House
91, Chung-Shan North Road, sec. 3, tél. (02) 596-5515

Hai-Shan Guest-House
247, Chung-Shan North Road, Tien-Mu, tél. (02) 569-5515

Lan-Ya Guest-House
280, Chung-Shan North Road, sec. 6, Tien-Mu, tél. (02) 831-5722

Riverside Guest-House
71, Tien-Mun, 12 Yangming Road, sec. 1, Yangmingshan, tél. (02) 861-6601

● Côte est

Wen-Shan Guest-House
Hwalien County, tél. (038) 691-125

POUR LES GOURMETS

Aller au restaurant est toujours un grand plaisir pour les Chinois. C'est pourquoi il y a dans l'île une grande variété de restaurants. On a en effet le choix entre la cuisine chinoise ou occidentale, japonaise ou coréenne et il y en a toujours au moins un qui vous conviendra.

Naturellement, une fois sur place, il est préférable de s'intéresser à la cuisine chinoise. Si les établissements qui servent de la cuisine occidentale sont nombreux, la qualité diffère néanmoins de l'un à l'autre, de même que les tarifs. La liste ci-jointe énumère les meilleurs restaurants de Taipei. Dans le sud, il est recommandé de s'en tenir à la cuisine chinoise, dans la mesure où il est plus difficile de trouver de bons restaurants de cuisine occidentale. Les adresses de restaurants méridionaux se trouvent dans les chapitres concernant les itinéraires.

Les types de cuisine

La cuisine du nord
Plats recommandés : le canard de Pékin, l'agneau au poireau, la soupe aigre-douce, le céleri à la sauce moutarde, le poulet fumé à la pékinoise, le sciène-écureuil à la sauce aigre-douce, les raviolis de légumes à la vapeur.

La cuisine du sud
Plats recommandés : le canard rôti, le poulet poché aux oignons et à l'huile, les petits pois à la sauce à l'huître, le poisson entier à la vapeur, les *dim sum*, le pigeon rôti, le filet de porc à la sauce aigre-douce.

La cuisine de l'est
Plats recommandés : le poisson du lac de l'Ouest au vinaigre, l'anguille de rivière sautée aux poireaux, le cuissot de porc braisé, les petits pois sautés, le poulet cuit au vin, les boulettes têtes de lion, les côtes de bœuf sautées.

La cuisine de l'ouest et du centre
Plats recommandés : la brème à la vapeur du Sichuan, le poulet «duc de Bao», le *doufu* grand-mère, la sauce à l'œuf parfumée, le canard parfumé au camphre et au thé, le porc cuit deux fois, les cuisses de grenouille du Hunan à la sauce chili, le jambon au miel, le poulet du mendiant, le pigeon émincé servi dans des coupes de bambou, le poisson entier à la vapeur.

Les fruits de mer à la taiwanaise
Plats recommandés : le crabe à la vapeur, les mollusques pochés, les crevettes fraîches pochées, les boulettes de crevettes, l'anguille grillée, le *sashimi* ou poisson cru, les palourdes grillées, la soupe de tortue.

La cuisine chinoise végétarienne
Plats recommandés : le bœuf, le porc ou le poulet reconstitués à partir de pâte de soja et les légumes frais craquants.

● **Les baguettes**

Rien n'est plus chinois que les fameuses baguettes avec lesquelles ils sont capables d'attraper n'importe quel aliment. De nos jours, et dans le monde entier, c'est devenu une habitude pour tous les consommateurs de se servir de baguettes pour manger de la cuisine chinoise. En effet, les Chinois préparent leur cuisine en coupant au préalable tous les ingrédients en petits morceaux de telle manière qu'il devient aisé de se servir par petites bouchées à l'aide de ses baguettes. Celles-ci, certes, supposent un entraînement préalable sans lequel on risque de manger très lentement.

L'un des avantages de l'usage des baguettes est qu'on ne prend que les aliments eux-mêmes, laissant toute l'huile qui accompagne la cuisson.

Les restaurants de Taipei

● **Cuisine du nord**

Celestial Kitchen
1, Nan-King West Road, 3e ét.,
tél. (02) 563-2171
Cuisine pékinoise.

Happy Pavilion
16, Chung-Hsiao East Road, sec. 4, Alley 49,
Lane 4, sous-sol, tél. (02) 781-7738
Cuisine pékinoise.

Happy Guest Pavilion
43-47, Nan-King East Road, sec. 3,
tél. (02) 321-2801
Cuisine pékinoise.

Peaping Sung-Chu Restaurant
96, Chung-Hsiao East Road, sec. 4,
tél. (02) 721-0091/3
Cuisine pékinoise.

Ploughman Inn
8, Lane 460, Tun-Hua South Road,
tél. (02) 773-3268
Barbecue mongol.

Genghis Khan
176, Nanking East Road, sec. 1,
tél. (02) 773-3655
Barbecue mongol.

Aristocrat
282, Lin-Sen South Road, 3e ét.,
tél. (02) 571-3869
Barbecue mongol.

● **Cuisine du sud**

King of Kings
646, Lin-Sen North Road, 2e ét.,
tél. (02) 591-8128
Cuisine cantonaise.

Northern Garden
63-1, Chang-An East Road, sec. 1,
tél. (02) 561-6535, 581-9820
Fruits de mer cantonais (il faut réserver).

Garden of Peaceful Happiness
232, Tun-Hwa North Road, tél. (02) 715-4929
Cuisine cantonaise.

Jen-Hao Cantonese Seafood
197, Chung-Hsiao East Road, sec. 4, 7e ét.,
tél. (02) 752-9227
Fruits de mer cantonais.

Ruby
135, Chung-Shan South Road, sec. 2,
tél. (02) 571-1157
Cuisine cantonaise.

Kowloon
99, Lin-Sen South Road, tél. (02) 571-1101
Cuisine cantonaise.

Dragon court
Taipei Fortuna Hotel, 2e ét., tél. (02) 563-1111
Cuisine cantonaise.

Ming Court
Hotel Royal, 37-1, Chung-Shan South Road,
sec. 2, tél. (02) 542-3266
Cuisine cantonaise.

Tiffany's
Taipei Hilton Hotel, 3e ét., tél. (02) 311-5151
Dim sum, déjeuner seulement.

Pearl River
Howard Plaza Hotel, tél. (02) 700-2323
Cuisine cantonaise.

Phoenix Hall
Leofoo Hotel, 11e ét., tél. (02) 581-3111
Dim sum, salle panoramique.

Phoenix Restaurant
155, Chung-Shan East Road, sec. 4, 3e ét.,
tél. (02) 741-2657
Cuisine cantonaise.

Plum Blossom Room
Brother Hotel, 2e ét., tél. (02) 712-3456
Dim sum.

● **Cuisine de l'est**

Casual Garden
Lai-Lai Sheraton Hotel, sous-sol,
tél. (02) 321-5511
Cuisine du Zhejiang.

Sunny Garden
92, Nan-king East Road, 3-4 ét., sec. 1,
tél. (02) 581-5541
Cuisine du Zhejiang.

A Sprig of Spring
25, Hsin-Yi Road, sec. 4, 3-4 ét.,
tél. (02) 702-1564, 705-9377
Cuisine du Yangzhou.

Good Fortune
261, Nan-King East Road, tél. (02) 715-3145
Cuisine de Shanghai.

Country Restaurant
65-67, Chung-Hsiao East Road, sec. 4,
tél. (02) 771-2521/4
Cuisine de Shanghai.

Shanghai Garden Restaurant
182, Ta-An Road, sec. 1, tél. (02) 700-5481

Soo-Hang Eatery
138, Chung-Hsiao East Road, sec. 1,
tél. (02) 392-9879
Bonne cuisine provinciale du Jiangsu.

Longevity Restaurant
21, Shuang-Cheng Street, Lane 19,
tél. (02) 597-5700
Cuisine de Shanghai.

Yun-Fu-Luo Restaurant
59, Chung-Hsiao East Road, sec. 4, 2e et 3e ét.,
tél. (02) 752-8230

● **Cuisine de l'ouest**

Angelica Garden
96, Chung-Shan South Road, sec. 2,
tél. (02) 581-6636
Cuisine du Sichuan.

Charming Garden Restaurant
16, Nan-King East Road, sec. 1, 2e et 3e ét.,
tél. (02) 521-4131

China Restaurant
26, Ming-Sheng East Road, tél. (02) 551-5044,
551-5068
Cuisine du Sichuan.

The Double Bliss
110, Yenping South Road, 15e ét.,
tél. (02) 371-6855
Immeuble de l'année Hsin Sheng Pao.

The Glorious Star
45, Chi-Li Road, tél. (02) 521-5340
Cuisine du Sichuan.

The Golden China
Taipei Hilton Hotel, 3e ét., tél. (02) 311-5151
Cuisine du Hunan, le chef a remporté un prix et
le décor est luxueux.

The Grand Restaurant
206, Nan-King East Road, sec. 4, 3e ét.,
tél. (02) 542-7676, 542-8844
Cuisine du Hunan.

Hunan Garden
Lai-Lai Sheraton Hotel,
12, Chung-Hsiao East Road, sec. 1, 2e ét.,
tél. (02) 321-5511, ext. 8016/17
Cuisine du Hunan.

Les Copains des Chines
Ritz Hotel, sous-sol, tél. (02) 597-1234
Cuisine du Hunan.

Li-Shiang Pavilion
Chung-Hsiao East Road, sec. 4,
tél. (02) 772-2304/8
Cuisine du Hunan.

Lien-An Szechuan Restaurant
425, Tun-Hwa South Road, tél. (02) 721-1755

Rong-Ann Restaurant
140, Nan-King East Road, sec. 2,
tél. (02) 541-9622

Szechuan Valley Restaurant
Asiaworld Plaza Hotel, 100, Tun-Hwa South
Road, 3e ét., tél. (02) 713-9966
Cuisine du Szechuan.

Treasure Hall
152, Sung-Chiang Road, 3e ét.,
tél. (02) 581- 9151
Cuisine du Hunan.

● **Poissons et fruits de mer**

Seafood of Tainan
31, Hwa-Hsi Street, tél. (02) 382-1123
Meilleur restaurant de fruits de mer de la ville,
situé dans l'allée des Serpents.

Sea King
7, Hsi-Ning South Road, tél. (02) 562-6345
Fruits de mer.

Sea Admiral
56, Chang-Chun Road, 2ᵉ ét.,
tél. (02) 536-7510/2
Fruits de mer.

Country Vista Restaurant
Wai-Shuang-Hsi, Central District,
tél. (02) 841-1050
Fruits de mer à la taiwanaise.

Ya-Yuen Seafood Restaurant
26, Chang-Chun Road, 2ᵉ ét., tél. (02) 543-5513

● **Cuisine végétarienne**

The Bodhi Garden
32, Min-Sheng East Road, tél. (02) 562-8568

Fu-Hua
Tél. (02) 717-5303

Heavenly Lotus
Tél. (02) 731-2503

Kuan-Shih-Yin
Tél. (02) 595-5557

The Plum Grove
3, Lin-Sen North Road, 2ᵉ ét.,
tél. (02) 391-0732, 391-0833
Au coin de l'hôtel Lai-Lai Sheraton.

Vegetarian House
70, Hwai-Ning Street, tél. (02) 314-2020

● **Cuisine asiatique**

Chinese Turkestan Shish Kebab
153, Tun-Hwa North Road, tél. (02) 711-9353
Cuisine des musulmans chinois.

Exquisite Garden
8, Lin-Sen North Road, Lane 107,
tél. (02) 564-1393, 543-1722
Barbecue coréen et cuisine taiwanaise.

Four Seasons Cafe
Lai-Lai Sheraton Hotel, 1ᵉʳ ét.,
tél. (02) 321-5511
Cuisine chinoise.

Gaylord's
328, Sung-Kiang Road, tél. (02) 543-4003
Restaurant indien.

Korean Fragrace Pavilion
76, Nan-King East Road, sec. 2, sous-sol,
tél. (02) 531-0217/8
Barbecue coréen et fondue.

Longevity Restaurant
152, Chung-Shan North Road, sec. 1, sous-sol,
tél. (02) 561-3883/5
Restaurant japonais traditionnel.

Nakayama
Hotel Royal Taipei, 2ᵉ ét., tél. (02) 542-3266,
ext. 328
Restaurant japonais traditionnel.

New Hama
10, Nung-An Street, tél. (02) 596-9621
Restaurant japonais.

Pepe El Mongol
Lane 460, Tun-Hwa South Road,
tél. (02) 773-3268
Viande grillée et barbecue mongol.

Pondok Mutiara
111, Sung-Kiang Road, 2ᵉ ét.,
tél. (02) 541-0226, 581-2273
Restaurant indonésien.

Pulau Kelapa Restaurant
718, Ding-Chou Road, tél. (02) 391-4717
Restaurant indonésien.

Seoul Korean Barbecue
4, Chung-Shan North Road, sec. 1, Lane 33,
2ᵉ ét., tél. (02) 511-2326, 511-3436
Barbecue et fondue coréens.

● **Cuisine occidentale**

Audio City
217, Nan-King East Road, sec. 3,
tél. (02) 721-4740, 721-0430
Viande rouge, club avec orchestre.

Bel Air
Grand Hyatt, 2, Sung-Shou Road, 2ᵉ ét.,
tél. (02) 720-1234, ext. 3255
Cuisine californienne.

Casa Mia
628, Lin-Sen North Road, tél. (02) 591-7478
Restaurant italien.

Chalet Swiss
47, Nan-King East Road, tél. (02) 715-2702
Spécialités suisses, fondues, ambiance confortable, chef suisse.

Cheers Pub Bar
*Grand Hyatt, Taipei, 1ᵉʳ ét., tél. (02) 720-1234,
ext. 3185*
Restaurant américain, pub offrant des déjeu-
ners spéciaux à base de charcuterie et une ani-
mation.

Europa Hauss
*21, Chang-An East Road, sec. 1,
tél. (02) 563-6615*
Restaurant suisse allemand, buffets copieux,
chef suisse, charcuteries variées.

The Farmhouse
*5, Lane 32, Shuang-Cheng Street,
tél. (02) 595-1764/6*
Viande rouge et grillade.

Fellini's
Be erly Plaza Hotel, 2ᵉ ét., tél. (02) 708-2151
Restaurant italien, décor hollywoodien, four à
pizza authentique en brique.

The Hope and Anchor
16-3, Shuang-Cheng Street, tél. (02) 596-2949
Restaurant américain.

Jake's Country Restaurant
*705, Chung-Shan South Road, sec. 6,
tél. (02) 871-5289*
Petit déjeuner américain, cuisine mexicaine,
pizzas.

La Cantina
143, Tun-Hwa South Road, tél. (02) 713-0603
Décor luxueux, bonne cuisine italienne.

La Casita
2/F-9, 782 Ding-Chou Road, tél. (02) 341-5680
Restaurant mexicain.

La Lune Vague
*Tien-Mou, Chung 14 Street, Lane 11, N.1,
tél. (02) 837-2214*
Mobilier chinois ancien, cuisine française
authentique et service de qualité.

Le Romantique
*158, Chung Shan North Road, sec. 2,
tél. (02) 596-1695*
Restaurant français, chef saigonais.

Les Célébrités
*Hotel Royal, Taipei, 2ᵉ ét., tél. (02) 542-3266,
ext. 330, 380*
Repas préparés sous la direction d'un grand
chef français.

Mama Roma
3, Chen-Kiang Street, Lane 1, tél. (02) 392- 2695
Pizzas et autres spécialités italiennes, cuisine
casher, situé dans une rue qui donne juste derrière l'hôtel Lai-Lai Sheraton.

Paris 1930
Ritz Hotel, 2ᵉ ét., tél. (02) 597-1234
Restaurant français, décor luxueux, service
soigné, cher.

Ploughman's Cottage
*305, Nan-King East Road, sec. 3,
tél. (02) 713-4942*
Pub, cuisine anglaise campagnarde, atmosphère
chaleureuse.

Primacy Restaurant and Club
*148, Sung-Kiang Road, sous-sol,
tél. (02) 531-1577, 542-7341*
Viande rouge, décor et service originaux, club
dansant avec orchestre.

Santa Rosa
274, Sung-Kiang Road, tél. (02) 542-4417
Restaurant portugais.

Traders Grill
Taipei Hilton Hotel, 2ᵉ ét., tél. (02) 311-5151
Cuisine continentale, restaurant qui a remporté
un prix, l'ambiance et le service sont luxueux,
mais les prix sont élévés.

Zum Fass
*55, Lin-Sen North Road, Lane 119,
tél. (02) 531-3815*
Petit, confortable, ce restaurant a un chef suisse
allemand.

Maisons de thé

Il est possible de s'initier à l'art traditionnel du
thé à Taipei dans d'excellentes maisons, dont
voici les trois principales.

Lu Yu
64, rue Heng-Yang Road, 2ᵉ ét.
Cours de dégustation.

Cha Tao
229, Min-Chuan East Road
Décor traditionnel dans de petites salles privées.

Wisteria
1, Hsin-Sheng South Road, Alley 1B, sec. 3

VISITES ET SPECTACLES

Musées et sites

La riche histoire de la Chine est présente dans les nombreux musées de l'île. Dans la seule ville de Taipei, on en dénombre une bonne trentaine.

Musée du Palais national
221, Chung-Shan Road, sec. 2, tél. (02) 881-2021
Cet établissement abrite près de 650 000 objets précieux tels que bronzes, porcelaines, jades, laques, métaux, peintures, tapisseries et broderies, livres rares et documents. Ouvert tous les jours de 9 h à 17 h, 50 NT (10 F) et 20 NT pour les étudiants et les enfants de plus de sept ans, visites guidées en plusieurs langues.

Cité de Cathay
Wai-shuang-hsi
Située dans la banlieue de Wai-shuang-hsi, sur la route du musée du Palais, ouvert de 18 h 30 à 23 h, 400 NT (80 F).

Musée national d'Histoire
49, Nan-Hai Road, Taipei, tél. (02) 361-0270
Dans le Nouveau Parc de Taipei. Conserve 10 000 objets qui couvrent la période de 2000 av. J.-C. à nos jours, avec un bon échantillonnage de monnaie chinoise. Il vient en second après le musée du Palais. Les pièces présentées illustrent plus de 4000 ans de culture chinoise. Commencée grâce à des fonds publics, la collection est continuellement complétée par des dons privés. Ouvert tous les jours de 9 h à 17 h, 10 NT (2 F) et 5 NT (1 F) pour les enfants.

Musée des Forces armées
243, Kui-Yang Street, sec. 1, tél. (02) 331-5730
Ouvert de 9 h à midi, fermé le mardi.

Buckingham Health Plaza
B1, 21, Nan-King East Road, sec. 3, Lane 335, tél. (02) 731-8259

Dallas Garden
50, Nanshih Lake, Wuhu Town, Chinshan Village, tél. (03) 298-5496

Encore Garden
41, Tsaiyuan Lane, Mincheng Village, Peitun, Taichung, tél. (04) 239-1549

Réserve d'oiseaux de Fenghuangku
1-9, Jenyi Road, Fenghuangku Village, Luku Town, Chinshan Village, Nantou, tél. (049) 75-3100

Centre de loisirs de Fenghuangku
15, Tsailiao Road, Kangshan Towan, Kaohsiung, tél. (07) 628-1917

Village aborigène de Formose
45, Chuntien Lane, Talin Village, Yuchih Town, Nantou, tél. (049) 98-5361

Grand Jardin de la Nature
10, Hsiafu Village, Linkou Town, tél. (03) 601-5952

Centre de conférences et de loisirs de Greenbay
Greenbay, Wanli Village, tél. (03) 292-1166

Musée des Insectes
71, Chi-Nan Road, tél. (02) 396-1298
Ouvert de 9 h à midi et de 14 h à 16 h 30 (sur rendez-vous seulement).

Musée d'art de Cathay
1, Hsing-Yang Road, tél. (02) 311-3575
Ouvert de 9 h à 17 h tous les jours.

Musée de l'Enfance
Ho-Ping East Road
Ouvert tous les jours de 9 h à 17 h.

Centre du Cinéma et de la Culture chinoise
34, Chih-Shan Road, Wai-Shuang-Hsi, Shih Lin, tél. (02) 882-9010
Ouvert de 8 h à 17 h tous les jours. Deux des attractions principales en sont le musée de cire et le village du Royaume du Milieu. Le musée de cire présente des modèles de cire habillés selon plusieurs époques et le village comporte des palais, des maisons et des auberges de la Chine impériale jusqu'aux débuts de la république (1912). Les producteurs choisissent souvent ce village pour tourner des films.

Musée de l'Aviation de Chung-Cheng
Chiang Kai-shek International Airport, Taoyuan
Ouvert de 9 h 15 à 16 h 30, fermé le lundi.

Pays des Merveilles
23, Tachukeng, Tungshan Village, Kuanhsi Town, Hsinchu, tél. (03) 587- 2016

Musée chinois Hwa-Kang
Uni ersité de la Culture (Yangmingshan), 6e ét., Ta-Yi Building, tél. (02) 861-0511, ext. 266
Ouvert tous les jours de 9 h à 16 h 30.

Parc national de Kenting
272, Kenting Road, Hengchun Town, Pingtung, tél. (08) 8866-1321

Parc Safari du Village de Leofoo
60, Kungtzuhou, Jenan Village, Kuanhsi,
Hsinchu, tél. (03) 587-2626

Musée des Arts populaires de Lukang
Lukang, Chunghwa, tél. (047) 772019
Ouvert tous les jours de 9 h à 17 h.

Paradis forestier de Nantienmu
20, Lane 171, Nantienmu Road, Tucheng
Village, Taipei, tél. (02) 260-9001/2

Musée national des Sciences naturelles
1, Kuan-Chien Road, tél. (04) 226-6940
Fermé le mardi et les lendemains de jours de
congé.

Monde des Océans
167-3, Kangtung Road, Yehliu Town, Wanli
Village, Taipei, tél. (03) 292-1609

Musée de la Poste
45, Chung-King South Road, sec. 2,
tél. (02) 394-5186
Ouvert de 9 h à 17 h sauf le lundi.

Musée des Beaux-Arts de Taipei
181, Chung-Shan North Road, sec. 3,
tél. (02) 595-7656
Ouvert de 10 h à 18 h sauf le lundi.

Centre des singes taiwanais
Sanfeng Road, Paoshan Town, Hsinchu,
tél. (03) 587-2616

Musée provincial de Taiwan
2, Hsing-Yang Road, tél. (02) 311-7959
Ouvert tous les jours de 9 h à 17 h.

Fenêtre sur la Chine
60-2, Hengkanghsi, Kaoyuan Village,
Lungtan Town, Taoyuan, tél. (03) 471-7211

Village aborigène de Wulai
31, Pupu Road, Wulai, Taipei, tél. (02) 661-6592

Jardin zoologique municipal
66, Chung-Shan North Road

Galeries d'art

Les galeries présentent des œuvres d'art de la
main de vieux maîtres mais aussi des œuvres
d'artistes contemporains. L'éventail des styles
va du paysage chinois et de la calligraphie aux
œuvres abstraites occidentales contemporaines
qui recourent simultanément aux techniques et
matériaux d'Orient et d'Occident.

Taipei Art Guild
7, Lane 728, Chung-Shan North Road, sec. 6,
tél. (02) 871-8465

Taipei Fine Arts Museum
181, Hsin-Sheng South Road, sec. 1,
tél. (02) 575-7656

Musée des Beaux-Arts de Taipei
1818, Chung-Shan North Road, sec. 3,
tél. (02) 595-7656
A 100 m au sud du Grand Hôtel. Cet établissement ultramoderne finance les expositions de
talents locaux et internationaux. L'entrée est de
10 NT (2 F) pour les adultes et de 5 NT (1 F)
pour les enfants.

Municipal Museum
2, Hsiang-Yang Road, tél. (02) 371-4718

Alpha Art Gallery
101, Ren-Ai Road, sec. 4, 3e ét.,
tél. (02) 781-1714

Apollo Art Gallery
Apollo Building, 218-6, Chung-Hsiao East
Road, sec. 4, 2e ét., tél. (02) 781-9332

Asia Art Center
117, Chien-Kuo South Road, tél. (02) 754-1366

Avante Garde Art Gallery
572-1, Tun-Hwa South Road, tél. (02) 705-4221

Cape of Good Hope Art Gallery
99, Ho-Ping East Road, sec. 1,
tél. (02) 321-4086

Cave Gallery
153, Chung-Hsiao East Road, sec. 4, 3e-4e ét.,
tél. (02) 741-4854

Chang-Liu Art Gallery
12, Chin-Shan South Road, 3e ét.,
tél. (02) 312-8298

Chen Yang-Chun Art Gallery
Po-Ai Building, 296, Kuang-Fu South Road,
2e ét., tél. (02) 781-2842

Crown Center
50, Lane 120, Tun-Hwa North Road,
tél. (02) 716-8888

C.T.S. Gallery
102 Kuang-Fu South Road, 2e ét.,
tél. (02) 751-0321

The Earth of Art Center
286B, Kuang-Fu South Road, tél. (02) 781-6596

East West Art Gallery
*153, Chung-King South Road, sec. 1, n° 702,
tél. (02) 314-8603*

Galerie Elegance
*153, Chung-Hsiao East Road, sec. 4, 5e ét.,
tél. (02) 781-7223*

Gallery New World
*208, Chung-Hsiao East Road, sec. 4, 12e ét.,
tél. (02) 741-5066*

Hanart Gallery
*104, Chung-Shan North Road, sec. 5,
tél. (02) 882-9772*

Howard Salon
*160 Jen-Ai Road, sec. 3, 2e ét.,
tél. (02) 700-2323, ext. 2271*

Hsiung-Shih Gallery
*385, Tun-Hwa South Road, 10e ét.,
tél. (02) 772-1158*

James Art Gallery
147, Sung-Kiang Road, tél. (02) 551-6057

Jazz Photo Gallery
431, Pa-Teh Road, sec. 2, tél. (02) 721-9011

Kander Arts and Antiquities Gallery
*25-27, Chung-Hsiao West Road, sec. 1,
tél. (02) 361-4644*

King Lear Art Center
*218-1 Chung-Hsiao East Road, sec. 4, 11e ét.,
tél. (02) 781-4753*

Magnet Art Gallery
*28, Lane 27, Jen-Ai Road, sec. 4,
tél. (02) 752-9974*

Master Art Gallery
*21, Lane 248, Chung-Hsiao East Road, sec. 4,
1er ét., tél. (02) 771-3000*

Ming Sheng Art Gallery
*145B, Chung-Shan North Road, sec. 1,
tél. (02) 581-0858*

Monet Art Gallery
*218-6, Chung-Hsiao East Road, sec. 4, 7e ét.,
tél. (02) 781-9849*

Nan Gallery
*55-1, Chung-Hsiao East Road, sec. 4, 2e ét.,
tél. (02) 751-1155*

Printmakers Art Gallery
*285, Fushing South Road, sec. 1, 5e ét.,
tél. (02) 707-9424*

The 7th Art Gallery
*218-5 Chung-Hsiao East Road, sec. 4, 5e ét.,
tél. (02) 781-3664*

Spring Gallery
286B, Kuang-Fu South Road, tél. (02) 781-6596

Sun Land Art Gallery
*46, Tun-Hwa South Road, Lane 390,
tél. (02) 752-2575*

Today Gallery
*157, Hsin-Sheng South Road, sec. 1,
tél. (02) 701-3802*

Opéra chinois

Taiwan est le bon endroit où s'intéresser à l'opéra chinois et où apprécier les magnifiques costumes, les acrobaties en tout genre et l'accompagnement musical particulier de cette riche et ancienne tradition artistique. Il y a deux théâtres de la ville qui proposent des représentations régulières.

Centre d'Activités culturelles des Forces armées
69, Chung-Hwa Road, tél. (02) 371-6832
De l'autre côté du Bazar chinois, représentation tous les soirs à 19 h 30.

Mémorial de Sun Yat-sen
Tél. (02) 702-2411
Représentation tous les samedis et dimanches à 14 h. Il s'y donne aussi des spectacles de danse.

Il est aussi possible d'apprécier des spectacles d'opéra de Pékin ou taiwanais retransmis à la télévision chinoise chaque jour. Par ailleurs, on peut à l'occasion tomber sur une compagnie itinérante qui joue dans la rue.

Danse

On voit surtout à Taiwan des spectacles de danses interprétées par des groupes aborigènes. Ceux-ci sont présentés dans les différents centres de culture aborigène de l'île. On peut assister aussi à des spectacles de danse chinoise traditionnelle tous les jours à 10 h 30, 14 h et 16 h au 3e étage du mémorial de Sun Yat-sen.

Dans le domaine de la danse moderne, qui est en vogue depuis quelques années dans l'île, on rappellera la troupe de danse de la Porte des Nuages, placé sous la direction de Lin Hwai-min, qui combine les techniques chinoises et les techniques occidentales avec une chorégraphie et une musique de créateurs chinois contemporains. Ce groupe, reconnu dans le monde entier, donne des représentations régulièrement à Taipei.

Pour connaître les horaires et les lieux, consultez votre hôtel ou bien l'Association des visiteurs de Taiwan.

Association des visiteurs de Taiwan
Tél. (02) 594-2111/4

Musique

Taiwan a donné naissance à nombre de musiciens de niveau international. Vous pourrez écouter des concerts de musique occidentale interprétés par l'orchestre symphonique de la province de Taiwan et par l'orchestre symphonique municipal de Taipei. Consultez votre hôtel ou le National Music Council ou bien encore la Chinese Classical Music Association pour plus d'informations.

On peut entendre de la musique chinoise traditionnelle dans des lieux tels que les temples, et notamment à l'occasion de l'anniversaire de Confucius, le 28 septembre.

Artisanat

Nombre d'objets faits à la main séduiront le voyageur, tels que lanternes, jouets, sacs à main, paniers, objets en bambou ou en rotin, tapis, tricots et broderies pour n'en citer qu'une partie.

Handicraft Exhibition Hall
Tsaotun
Ouvert officiellement au public en juin 1977, expose plus de 1 500 pièces en provenance de toute l'île. Sur la route qui va de Taichung au lac du Soleil et de la Lune et à la zone forestière de loisirs, ouvert de 9 h à midi et de 14 h à 17 h, sauf le lundi et les jours fériés. L'endroit vaut absolument un détour.

Taiwan Provincial Handicraft Institute
Tsaotun
Fondé sous l'égide du gouvernement provincial de Taiwan, on y trouve une fabrique, un laboratoire de recherche et un four à céramique.

Chinese Handicraft Mart
1, Hsu-Chou Street, Taipei, tél. (02) 321-7233
Excellente sélection de produits locaux.

Cinéma

Il est surprenant de constater à quel point les Taiwanais aiment et fréquentent les cinémas. Le citoyen moyen de Taiwan voit environ trois films par semaine (étrangers ou locaux). Compte tenu de ce taux de fréquentation (l'un des plus élevés du monde) Taiwan est un excellent débouché pour Hollywood, dont tous les studios ont généralement un bureau de représentation dans l'île. La plupart des films étrangers qui entrent à Taiwan viennent en effet des États-Unis. Ils sont diffusés en anglais avec des sous-titres chinois. D'un autre côté, nombre de films chinois comportent des sous-titres en anglais. Ainsi les amateurs de cinéma pourront-ils continuer dans l'île à se livrer à l'une de leurs occupations favorites.

Les quotidiens *China Post* et *China News* donnent toutes les informations utiles sur les films qui se jouent. Il y a 3 à 5 séances par jour. La dernière débute aux alentours de 21 h.

EXCURSIONS ET DISTRACTIONS

Circuits

Quatre agences de voyages de Taipei organisent des circuits d'une journée en autocar pour les touristes. Tous les autocars ont l'air conditionné et tous les circuits ont recours aux services de guides bilingues. On peut se procurer des billets dans tous les hôtels ou directement auprès des agences de voyages suivantes.

China Express Transportation
70, Chung-Shan North Road, sec. 2, tél. (02) 541-6466, télex 23651
Pinho Travel Service
142-1, Chi-Lin Road, 3e ét., tél. (02) 551-4136, télex 25212
South East Travel Service
60, Chung-Shan Road, sec. 2, tél. (02) 571-3001, télécopie 563-8860
Taiwan Coach Tours
27, Chung-Shan North Road, 8e ét., sec. 3, tél. (02) 595-5221, télex 19107

Voici la liste des dix circuits les plus demandés offerts par les agences.

Ville de Taipei
Ce circuit d'une demi-journée comprend notamment le musée du Palais, le mausolée des Martyrs et d'autres hauts lieux de la ville. 500 NT (100 F).

Mémorial de Tchang Kaï-chek et parc de la montagne Yangming

La visite commence par le mémorial de Tchang Kaï-chek et les jardins alentour. Un arrêt est prévu dans une fabrique de porcelaine. 500 NT (100 F), 250 NT (50 F) pour les enfants.

Taipei la nuit

Ce circuit nocturne, très apprécié, commence avec un barbecue mongol en guise de dîner. Après quoi vous visiterez le temple de Lung-Shan, avant de terminer la soirée dans l'allée des Serpents. 750 NT (150 F).

Village aborigène de Wulai

C'est une excursion d'une demi-journée : le village de Wulai est à une heure de voiture de Taipei. Outre les danses et les chants de ce groupe ethnique, vous découvrirez un paysage spectaculaire. 650 NT (130 F).

Côte nord

Une excursion d'une demi-journée qui vous entraînera jusqu'au port de Keelung et aux fantastiques formations rocheuses de Yehliu. 600 NT (120 F).

Gorges de Taroko

Considérées comme l'une des sept merveilles d'Asie, et l'une des attractions les plus courues en dehors de Taipei, les gorges offrent 20 km de route surplombant un canyon fermé de hautes falaises de marbre. Un vol vous emmènera de Taipei à Hwalien tôt le matin. Puis vous visiterez les gorges en autocar. Un déjeuner vous sera servi au Tien-Hsiang Lodge et un autocar vous ramènera à Hwalien, où vous assisterez à un spectacle de danses et de chants de la tribu des Ami. Après une visite dans une usine de marbre, vous reprendrez l'avion pour Taipei vers 17 h. 2 700 NT (540 F).

Lac du Soleil et de la Lune

Ce circuit de deux jours conduit au célèbre lac, situé à 900 m au-dessus du niveau de la mer. Ce lieu est très apprécié pour ses paysages, ses temples et ses pagodes et pour les possibilités de randonnées qu'il offre. Un autocar climatisé vous mènera à Taichung à partir de Taipei. Un déjeuner vous sera servi à l'arrivée. Puis un autocar vous conduira au lac du Soleil et de la Lune, qui est à environ une heure de Taichung. Vous traverserez des plantations de canne à sucre, de théiers, de bananiers, d'ananas, des rizières et des vergers. On vous installera dans un hôtel, puis vous ferez une croisière de deux heures sur le lac. La matinée suivante est libre. Après le déjeuner, vous repartirez vers Taichung. Le retour à Taipei se fera en train. Environ 3 500 NT (700 F) pour une chambre double et 4 000 NT (800 F) pour une chambre simple.

Route transinsulaire est-ouest et lac du Soleil et de la Lune

Ce circuit de trois jours commence par un vol de Taipei à Hwalien, suivi d'un trajet à travers les spectaculaires gorges de Taroko et d'un petit déjeuner au Tien-Hsiang Lodge. Le circuit se poursuit par une visite au Li-Shan (mont de la Poire). Vous passerez la nuit à la Lishan House. La matinée suivante sera consacrée à une promenade et une visite des lieux avant de prendre le chemin de Taichung où vous arriverez pour le déjeuner et ensuite pour une visite de la ville. L'arrêt suivant est le lac du Soleil et de la Lune où vous passerez la nuit. La matinée suivante sera consacrée à un tour du lac. Le retour vers Taichung se fera en autocar après le déjeuner, et le retour vers Taipei en train à partir de Taichung. 7 000 NT (1 400 F) pour une chambre double, 8 000 NT (1 600 F) pour une chambre simple.

Lac du Soleil et de la Lune et mont Ali

Ce circuit de trois jours prévoit une excursion au mont Ali (Ali-Shan), chaîne magnifique de 18 pics flanquant les montagnes centrales. C'est dans un train diesel qui vous fera traverser 80 ponts et cols et 50 tunnels, que vous irez de Chiayi au village d'Alishan. C'est la plus haute station de chemin de fer d'Asie. Du mont Chu, on a l'une des vues les plus extraordinaires de l'île, avec la «mer de Nuages» qui s'étend en contrebas jusqu'au mont Morrison (montagne de Jade). Ce dernier mont est le plus haut pic d'Asie du Nord-Est et la destination favorite des passionnés d'escalade. Pour ce circuit, vous quitterez Taipei pour Taichung dans un autocar climatisé. Vous irez jusqu'au lac du Soleil et de la Lune, où vous passerez la première nuit. La matinée suivante sera consacrée à un tour du lac puis au déjeuner. Un autocar vous conduira à Chiayi et de là, vous prendrez le train de montagne jusqu'au mont Ali, où vous arriverez trois heures et demie plus tard. Vous passerez la nuit suivante à la *guest-house* du mont Ali. Après une promenade le matin suivant, vous gagnerez Chiayi par le train de montagne, où un déjeuner vous attendra. Le voyage de retour vers Taipei se fera en autocar. 7 000 NT (1 400 F) pour une chambre double, 8 000 NT (1 600 F) pour une chambre simple.

Tour de l'île

Ce circuit prend quatre jours. Il s'agit en fait d'une extension du circuit transinsulaire est-

Montagne de la Tête de Lion

1 Entrée
2 Temple de Chuan-Hwa
3 monastère de Kai-Shan
4 Pavillon-d'où-on-contemple-la-lune
5 Pagode de l'Esprit
6 Ermitage de Hai-Hui
7 Mausolée de la Grotte
8 Monastère de Chin-Kang
9 Ermitage des Dix Mille Bouddhas
10 Monastère de l'Écran d'Eau

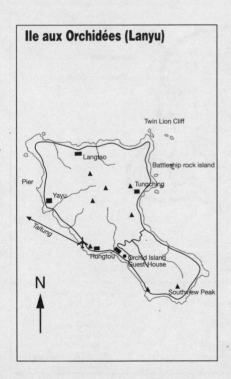

Ile aux Orchidées (Lanyu)

Twin Lion Cliff

Langtao

Battleship rock island

Pier

Tungching

Yayu

Taitung

Hungtou

Orchid Island
Guest House

Southview Peak

N

Ile Verte (Lutao)

2 km

Loumen

Leuchtturm

Niutoushan

Kungkuan

Chungliao

Nantzuhu

Grotte de Kuan-yin

Nanliao

Yutzuhu

Haishenping

Amei

Hoshao

Kueiwan

Lunghsia-tung

Source chaude

Tapaisha

Lutao Hotel

N

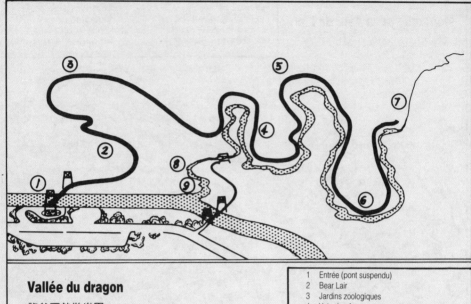

Vallée du dragon

龍谷天然遊樂園

1	Entrée (pont suspendu)
2	Bear Lair
3	Jardins zoologiques
4	Voie des Amoureux
5	Terrasse des Huit Immortels
6	Vallée de la Déesse de la Miséricorde
7	Chutes de la Vallée du Dragon
8	Peacock Garden
9	Pavillon du Bord de l'Eau

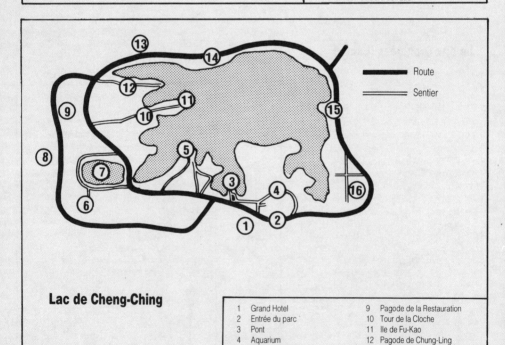

Lac de Cheng-Ching

1	Grand Hotel	9	Pagode de la Restauration
2	Entrée du parc	10	Tour de la Cloche
3	Pont	11	Ile de Fu-Kao
4	Aquarium	12	Pagode de Chung-Ling
5	Pavillon de Tsu-Hui	13	Auberge de jeunesse C.Y.C.
6	Sentier cavalier	14	Triple Pavillon
7	Étang navigable	15	Pavillon de l'Accroche-Lune
8	Terrain de golf	16	Allée des Orchidées

Route

Sentier

ouest, avec une visite du port méridional de Kaohsiung, deuxième ville de Taiwan. La première journée sera consacrée à une excursion du lac du Soleil et de la Lune, où vous passerez la première nuit. Le deuxième jour, vous retournerez à Taichung, puis vous irez à Kaohsiung en passant par le lac de Cheng-Ching et la montagne de la Longévité. Dans l'après-midi, vous prendrez l'avion pour Hwalien, où vous passerez la nuit. La quatrième journée, vous vous rendrez aux gorges de Taroko et vous déjeunerez à Tien Hsiang Lodge. Vous retournerez à Hwalien assister à un spectacle de chants et de danses ami et vous visiterez une usine de marbre. Vous prendrez l'avion pour Taipei où vous arriverez vers 17 h. 11 000 NT (2 200 F) pour une chambre double, 13 000 NT (2 600 F) pour une chambre simple.

Salons de coiffure

Les Chinois sont très attachés à un certain confort du corps, qu'ils trouvent généralement chez leurs coiffeurs ou dans les saunas. Pour eux, en effet, se baigner et prendre soin de son corps sont, comme le fait de se nourrir et de boire, des nécessités profondes qui font partie de l'art de vivre.

Professionnels pour hommes ou pour dames sont nombreux en ville et même à la campagne. Leur technique est globalement très bonne. C'est pourquoi, il faut absolument à Taiwan faire l'expérience d'une séance de coiffure. Celle-ci débute par un vigoureux massage du cou et du cuir chevelu pendant 15 à 25 mn, qui procure une extraordinaire sensation de bien-être et qui vous met en forme pour toute la journée. La technique de massage de ces coiffeurs est inégalable. Même dans les villages les plus reculés de l'île, la dextérité de ces professionnels est étonnante : en un tour de main, et pour 100 à 200 NT (20 à 40 F) en dehors de Taipei, ils font une coupe-massage-brushing impeccable. A Taipei, il faut compter de 200 à 400 NT (40 à 80 F) selon le quartier, ce qui, de toute façon, se situe en deçà des tarifs français.

Lorsqu'on vous lavera les cheveux vous serez surpris de rester confortablement assis dans votre fauteuil, face au miroir, tandis que le professionnel s'activera à vous faire un shampooing pratiquement sans eau, suivi du massage, puis du rinçage. Le massage comporte de fait plusieurs actions. Il y a le massage avec les doigts et il y a le «grattage» avec les ongles. Le coiffeur va en effet s'employer à labourer de ses ongles à plusieurs reprises votre tête de haut en bas. Généralement le «grattage» est en option pour les étrangers, qui ne l'apprécient guère. Mais il faut signaler d'emblée au coiffeur que vous n'en voulez pas.

Il est tout à fait possible de fréquenter le coiffeur de votre hôtel, bien que le tarif puisse varier sensiblement en fonction de la catégorie de l'établissement.

Saunas

Les saunas sont des lieux également très appréciés des Asiatiques, qui consacrent beaucoup de temps à se laver. On en trouve un grand nombre à Taipei, où l'on peut profiter de bains chauds puis de bains froids, de saunas et de massages dans des lieux conviviaux où il y a des bars, des restaurants, des salons et des vestiaires. Nombre de contrats ont été conclus localement en ces lieux fréquentés par plus d'un homme d'affaires venu s'accorder un repos au milieu d'une journée trépidante.

Il faut noter que les clients de ces établissements sont supposés se laver avant de pénétrer dans les bains ou les saunas. Par ailleurs, la nudité ne choque pas les Asiatiques, qui la considèrent comme naturelle.

Il en coûte 600 à 1 500 NT (120 à 300 F) selon le type de service qu'on demande. Les saunas et les bains comportent des sections séparées pour les hommes et pour les femmes. Mais les services sont strictement les mêmes. Des hôtels de Taipei, tels que le Hilton, le Lai-Lai et l'Imperial, disposent de ce type de saunas et de bains.

Hwa-Bin Sauna Bath
21, Shuang-Cheng Street, Lane 19, 7e ét., tél. (02) 592-7728/9

King Shanghai Sauna and Bath Center
100, Chang-Chun Road, sous-sol, tél. (02) 593-3847

Yi-Hsin Shanghai Bath
181-7, Chung-Shan North Road, sec. 2, 2e ét., tél. (02) 591-8113

Vie nocturne

La capitale offre une grande variété de distractions pour occuper les soirées. Pianos-bars, pubs, restaurants et discothèques sont nombreux. Nous avons fait une sélection de ces établissements dans la liste suivante.

58 West Street
58, Tien-Mou West Road, tél. (02) 871-7967
Jazz de 20 h à 11 h 30.

Boss Club
B1 2063, Hsing-Sheng South Road, sec. 3,
tél. (02) 362-9929
Musique après 21 h.

The Farmhouse
5, Lane 32, Shuang-Cheng Street,
tél. (02) 595-1764/5
Musique, restaurant, bar.

Galaxy Disco
Imperial Hotel, 600, Lin-Sen North Road,
tél. (02) 596-3333
Dîner dansant de 21 h à 2 h, prix minimum 550 NT.

Kiss Disco
Mandarin Hotel, 166, Tun-Hwa North Road,
tél. (02) 712-1201 ext. 1056
L'une des meilleures boîtes de nuit de la ville.

Passion
8, Tun-Hwa North Road, tél. (02) 776-5692
Dîner dansant le vendredi et le samedi.

The Pig and the Whistle
78, Tien-Mou East Road, tél. (02)873-1380,
télécopie (02) 873-1016
Musique et restaurant.

The Ploughman Cottage
305, Nan-King East Road, sec. 3,
tél. (02) 713-4942
Restaurant et musique.

The Ploughman Inn
8, Lane 460, Tun-Hwa South Road,
tél. (02) 773-3268
Restaurant et musique.

The Ploughman Pub
9, Lane 25, Shuang-Cheng Street,
tél. (02) 594-9648
Mercredi et samedi de 9 h à 23 h 30.

The President
122, Jen-Ai Road, sec. 3, tél. (02) 754-1917
Restaurant avec un pianiste et un chanteur.

Ruffino's
15, Lane 25, Shuang-Cheng Street,
tél. (02) 592-3355
Restaurant italien, musique de 19 h 30 à 21 h 30.

Rumors
1, Lane 464, Tun-Hwa South Road,
tél. (02) 752-7285
Musique entre 21 h et 3 h, prix minimum 350 NT.

The Waltzing Matilda
3, Lane 25, Shuang-Cheng Street,
tél. (02) 594-3510, 596-1474
Spectacle à 23 h.

SPORTS

Les sports sont de plus en plus appréciés et recherchés dans l'île qui d'ailleurs entraîne d'excellentes équipes dans de nombreux domaines et qu'elle envoie à l'étranger participer à des compétitions internationales. A cet égard, les athlètes taiwanais se sont distingués dans des disciplines telles que le golf, le football, les arts martiaux, tandis que les équipes de base-ball de la Little League se faisaient remarquer ces dernières années en remportant des championnats mondiaux.

Dans l'île, les sports les plus accessibles aux touristes sont le golf, le tennis et la natation.

Golf

Le golf est un sport très ancien dans l'île. Les 17 clubs locaux, dont 9 sont à proximité de Taipei, sont ouverts aux étrangers. Ils fonctionnent toute l'année. Le plus ancien de ces clubs est le Taiwan Golf and Country Club de Tanshui qui a été mis en place par les Japonais en 1919. Le club de golf de Hwalien date de 1928. Les golfeurs taiwanais remportent souvent des compétitions en Asie.

Votre hôtel ou votre agence de voyages pourront se charger de vous obtenir l'entrée de ces clubs. Dans certains clubs, il faudra être parrainé par un ou plusieurs membres. Le matériel se trouve sur place. Pour plus de renseignements, vous pouvez contacter la Golf Association de la République de Chine.

Golf Association
71, Lane 369, Tun-Hwa South Road, Taipei,
tél. (02) 711-7482 ou 711-3046

Anho Golf Club
Puli, tél. (049) 984-831
A 1 h de voiture de Taichung, à 5 mn de voiture du terminus des autobus de Puli, 450 NT (90 F), samedi, dimanche et jours fériés 650 NT (130 F).

C.C.K. Golf Club
C.C.K.A.B., Taichung, tél. (04) 292-5036
A 25 mn de voiture de Taichung, 600 NT (120 F), samedi, dimanche et jours fériés 900 NT (180 F).

Changhua Golf Club
Changhua, tél. (047) 252-603, 243-322
A 10 mn de voiture de Changhua, 1 000 NT
(200 F), samedi, dimanche et jours fériés
1 400 NT (280 F).

Chang-Gung Golf and Country Club
Taoyuan, tél. (03)329-6354
A 25 mn de voiture de Taipei, 2 000 NT (400 F).

Chia-Kuang Group Club
Tél. (05) 239-8823
400 NT (80 F).

Chung Shin Golf Club
Tél. (049) 332-820
300 NT (60 F), samedi, dimanche et jours fériés
600 NT (120 F).

Far Eastern Golf Club
Panchiao, tél. (02) 954-9048
A 30 mn de voiture de Taipei, 525 NT (105 F),
samedi, dimanche et jours fériés 840 NT
(168 F).

Feng Yuan Golf Club
Feng Yuan, tél. (045) 226-704
A 2 h de voiture de Taipei, à 30 mn de
Taichung, 900 NT (180 F), samedi, dimanche et
jours fériés 1 400 NT (280 F).

Kuan Yin Shan Golf Club
Tél. (07) 656-1159
1 000 NT (200 F), samedi, dimanche et jours
fériés 1 500 NT (300 F).

Hsinfong Golf and Country Club
Hsinfong, tél. (035) 596-141
A 1 h de voiture de Taipei, 1 500 NT (300 F),
samedi, dimanche et jours fériés 1 800 NT
(360 F).

Hsin-Yee Golf Club
Tél. (07) 656-3211
1 600 NT (320 F), samedi, dimanche et jours
fériés 2 000 NT (400 F).

Hwalien Golf Club
Hwalien, tél. (038) 223-693
A 10 mn de voiture de Hwalien, 750 NT
(150 F), samedi, dimanche et jours fériés
950 NT (190 F).

Jiaw-Shi Golf Club
Tél. (039) 886-691
600 NT (120 F), samedi, dimanche et jours
fériés 1 000 NT (200 F).

Kaohsiung Golf and Country Club
Chengching Lake, tél. (07) 381-1101
A 20 mn de voiture de Kaohsiung, 860 NT
(172 F), samedi, dimanche et jours fériés
1310 NT (262 F).

Kuanyinshan Golf Club
Kaohsiung, tél. (07) 656-1191/3, 656-1159
A 32 mn de voiture de Kaohsiung, 800 NT
(160 F), samedi, dimanche et jours fériés
2 000 NT (400 F).

Lin-Kou
Tél. (02) 601-1212
A 40 mn de voiture de Taipei, 1 500 NT (300 F),
samedi, dimanche et jours fériés 2 000 NT (400 F).

Lung-Tang Golf and Country Club
Lungtang, tél. (03) 471-7255, Taipei,
tél. (02) 562-2613
A 1 h de voiture de Taipei, 1 200 NT (240 F).

Marshal Golf and Country Club
Taoyuan, tél. (03) 322-1786
A 30 mn de voiture de Taipei, 1 250 NT (250 F),
samedi, dimanche et jours fériés 1 650 NT
(330 F).

Nan Bao Golf Club
Tél. (06) 576-2546
860 NT (170 F), samedi, dimanche et jours
fériés 1 630 NT (320 F).

Nan-Tou Golf and Country Club
Nantou, tél. (049) 732-126/7
A 45 mn de Taichung, 600 NT (120 F), samedi,
dimanche et jours fériés 900 NT (180 F).

New Tanshui Golf Club
Tanshui, tél. (02) 621-2466
A 40 mn de voiture de Taipei, 1 200 NT (240 F),
samedi, dimanche et jours fériés 1 800 NT
(360 F).

Peitou Kuo-Hwa Country Club
Peitou, tél. (02) 621-1281
A 35 mn de voiture de Taipei, 1 700 NT (340 F),
samedi, dimanche et jours fériés 2 250 NT
(450 F).

Taichung Golf and Country Club
Taichung, tél. (045) 665-130, 662-149
A 20 mn de voiture de Taichung, 1 000 NT
(200 F), samedi, dimanche et jours fériés
1 800 NT (360 F).

Tai Feng Golf Club
Yuanglin, tél. (048) 520-101
700 NT (140 F), samedi, dimanche et jours
fériés 1 100 NT (220 F).

Tainan Golf and Country Club
Hsinhua, tél. (06) 590-1666
A 30 mn de voiture de Tainan, 700 NT (140 F), samedi, dimanche et jours fériés 1 400 NT (280 F).

Taipei Golf Club
Taoyuan, tél. (03) 324-1311
A 20 mn de voiture de Taipei ou de l'aéroport Tchang Kaï-chek, 850 NT (170 F), samedi, dimanche et jours fériés 1 250 NT (250 F).

Taiwan Golf and Country Club
Tanshui, tél. (02) 621-211/5
A 40 mn de Taipei, 1 800 NT (360 F).

Taoyuan Golf Club
Taoyuan, tél. (03) 470-1616
A 45 mn de voiture de Taipei, 1 200 NT (240 F), samedi, dimanche et jours fériés 1 800 NT (360 F).

Ta-Tun Golf Club
Tanshui, tél. (02) 621-3271
A 35 mn de Taipei, 1 050 NT (210 F), samedi, dimanche et jours fériés 1 850 NT (370 F).

Woo-Fong Golf Club
Tél. (04) 330-1199
1 000 NT, samedi, dimanche et jours fériés 1 600 NT (320 F).

Tennis

Le tennis s'est considérablement répandu dans l'île ces dernières années et des centaines de nouveaux courts ont été construits pour répondre à une demande importante. On peut pratiquer le tennis à Taipei sur les courts publics, dans les clubs privés et même dans certains hôtels.

American Club in China
47, Pei-An Road, Taipei, tél. (02) 594-8260/3

Chang-Rong Indoor Tennis Club
31, Yu-Nung Road, 3ᵉ ét., Shihlin, tél. (02) 834-7801
150 NT (30 F) de l'heure, samedi, dimanche et jours fériés 200 NT (40 F).

Count Country House
Shi-Chi, Taipei, tél. (02) 642-4183

Evergreen Tennis Club
150-1, Chung-Yang North Road, Peitou, tél. 892-1432/5
100 NT (20 F) de l'heure, samedi et dimanche 150 NT (30 F).

Foo-Bin Tennis Club
45-1, Ping-Chang Road, Lane 103, tél. 521-4880
200 NT (40 F) de l'heure.

Grand Hotel
1, Chung-Shan North Road, sec. 4, tél. 596-5565

Huan-Chiou Tennis Court
36, Chung-Cheng Road, tél. 832-9333

International House of Taipei Tennis Club
18, Hsin-Yi Road, sec. 3, tél. 735-9676

Leofoo Tennis Club
150, Pai-Ling 5th Road, Peitou, tél. 893-2347
Quatre courts, 100 NT (20 F) de l'heure.

Mandarin Hotel
166, Tun-Hwa North Road, tél. 712- 1201

Olympic Country Club
7-1, Chih-Hang Road, Hsi-Chih

Sung-Kiang Tennis Club
15, Ping-Chiang Street, Alley 5, Lane 103
Quatre courts, 150 NT (30 F) de l'heure, samedi et dimanche 200 NT (40 F).

Taipei Tennis Club
4, Nan-King East Road, sec. 4, tél. 771-6557
50 NT (10 F) de l'heure, 100 NT (20 F) en nocturne.

Ta-Shin Tennis Club
150-1, Huan-Ho Street, Hsin-Tien, tél. 913-3840
200 NT (40 F) de l'heure.

Yangming Mountain Country Club
49, Kai-Hsuan Road, Yangmingshan, tél. 861-0941

Youth Park Tennis Club
199, Shui-Yuan Road, tél. 303-2451
60 NT (12 F) de l'heure, 140 NT (28 F) en nocturne.

Yuan Shan Club
Grand Hotel, 1, Chung-Shan North Road, sec. 4, tél. 596-5565

Taipei Olympic Country Club
3, Lane 83, Chin-Chin, Shi-Chi, Taipei

Natation

En plus des plages publiques, vous trouverez des piscines dans de nombreux hôtels, clubs et lieux de villégiature de l'île. Les clients du

Grand Hotel de Taipei ont accès à la piscine olympique du club Yuanshan, qui est ouverte à ses membres et à leurs invités. Pour un prix très raisonnable, on se baigne dans un cadre de verdure à l'hôtel China, à Yangmingshan, ou bien on profite de la piscine extérieure de l'Ambassador. L'Américan Club et le Yangming Mountain Country Club ont de grandes piscines, mais il faut être accompagné d'un membre. Il y a par ailleurs un grand nombre d'autres piscines publiques en ville, mais qui peuvent être surpeuplées et bruyantes.

Arts martiaux

Traditionnellement, les Chinois gardent leur forme en pratiquant différentes formes anciennes d'arts martiaux, et récemment, ces pratiques ont enregistré un regain d'intérêt localement.

Tous les matins à l'aube, quand l'air est encore imprégné de *chi*, des milliers de personnes sortent dans les parcs et les rues de Taipei pratiquer *tai-chi*, arts martiaux, yoga, danse de l'épée ou simplement exercices de gymnastique. Les touristes peuvent se joindre à ces réunions matinales. Les endroits les plus fréquentés de la ville sont le Nouveau Parc de Taipei (près du Hilton), les pelouses du mémorial de Tchang Kaï-chek, l'esplanade du mémorial de Sun Yatsen et les collines autour du Grand Hotel.

Alpinisme

Les deux tiers de Taiwan sont occupés par des montagnes verdoyantes qui sont l'une des destinations les plus recherchées des randonneurs et des marcheurs. Deux endroits sont particulièrement fréquentés. Il s'agit de Yu-Shan (la montagne de Jade), plus haut pic de Taiwan et d'Asie du Nord-Est, et de la montagne de la Neige (mont Sylvia), second pic de Taiwan.

Avant toute expédition, il est indispensable de se mettre en rapport avec l'Association alpine de la République de Chine. Des permis sont en effet indispensables et doivent être demandés auprès de la section des Affaires étrangères de l'administration de la police nationale, située à proximité du Lai-Lai Sheraton.
Association alpine
30, Lan-Chow Street, 3e ét., Taipei
Section étranger de la police
Tél. 321-3175

Ceux qui souhaitent escalader la montagne de Jade prendront le train jusqu'à Chiayi, puis le train alpin jusqu'à la zone récréative forestière d'Alishan. De là, ils se rendront au camp de Tungpu où ils trouveront un hôtel. Le lendemain matin, ils monteront jusqu'à 2 287 m audessous du sommet, où ils trouveront un autre hôtel. Il faut compter quatre jours pour cette escalade (aller et retour) à partir d'Alishan jusqu'au sommet.

La montagne de la Neige est au nord du mont de la Poire (Li-Shan), à mi-chemin de la route transinsulaire est-ouest. On peut atteindre le mont de la Poire en voiture à partir de Taichung ou de Hwalien. De là, un autocar mène au mont Huan et une voiture jusqu'aux fermes de Wuling, à 1 900 m d'altitude, où il est possible de trouver un logement simple pour la nuit. Le lendemain matin commence l'ascension de la montagne de la Neige. Il faut compter quatre jours pour l'aller et retour du mont de la Poire au sommet de la montagne de la Neige.

D'autres montagnes situées entre Taipei et la côte nord offrent aussi des possibilités d'escalade. Il est là encore indispensable de demander un permis à l'administration de la police.

Ski

Pendant deux mois de l'année (janvier et février), le mont Hu-Huan est suffisamment enneigé pour que l'on puisse y pratiquer le ski. Avec une altitude de 3 416 m, la «montagne du Bonheur Harmonieux», au centre de l'île, est facile d'accès par la branche Tayuling-Wushe de la voie transinsulaire est-ouest.

Le confortable hôtel Pine Snow peut accueillir 150 personnes. On trouve par ailleurs une remontée mécanique de 400 m, des moniteurs de ski et un cadre magnifique qui vaut la visite même si on ne fait pas de ski. La température des lieux ne dépassant pas 14 °C, la «montagne du Bonheur Harmonieux» constitue également un excellent lieu de villégiature pour l'été et offre des possibilités de randonnées et de bains minéraux.

Plongée sous-marine

Les côtes taiwanaises sont idéales pour pratiquer la plongée sous-marine. D'importantes colonies de coraux vivants déclinant toutes les teintes du rose au violet forment l'un des plus grands attraits de l'île.

On trouve également une grande variété de poissons tropicaux et semi-tropicaux, mollusques, conques, cônes, cauris, lis des mers au panache lumineux et autres résidents aquatiques des eaux locales.

Le lieu de plongée le plus spectaculaire de l'île est Oluanpi, à l'extrémité sud. Dans le nord, les plongeurs peuvent explorer les fonds coralliens de la côte de Yeh-Liu, célèbre pour ses étranges formations rocheuses.

China Diving Association
Tél. 596-2341

LA LANGUE

Le chinois, langue écrite assez complexe, est en revanche plus simple à parler qu'on ne le pense en général. Cela peut sembler contradictoire, mais on dirait qu'on a affaire à deux langues qu'on peut parfaitement apprendre séparément, parce qu'elles fonctionnent de manière indépendante l'une de l'autre.

La langue écrite

La langue écrite est fondée sur des idéogrammes qui représentent, comme leur nom l'indique, des idées ou des objets, à l'aide de formes directement dérivées du sujet. Les plus anciens caractères chinois sont apparus dans les inscriptions sur os de bovidés et carapaces de tortue. Ces objets qui servaient à la divination ont été découverts au début du siècle en Chine lors de fouilles archéologiques. Ils sont datés de la dynastie des Shang (1766-1123 av. J.-C.). A cette époque, les questions que l'empereur et la classe dirigeante estimaient essentielles étaient inscrites sur les carapaces séchées de tortues géantes qui étaient ensuite soumises à l'action du feu. La chaleur provoquait des craquelures qui étaient interprétées comme les réponses divines aux questions du souverain. Ces réponses étaient alors écrites sur les carapaces ou les os, objets qu'on conservait dans les archives royales. En se fondant sur le nombre et la complexité des caractères figurant sur ces pièces oraculaires, les historiens chinois en ont conclu que la langue chinoise écrite avait été inventée sous le règne de l'empereur Jaune, soit vers 2700 av. J.-C.

Les caractères chinois ont atteint leur maturité il y a deux mille ans, sous la dynastie des Han (206 av. J.-C.-220 apr. J.-C.). Ils ont très peu changé depuis, ce qui fait de l'écriture chinoise le plus vieux système d'écriture du monde.

L'importance de l'écriture chinoise est évidente quand on sait qu'elle a constitué l'outil de cohésion d'un vaste empire composé de nom-

人	大	天	日	月
HOMME	GRAND	CIEL, PARADIS	SOLEIL, JOUR	LUNE, MOIS
木	山	門	雨	中
BOIS, ARBRE	MONTAGNE	PORTE	PLUIE	MILIEU
口	女	子	好	田
BOUCHE, FOULE	FEMME	ENFANT	BON	CHAMP
明	龍	一	二	三
BRILLANT	DRAGON	UN	DEUX	TROIS

breux groupes ethniques différents. Précisément du fait de sa nature non phonétique, l'écriture est devenue le dénominateur commun des divers dialectes. Une fois les symboles acquis, le lecteur a accès à un riche fonds d'écrits littéraires ou historiques accumulés en Chine au cours de cinq millénaires. Contrairement aux hiéroglyphes égyptiens par exemple, qui ont disparu avec les pharaons, la langue chinoise écrite a continué de se transmettre de génération en génération. Il n'est donc pas étonnant que les traditions soient si profondément ancrées dans l'esprit chinois.

Il y a environ 50 000 caractères chinois répertoriés dans les dictionnaires les plus exhaustifs. Toutefois, la grande majorité d'entre eux est soit obsolète, soit uniquement employée dans certaines branches très spécialisées. Il faut 3 000 caractères pour pouvoir lire les journaux et 5 000 si l'on envisage des lectures littéraires plus poussées. Peu de lettrés sont capables d'utiliser plus de 6 000 caractères sans avoir recours au dictionnaire.

La langue parlée

Il y a plusieurs centaines de sons en chinois, ce qui signifie que plusieurs caractères vont partager la même prononciation. Chaque son se combine à quatre tons distincts. Toutefois, nombre de caractères auront la même prononciation et le même ton. Dans ce cas, la seule façon de comprendre est de se référer au contexte de la phrase.

Grammaticalement, le chinois parlé est relativement simple par comparaison avec d'autres langues, dont le français notamment. Il n'y a en effet ni conjugaison, ni déclinaison, ni distinction de genre ou de nombre, ni temps. La langue parlée consiste en modèles de phrases simples dont la construction est rapide à assimiler. En revanche, l'acquisition des tons est plus complexe, à quoi s'ajoutent les accents des provinces chinoises.

A Taiwan, le mandarin, appelé *guoyu* (langue nationale), est la langue officielle. Elle est fondée sur la prononciation de Pékin.

En plus du mandarin, il y a dans l'île un dialecte local : le «taiwanais», dérivé de celui de la province du Fujian, sur le continent, berceau d'une grande partie de la population taiwanaise. Le taiwanais se parle couramment, en particulier dans les régions rurales. Et il y a même une chaîne de télévision qui diffuse des programmes dans ce dialecte. Les gens âgés de l'île parlent aussi le japonais, qu'ils ont appris au cours des cinquante ans d'occupation. Les jeunes Taiwanais manient en général l'anglais.

Mais il est utile d'avoir quelques rudiments de chinois, non seulement pour se déplacer plus facilement, mais aussi parce qu'on peut jouir ainsi d'un certain respect de la part de ses interlocuteurs, qui sont toujours surpris d'entendre un étranger s'exprimer dans leur langue. La façon de transcrire les sons du chinois sous forme d'un alphabet est, à ce jour, un problème non encore résolu de manière satisfaisante.

Il existe un système phonétique dit *pinyin*, mis au point en 1978 en République populaire de Chine, et qui tend à devenir «international». Il cherche à remplacer d'autres transcriptions telles que celle de l'école française d'Extrême-Orient (E.F.E.O.) pour la France ou la Wade-Giles pour le monde anglo-saxon. Certes, le *pinyin* est loin d'être simple et parfait, mais il a le mérite d'être déjà en usage chez le plus grand nombre d'utilisateurs dans le monde entier, ce qui était son but. La petite difficulté de départ est qu'il attribue parfois aux lettres de l'alphabet des prononciations pour le moins curieuses, voire inconnues dans aucune autre langue.

De plus, à Taiwan, la transcription *pinyin* est mal reçue, car elle vient du continent. On se sert sur place de la transcription Wade-Giles. C'est pourquoi, dans cet ouvrage, tous les mots chinois sont dans cette transcription, en particulier les noms de lieux, pour que le voyageur puisse s'y retrouver. Exceptionnellement, dans le cas de certaines figures historiques touchant le monde chinois dans sa totalité, nous ferons apparaître une double transcription : Wade-Giles et *pinyin* entre parenthèses.

● Formules de politesse

La transcription phonétique utilisée ici est purement inventée. Destinée à des Français, elle tente en effet de reproduire plus fidèlement la réalité phonétique du chinois.

Bonjour, comment allez-vous ?	*Ni rao ma ?*
Très bien, merci	*Ren rao*
Pas très bien	*bou rao*
Au revoir	*Tzai dziène*
A demain	*Mingtiène dziène*
Bonjour (le matin)	*dzao ane*
Bonsoir	*Wan ane*
Tu, vous	*ni, nimène*
Je, moi, nous	*Wo, Womène*
Il, elle, ils, elles	*Tra, tramène*
Qui ?	*Shei ?*
M. Li	*Li hsiène sheng*
Mlle Li	*Li Hsiao dzié*
Mme Li	*Li trai trai*
Merci	*sié sié*
Il n'y a pas de quoi	*bou kre tsi*

● Temps et lieu

Où ?	na li ?
Quand ?	Dzi diène djong ?
Quel jour ?	Li bai dzi ?
Aujourd'hui	dzin tiène
Demain	ming tiène
Hier	dzuo tiène
Une heure	i diène djong
Deux heures	liang diène djong
Très loin	ren yuène
Très près	ren dzin

● Nourriture et boisson

Restaurant	tsan ting
Bar	dziou ba
Manger	tche fan
Boire	re dziou
Glace	bing
Eau froide	bing shuei
Soupe	tang
Fruit	shuei gouo
Thé	tcha
Café	kra fei
Chaud	je
Froid	leng
Sucre	tang
Un peu	i diène
Un peu plus	touo i diène
Un peu moins	shao i diène
A votre santé !	gan bei
L'addition	souane djang
C'est moi qui invite	wo tsing kre

● Nombres

Un	i
Deux	er
Trois	san
Quatre	se
Cinq	Wu
Six	liou
Sept	tsi
Huit	ba
Neuf	dziouo
Dix	she
Onze	she i
Douze	she er
Treize	she san
Quatorze	she se
Quinze	she wu
Seize	she liou
Dix-sept	she tsi
Dix-huit	she ba
Dix-neuf	she dziou
Vingt	er she
Trente	san she

Quarante	se she
Cinquante	wu she
Cent	i bai
Deux cents	er bai
Cent vingt	i bai er she
Dix mille	i wan
Cent mille	she wan
Un million	i bai wan

● Déplacements

Hôtel	fan diène
Chambre	fang dziène
Aéroport	fei dzi tchang
Autobus	kong kong tsi tche
Taxi	dzi tcheng tche
Téléphone	diène roua
Télégramme	diène bao
Avion	fei dzi
Train	houo tche
Réservation	ding wei
Clef	yao she
Vêtement	i fou
Bagage	sing li

● Achats

Combien ?	douo shao ?
Trop cher	trai goué
Peut-on avoir un rabais ?	souane piène i i diène
Argent	tsiène
Carte de crédit	she yong kra
Vieux	lao
Nouveau	hsin
Grand	da
Petit	hsiao
Antiquités	gou dong
Rouge	rong
Vert	lu
Jaune	rouang
Noir	reï
Blanc	bai
Bleu	lan
Or	dzin
Jade	yu
Bois	mou
Patron (d'un magasin…)	lao ban

● Modèles de phrases

Je voudrais…	Wo yao…
Je ne veux pas…	Wo bou yao…
Où est…?	Tzai na li…?
Avez-vous…?	Ni you mei you…?
Nous n'avons pas…?	Women mei you…?
J'aime…	Wo hsi rouane…
Je n'aime pas…	Wo bou hsi rouane…
Je veux aller…	Wo yao tsu…

ADRESSES UTILES

Les touristes trouveront toutes les informations nécessaires à leur séjour dans les aéroports Tchang Kaï-chek de Taoyuan et de Kaohsiung.

Il y a par ailleurs deux organisations à Taiwan qui font la promotion de l'industrie touristique. Il s'agit du bureau du Tourisme, branche du ministère des Communications. C'est l'organe officiel du gouvernement responsable du tourisme à Taiwan.

Taiwan Tourism Bureau
Tél. (02) 721-8541

L'Association des visiteurs de Taiwan est une organisation privée qui s'occupe aussi de promouvoir le tourisme de Taiwan à l'étranger et d'offrir une assistance aux visiteurs.

Taiwan Visitors Association
Tél. (02) 594-3261/5

A l'aéroport intérieur Sung-Shan, en ville, se trouve le Travel Information Service Center, qui a pour objectif d'informer aussi sur les pays étrangers, dans la mesure où de plus en plus de Taiwanais se rendent à l'étranger. En plus d'informations imprimées ou audiovisuelles sur 55 pays, le centre offre une présentation audiovisuelle de 25 mn sur les sites touristiques importants de Taiwan. Il est ouvert de 8 h à 20 h, dimanche et jours fériés compris.

Travel Information Service Center
Tourism Bureau, Ministry of Communications, Box 45-99, Taipei, tél. (02) 752-1212, ext. 471

Tourist Service Center
C.K.S. International Airport, tél. (03) 383-4631

Ministère des Affaires étrangères
Tél. (02) 311-9292

Bureau de renseignements gouvernemental
Tél. (02) 411-9211

Compagnies aériennes

Air France
100, Nan-King East Road, 12e ét., tél. (02) 718-7300, télécopie (02) 718-0200

British Airways
98, Nan-King East Road, sec. 2, 6e ét., tél. (02) 563-5962, télécopie (02) 563-7425

China Airlines
131, Nan-King East Road, sec. 3, tél. (02) 715-1212, télécopie (02) 717-5120

Cathay Pacific
137, Nan-King East Road, sec. 2, tél. (02) 715-2333, télécopie (02) 507-7000

Canadian Airlines International
90, Chien-Kuo South Road, sec. 2, 4e ét., tél. (02) 503-4111

Eva Airways Corporation
166, Min-Sheng East Road, sec. 2, tél. (02) 501-1999, télécopie (03) 398-2968/71

Formosa Airlines
Tél. (02) 507-4188

K.L.M.
1, Nan-King East Road, sec. 4, tél. (02) 717-1000, (03) 383-3934, (07) 281-1131, télécopie (02) 717-3767

Lufthansa
90, Chien-Kuo South Road, sec. 2, 3e ét., tél. (02) 503-4114, télécopie (02) 509-5827

Singapore Airlines
148, Sung-Kiang Road, tél. (02) 551-6655, télécopie (02) 523-5955

Thai Airways International
152, Fu-Hsing North Road, tél. (02) 715-2766, télécopie (02) 712-2766

Banques étrangères

American Express
214, Tun-Hwa North Road, 2e ét., tél. (02) 715- 1581, télécopie (02) 713-0263

Bank of America
205, Tun-Hwa North Road, 2e ét., tél. (02) 715-4111, télécopie (02) 713-2850

Banque Indosuez
483, Min-Sheng East Road, 11e ét., tél. (02) 502-9760, télécopie (02) 506-1929

Banque de Paris et des Pays-Bas (Paribas)
205, Tun-Hwa North Road, 11e ét., tél. (02) 715-1980, télécopie (02) 514-1299

Banque nationale de Paris
214, Tun-Hwa North Road, 7e ét., tél. (02) 716-1167, télécopie (02) 506-1929

Crédit Lyonnais
Asia Trust Building, 116, Nan-King East Road, sec. 2, 15e ét., tél. (02) 562- 9475, télécopie (02) 561-3765

European Asian Bank
180, Chung-Hsiao East Road, sec. 4,
tél. (02) 772-2580/9

Rainier National Bank
125, Sung-Kiang Road, sec. 3, tél. (02) 712-9131

Représentation de Taiwan à l'étranger

Belgique
Far East Trade Service Center Republic Office
World Trade Center, 1 166 E, 162, boulevard
Émile-Jacquain, boîte 33, 1210 Bruxelles,
tél. (02) 218-5107, télécopie (02) 218-6835

Canada
Far East Trade Service Inc.
2, Bloor Street, East Suite, 33156, Toronto,
Ontario M4W 1A8, Canada, tél. (416)
9222412/3

France
A.S.P.E.C.T.
78, rue de l'Université, 75007 Paris,
tél. 48 61 25 74

Hong Kong
Far East Trade Service Inc.
411, Central Building, 3, Pedder Street,
Hong Kong, G.P.O. box 7666, Hong Kong,
tél. 5-243337, télécopie 5-217711

Luxembourg
Centre Dr Sun Yat-sen
50, route d'Esch, Luxembourg, 1470 grand-
duché de Luxembourg, tél. 444772-4

Suisse
Centre Sun Yat-sen
54, avenue de Bethusy, 1012 Lausanne,
tél. (21) 335005/6

Commerce avec Taiwan

Le C.E.T.D.O. (China External Trade Development Council), conçu pour aider ceux qui veulent commercer avec l'île, expose tous les produits locaux. Cette organisation indépendante à but non lucratif vit des subventions du gouvernement et des associations commerciales locales. Son objectif est de promouvoir le commerce avec d'autres nations et de faciliter les démarches des hommes d'affaires et de tous ceux qui s'intéressent aux industries de l'île. Le C.E.T.D.O. gère l'important Display Center and Export Trade (Centre d'exposition et Marché d'exportation) de l'aéroport de Sung-Shan, où l'on trouve 1 657 stands exposant tous les pro-

duits fabriqués à Taiwan. A côté du centre d'exposition se trouve le marché d'exportation et ses 149 salles d'exposition, où les représentants permanents de tous les domaines d'exportation se tiennent à la disposition des parties étrangères intéressées. Au marché d'exportation, on peut acheter des échantillons à prix d'usine. La variété et la qualité des produits présentés est étonnante : montres, calculatrices, ordinateurs, composants électroniques, matériel audiovisuel, outils et machines, jouets et articles de sport, joaillerie et artisanat.

A l'initiative du C.E.T.D.O., le Taipei World Trade Center (T.W.T.C.) a ouvert en 1989. Il abrite 4 complexes : le Centre de Congrès international de Taipei, qui peut accueillir 3 300 personnes et qui est équipé de petites salles de réunion, le Hyatt Regency, qui offre 1 000 chambres luxueuses aux hommes d'affaires, le bâtiment d'exposition, qui peut accueillir 1 313 stands, et le bâtiment du commerce international, qui peut apporter une assistance logistique aux exposants, vendeurs et acheteurs.

Association de Commerce belge
Worldwide House, 685, Min-Sheng East Road,
suite 901, tél. (02) 715-1215,
télécopie (02) 712-6258

Bureau canadien du Commerce
3665, Fu-Hsing North Road, 13e ét.,
tél. (02) 713-7268, télécopie (02) 712-7244

Chinese Products Promotion Center
285, Nan-King East Road, sec. 3, 6e ét.,
tél. (02) 711-2888

Chambre de commerce France-Asie
205, Tun-Hwa North Road, suite 602,
Bank Tower, tél. (02) 713-8216,
télécopie (02) 717-1353

Centre scientifique et culturel français
Li-Ming Building, 213, Hsin-Yi Road, sec. 2,
10e ét., tél. (02) 394-0850

Centre commercial allemand
350 Min-Sheng East Road, 4e ét.,
tél. (02) 506-9028, télécopie (02) 506-8182

Office commercial des industries suisses
50, Hsin-Sheng South Road, 12e ét.,
tél. (02) 393-1610

Trade Promotion Center of International Trade Association of R.O.C.
215, Nan-King East Road, sec. 3, 7e ét.,
tél. (02) 751-9720

BIBLIOGRAPHIE

● **Histoire, géographie, économie**

Bergère (Marie-Claire)
Sun Yat-sen,
Fayard, Paris, 1994.

Chardonnet (Jean)
Taiwan, un miracle économique,
Éditions industrielles et commerciales
(E.D.I.C.), Paris, 1988.

Davidson (James)
The Island of Formosa, Past and Present, Mac
Millan, Londres, 1966.

De Beer (Patrice)
La Guerre civile en Chine, Casterman, 1968.

Demeer (J.) et **Gamblin (A.)**
Taiwan (Formose), République de Chine,
Presses universitaires de France, Paris, 1982.

Gamblin (André)
*Taiwan, République de Chine : la victoire du
dragon,* Sedes, Paris, 1992.

Halbeisen (Herman)
«Taiwan : l'autre Chine», in *La Chine au XXe
siècle,* Bergère et al., vol. 2, pp. 321-344, Fayard,
Paris, 1989.

Horikawa (François)
Exporter et investir à Taiwan, Missions économiques E.S.C.P., Paris, 1985.

Hudelot (Claude)
La Longue Marche vers la Chine moderne,
Gallimard, coll. Découvertes Gallimard, Paris,
année?

Imbault-Huart (C.)
L'Ile Formose : histoire et description, Ch'eng-
wen, Taipei, 1968.

Paseyro (Ricardo)
*Taiwan, clé du Pacifique : vues sur la Chine
nationaliste,* Presses universitaires de France,
Paris, 1986.

Planquais (Franck)
Comprendre Taiwan, Centre français
du commerce extérieur, Paris, 1993.

Vandermeersch (Léon)
Le Nouveau Monde sinisé, Presses
universitaires de France, Paris, 1986.

● **Littérature**

Bruce (Jean)
Métamorphose à Formose,
Presses de la Cité, coll. Jean Bruce, 1977.

Huang Fan
Le Goût amer de la charité,
Flammarion, coll. Lettres d'Extrême-Orient,
Paris, 1992.

Li Ang
La Femme du boucher, Flammarion, 1992.

● **Ethnographie**

Chen Ch'i-lu
*Material Culture of The Formosan
Aborigines*, Taiwan Provincial Museum
Taipei, 1968.

Confucius
Entretiens de Confucius, éditions du Seuil (coll.
Points Sagesses), Paris, 1981.

Etiemble (René)
Confucius, Gallimard (coll. Folio Essais), Paris,
1986.

Huard (Pierre) et **Wong (Ming)**
La Médecine chinoise, Presses universitaires
de France (coll. Que sais-je ?),
Paris, 1969.

Hsu Tsang-houei et **Cheng Sui-cheng**
Musique de Taiwan, Maisnie-Trédaniel, Paris,
1992.

Lin Tsing-Siuan
Chine, les fêtes, éditions Philippe Picquier, Paris,
1990.

Zheng (Chantal)
*Les Austronésiens de Taiwan à travers les
sources chinoises*, L'Harmattan, Paris, 1994.

*Sculptures sur bois Païwan, art des aborigènes
de Taiwan,* Maison des cultures du monde, Paris,
1989.

CRÉDITS PHOTOGRAPHIQUES

Couverture : *Le mémorial de Tchang Kaï-chek à Taipei*
© Ben Simmons/Diaf

244 : Chi-Feng Lim

67, 69, 183 g., 188 g. et d., 196-197, 219, 257 : Chyou Su-liang

266-27 : Collection Apa

29, 30, 60, 61, 63, 81, 132, 146-147 : Collection du musée du Palais national

31, 32, 33, 34-35, 89, 258 : Collection du musée historique de Tainan, mausolée de Koxinga

40, 42, 43 : Avec l'aimable autorisation de la Central News Agency

263 : Avec l'aimable autorisation de la China Steel Corporation

153 : Avec l'aimable autorisation de la Direction générale des Postes de Taiwan

41, 53, 101 227 : Avec l'aimable autorisation du Government Information Office

194 : Avec l'aimable autorisation des cigarettes Long Life

28, 168 : Avec l'aimable autorisation du musée provincial de Taiwan

123 : Avec l'aimable autorisation de l'hôtel Hilton de Taipei

84-85 : Pierre-Antoine Donnet

49, 68, 152, 166, 175, 183d, 205, 210 : Heidrun Guether

45, 115 : Jung Ling

83 : Kal Muller

44 : Kwang Hwa Mass communications

93 : M.S.W.

148, 149, 150, 151, 178 g. et d., 179 g. et d. : Musées de Taiwan

139 : Nik Wheeler

107 : Eric M. Oey

37 : Reproduction d'une étude historique de la ville de Lukang

46-47 : Reproduction d'une affiche de la ville de Tatung

24-25, 50, 51, 54, 55, 58-59, 64, 65, 66, 75, 76, 82, 90, 92, 96-97, 100, 102, 103, 104, 105, 106, 108, 109, 110, 111, 119, 129, 134, 136-137, 138, 141, 144, 145, 182, 203, 280, 285, 294 : Dan Rocovits

16, 38-39, 70-71, 112, 114, 116, 117, 122, 125, 126, 130, 176, 177, 180, 186, 190, 191, 192, 193, 195, 201, 204, 214-215, 231, 234, 238, 239, 240, 251, 256, 261 g., 292-293 : Frank Salmoiraghi

74, 269 : Allan Seiden

52, 56, 187, 254, 259, 261 d. : Paul van Riel

12-13, 14-15, 18-19, 20-21, 23, 48, 72, 73, 77, 78, 79, 86-87, 88, 91, 94-95, 98, 118, 120-121, 133, 135, 140, 143, 154-155, 156-157, 158, 162-163, 154-165, 167, 169, 172, 173, 174, 181, 184-185, 189, 198-199, 202, 206, 207, 208, 209, 211, 212 g. et d., 213, 216-217, 218, 221, 222, 223, 224, 225, 226, 228, 229, 230, 232 g., 233, 235, 236, 237, 241, 242, 243, 245, 246-247, 248, 249, 252, 253, 260, 262, 264, 266, 267, 268, 270, 271, 272, 273, 274-275, 276, 277, 279, 282, 283283, 284, 286, 287, 288, 289, 290, 291 : Bill Wassman

Cartes : Berndtson & Berndtson
Iconographie : V. Barl